编辑委员会

主　　　任　郝　平
副　主　任　龚旗煌
委　　　员　（按姓氏笔画排序）
　　　　　　卞　江　孙飞宇　朱守华　刘建波　李　猛
　　　　　　杨立华　吴国武　张旭东　陆俊林　周飞舟
　　　　　　昝　涛　高峰枫　傅绥燕　强世功

主　　　编　"通识联播"编辑部
编辑部主任　强世功
编辑部副主任　冯雪松　曹　宇
成　　　员　（按姓氏笔画排序）
　　　　　　王东宇　肖明矣　张欣洁　张钰涵　韩思岐

北大通识核心课

○

○

○

人文与艺术

H umanities & Arts

"通识联播"编辑部 ◎ 编

图书在版编目（CIP）数据

人文与艺术 / "通识联播"编辑部编. — 北京：北京大学出版社，2022.4
ISBN 978-7-301-32736-4

Ⅰ. ①人… Ⅱ. ①通… Ⅲ. ①人文科学－高等学校－教材 Ⅳ. ①C43

中国版本图书馆CIP数据核字（2021）第237106号

书　　　名	人文与艺术 RENWEN YU YISHU
著作责任者	"通识联播"编辑部　编
责任编辑	张亚如
标准书号	ISBN 978-7-301-32736-4
出版发行	北京大学出版社
地　　　址	北京市海淀区成府路205号　100871
网　　　址	http://www.pup.cn　新浪微博：@北京大学出版社
微信公众号	通识书苑（微信号：sartspku）
电子信箱	zyl@pup.pku.edu.cn
电　　　话	邮购部 010-62752015　发行部 010-62750672 编辑部 010-62753056
印　刷　者	涿州市星河印刷有限公司
经　销　者	新华书店
	650毫米×980毫米　16开本　18.25印张　290千字 2022年4月第1版　2022年4月第1次印刷
定　　　价	68.00元

未经许可，不得以任何方式复制或抄袭本书之部分或全部内容。
版权所有，侵权必究
举报电话：010-62752024　电子信箱：fd@pup.pku.edu.cn
图书如有印装质量问题，请与出版部联系，电话：010-62756370

序言一

北京大学校长 郝平

近年来,高等教育界一直在探讨通识教育在人才培养方面的重要作用,不断探索、深化通识教育改革。通识教育,首义是"通",要求教育通达不同学问之识,使学生在广泛了解人类文明深厚积淀的基础上,增强跨界融通的能力,更好地适应不断变化的时代环境,发挥推动时代进步的作用。

当前,以智能化、信息化为核心,融合人工智能、大数据、云计算等新技术的新一轮科技革命方兴未艾,给各行各业带来系统性、颠覆性影响。科技创新、产业变革的"跨界""跨国"程度显著提升,社会对知识的需求呈现出综合化趋势,迫切需要能够站在促进全人类发展与进步的高度去思考并具有解决问题能力的复合型人才。

同时,我国高等教育已经进入普及化阶段,国家和人民希望拥有更加优质的教育资源。高等教育改革作为一项社会改革,能否在遵循教育规律的前提下办好人民满意的教育,实现内涵式发展,成为社会的重要关注点。为此,党的十八大以来,党和国家对新时代人才培养提出了新要求,特别强调要努力培养德智体美劳全面发展的社会主义建设者和接班人。

在这样的时代背景下,当代大学生要成为担当民族复兴大任的时代新人,不仅要成为某一领域的"专才",还应具备国际视野和探索精神。时代在进步,随着对人才素质要求的日益提高,传统的专业教育模式已经不能充分适应教育改革创新和经济社会发展的需要,而通识教育致力于培养"宽口径、厚基础"的人才,则有利于形成与专业教育各扬所长、相得益彰、共筑合力的育人模式，培养更多符合时代需要的优秀人才。

多年来，北大一直致力于创新通识教育理念与实践探索。早在20世纪80年代，北大就确立了"加强基础、淡化专业"的教学目标，并率先推出了公共通选课。进入21世纪，以元培教学改革为抓手，北大开始探索通识教育的管理体制，并从2010年起开设通识教育核心课程，构建起"人类文明及其传统""现代社会及其问题""人文与艺术""自然与科技"等四大通识教育核心课程体系，受到学生的广泛欢迎。2016年，北大发布本科教育综合改革方案，提出坚持以"立德树人"为根本，坚持以学生成长为中心和"加强基础、促进交叉、尊重选择、卓越教学"的教育理念，探索建立"通识教育与专业教育相结合"的本科教育体系，努力为学生提供更好的学习和成长体验，引导学生树立正确的世界观、人生观、价值观。

随着教育改革的推进，今年已经是北大通识核心课推出的第十个年头。在对课程成果汇总凝练的基础上，六十余位亲自参与课程教学的学者详述了通识课程教学的探索历程，三十余位悉心求知的学生回忆了自己探究学问的学习心得，集结成"北大通识核心课"丛书，包括《中华文明及其传统》《西方文明及其传统》《现代社会及其问题》《人文与艺术》及《自然与科技》。

这套丛书有两个最鲜明的特点。

第一，将经典阅读和思考作为通识教育培养体系的重要环节。"工欲善其事，必先利其器。"从实践来看，若要通过通识教育培养更多全面发展的人才，就必须掌握并运用有效的教育方法。阅读经典著作能够帮助青年重温人类文明和智慧，许多国际知名高校都十分重视经典阅读，明确将其作为通识教育的重要内容以及培养大学生文化底蕴的重要途径。北大的通识核心课也是在凝聚"经典阅读、批判反思""大班授课、小班讨论"等基本共识的基础上展开的，强调对经典文本的阅读和对根本问题的研讨，通过对专业知识、经典著作的学习和思考来提升学生的人生境界和思想品质，培育学生的人文精神、历史观念与科学素养。

第二，不仅诠释了通识教育的时代意义和价值内涵，也总结、凝练了北大十年来通识核心课的教学成果，真实记述了新时期北大本科教育的改革历程和实践探索。不断培养心系人类命运、志在社会发展的栋梁之材，是大学的首要使命，也是大学推进通识教育的力量之源。北大将继续从探索和积累中汲取智慧，努力开辟出一条"中国特色、世界一流"的通识教育之路。

"同心而共济，终始如一。"中国的每一所大学都承担着为中华民族伟大复兴培养时代新人的神圣职责。我们衷心期盼通过这套丛书，与高等教育的同仁交流教育思想、探讨改革路径，在通识教育领域进一步实现"知行合一"，更好地履行大学的根本任务，为国家和民族培养出更多理想远大、信念坚定、视野宽广、能力突出、人格健全、身心健康的优秀人才。

2020 年 10 月 20 日

序言二

北京大学教务部部长 傅绥燕

通识教育是近些年来一个非常流行的词，但可能还没有一个所有人都认可的准确明晰的定义。通识教育也在以各种形式开展着，但无论哪种形式的教育，其实都有着共同的目标，那就是：给予学生创造生活的能力并获得生命丰满的机会。简单来讲，"学以成人"大约可以涵盖通识教育最为核心的部分。

作为中国最为优秀的大学之一，北京大学肩负国家人才培养重任。引领未来的人，不仅要有优秀的专业能力，更要有人文的情怀、历史的观念和全球的视野。在中国内地高校中，北京大学最早提出要将"通识与专业相融合"，并将通识教育的目标确定为"懂自己、懂社会、懂中国、懂世界"。作为一个自然人，社会人，有情感、有理性的人，今天的大学生，只有去了解、去认识、去理解，才能真正地"懂"。人是不断成长的，通识教育很难说能在哪一个特定的时间内完成，理解"自我、社会、中国与世界"大约应该是持续一生的过程。当然，大学是最好的提升阶段。

通识核心课是北京大学为实现通识教育的目标而建设的系列课程。希望学生在北大读书期间，通过对人类文明发展历程及现代社会问题的学习和认识，一定程度上了解自己、了解人和自然的关系、了解人和人的关系、了解现代社会的秩序以及这一切的来龙去脉。只有这样，才能跟自然和谐相处，才能跟其他人和谐相处，才能实现国和国之间的和谐相处。我们希望，通过几门课程的学习、几本书的阅读，教师可以将最基本的方法教给学生，教会他（她）如何读书、如何思考；给他（她）

开一扇窗，使之看到一片天地的存在。在这样的学习过程中，一些基本的能力自然而然地就能够培养起来，例如阅读、思考、交流、合作等。在未来的成长之路上，学生可以将这样一种经验、体悟扩展到或迁移到其他方面，进行自我塑造，并逐步走向成熟。

自2010年起，北京大学开始推动通识教育核心课程试点工作，在课程的选择、老师的选择、课程的讲法以及如何去契合通识目标上都非常谨慎。我们特别强调经典阅读以及对根本问题的思考和研讨，希望借此奠定北大本科生共同的理念、知识和问题意识。至2020年，北京大学共组织建设了89门"通识教育核心课程"。"北大通识核心课"丛书共分为5本，涵盖中华文明及其传统、西方文明及其传统、现代社会及其问题、人文与艺术、自然与科技等主题，将过去几年来北大老师在建设通识核心课中的宝贵经验和实践成果进行凝练和整理，希望借此深化中国大学对通识教育的理解，对营造大学育人文化起到积极的作用。

2020年10月21日

目 录

一、探问通识教育

通识经典｜建立有根、有魂、有效的中国大学通识教育......孙向晨、刘丽华　2
博雅 GE 微访谈｜欣赏文学之美......廖可斌　12
博雅 GE 微访谈｜古代小说名著与通识教育......刘勇强　21
博雅 GE 微访谈｜人的教养与诗的陶冶......张　鸣　27
博雅 GE 微访谈｜回到经典　开放发展......吴国武　34
博雅 GE 微访谈｜20 世纪尚未过去......吴晓东　42
博雅 GE 微访谈｜艺术与人的自我超越......朱青生　50
博雅 GE 微访谈｜看得见的博雅......丁　宁　60
博雅 GE 微访谈｜不同视野下的世界......Thomas Rendall　69
博雅 GE 微访谈｜教法与世俗之间的佛教艺术......李崇峰　77
博雅 GE 微访谈｜我们的教室就像时光机......贾　妍　88
博雅 GE 微访谈｜兴来忽开卷，重与细论文......吴晓东　100
博雅 GE 微访谈｜北大人文启蒙课......王风、陆胤　116

二、课程大纲

课程大纲｜古代小说名著导读......刘勇强　138
课程大纲｜唐宋诗词名篇精读......张　鸣　144
课程大纲｜国学经典讲论......吴国武　156
课程大纲｜中国现代文学经典选讲......吴晓东　163
课程大纲｜艺术史......朱青生　167
课程大纲｜西方美术史......丁　宁　173
课程大纲｜欧洲文学选读......Thomas Rendall　186
课程大纲｜佛教艺术和考古：南亚与中国......李崇峰　190

课程大纲｜美索不达米亚艺术与文明 .... 贾　妍 199

三、通识教与学

助教心得｜千种风情与君说 .... 毛锦旖 206
助教心得｜"国学"怎么看 .... 程　悦 208
助教心得｜用艺术打开世界之门 .... 冯　晗 213
助教心得｜美索不达米亚文明的"无用之用" .... 常洋铭 216
学生感言｜慢下来用心体会 .... 陆　迪 218

四、含英咀华

优秀作业｜不尽的好梦——细读《好的故事》................... 肖钰可 222
优秀作业｜古希腊青铜容器的巅峰——The Derveni Krater.......... 黄秀香 229
优秀作业｜曹操、诸葛亮品评英才的标准及原因分析
　　　　　——《三国演义》二十一回与四十三回读后感............. 林　玲 243
优秀作业｜战溟茫，炼丹心——读《野草（节选）》有感............ 郑启源 248
优秀作业｜苏轼黄州词中的"雨"转"晴" .... 刘丁宁 251
优秀作业｜亦余心之所善兮，虽九死其犹未悔
　　　　　——浅论《死火》引入主体"我"的作用................ 王艺遥 258
优秀作业｜拉基什浮雕——新亚述帝国的"暴力美学"与帝国秩序..... 甘浩辰 265

编后记 .... 强世功 275

一、探问通识教育

通识经典
建立有根、有魂、有效的中国大学通识教育

孙向晨、刘丽华[①]

近十年来,通识教育已成为中国大学教育中出现频率最高的概念之一,同时也是矛盾最为突出的领域。通识教育尽管成本高、回报慢、问题多,但并未被实践者和理论者"排挤"出高等教育领域,反而有日益加强之趋势。通识教育在中国大学发展的迫切性以及在发展过程中遇到的种种困难,都迫使我们在理论上回答:什么是具有中国特色的大学通识教育?

一、通识教育在中国

通识教育在中国大学的发展蔚为壮观。通识教育的理论研究兴起于20世纪80年代,国内学者围绕"通识"与"通才"进行讨论与研究。20世纪90年代起,李曼丽、甘阳等为代表的一批学术界人士对这一教育理念进行了更加深入的研究和推广,部分综合型大学积极响应,复旦大学复旦学院(2005)、北京大学元培学院(2007)、中山大学博雅学院(2009)、重庆大学博雅学院(2012)、清华大学新雅书院(2014)等一批通识教育机构先后成立,将通识教育从理念"落地"为大学人才培养的实践举措。2015年"大学通识教育联盟"由北大、清华、复旦、中大四所高校共同发起成立,2017年联盟成员高校增至44所。各类高

[①] 本文首刊于《复旦教育论坛》2018年第2期。孙向晨,复旦大学通识教育中心主任、核心课程委员会主任、哲学学院院长;刘丽华,复旦大学通识教育中心(课程建设)办公室主任、助理研究员。

校参与踊跃，各类通识教育实践形式竞相展开，在一定程度上反映了通识教育在中国发展的积极态势。

通识教育改革背负着时代赋予大学的使命，是中国大学追求卓越的必然命题。首先，通识教育的提出是新时代人才培养的内在要求。伴随我国改革开放的深入，社会对各类人才综合素质的要求日益提高，高等教育过分专业化的弊端逐渐显露，"提高学生的文化素质"成为高等教育界的共识。进入21世纪，中国高等教育从精英化向大众化阶段迈进，培养个性化、复合型、创新型人才是新时代人才培养的要求，具有"深厚的理论基础、有效的管理模式、兼顾课程广度与深度"等特点的通识教育成为有力抓手，依托文化素质教育的丰厚积累，在中国大学蓬勃发展。其次，通识教育的推进是中国大学迈向世界一流的必然要求。越来越多的有识之士认识到，世界一流大学首先体现在人才的悉心培养上，体现在一流本科教育中。高等教育大众化阶段，入学人数激增，班级规模扩大，批量进行知识再生产的本科教育阶段如何维持精英教育的质量和水平，是建设世界一流大学在本科教育层面面临的主要挑战。通识教育是世界一流大学本科教育中的重要组成部分，它通过通识课程模式、住宿书院模式等加强对学生健全人格的培育与创新能力的训练。中国大学正处在"双一流"建设过程中，通识教育因其与"双一流"建设价值耦合①，在本科教育中的重要性日益凸显。最后，通识教育的深入开展是国家教育战略的根本要求。20年来，通识教育在中国的发展经历了"学者研究与推动—研究型大学实践—各级各类高校实践"的过程，在学者、高校及师生的共同努力下，逐步凝聚共识。2016年《中华人民共和国国民经济和社会发展第十三个五年规划纲要》(简称《纲要》)明确规定："改革人才培养机制，实行学术人才和应用人才分类、通识教育和专业教育相结合的培养制度"。《纲要》在国家文件的层面上第一次明确了现代大学制度包含通识教育与专业教育相结合的培养制度，这对于通识教育扎根于中国高等教育起到了里程碑式的作用。

---

① 龙永红、汪霞:《"双一流"建设背景下通识教育的价值特征、困境及突破》,《当代教育科学》2017年第11期。

二、建立"有根"的中国大学通识教育

通识教育在中国的发展是中国传统的教育方式和现代大学通识教育在高等教育中碰撞与升华的结果,但是通识教育要真正扎根中国大地,首先必须是"有根"的教育。这主要体现在三个方面。

(一)通识教育要尊重现代大学的发展规律

从大学教育思想的演变来看,无论西方传统还是中国传统,从根本上来讲,教育就是培养人的事业,都是以"成人"为基本目标,强调对全人的培养。在西方,"人文学科"与"人性"共用一个词,要"成人"就要学习,就要接受教育,此为教育之根本。中国的文化传统也强调"学以成人",《论语》开篇即是"学而",通过"学习"与"教育",实现促进"人"的成长的根本目的。19世纪后,受到专业分化、科学研究发展以及洪堡创办柏林大学的影响,大学除了"成人"教育之外,更为重视探索新知识领域,学生被期望成为受过高度训练的专家,大学学习的专业化特征得到进一步明确和加强,这形成了现代大学的体制。面对专业学习的洪流,通识教育的再度提出和流行本质上就是要在新的历史条件下继承古典教育理念的传统,再次重视大学的根本性任务。于是,通识教育与大学专业教育之间产生张力也就在所难免,这本质上是高等教育的两个发展目标之间的张力。中国大学通识教育的积极推动,顺应现代大学的发展规律,也符合"成人"教育目标。

(二)通识教育要扎根于中国深厚的文化传统

中国大学通识教育要在中国大地上得到有效发展,必须扎根于中国文化的传统,这一点在通识教育实践过程中容易被忽视。学者黄俊杰指出:"由于通识教育'界'较为缺乏博厚高明、可大可久的理论,所以,横面移植国外理论或经验者,远多于纵面继承自己教育传统并创新课程者。"[①] 事实上,中国文化传统中有着丰厚的教育思想资源,很多思想可以与现代通识教育相呼应、相衔接。从培养目标上看,中国文化传统强调以培养"君子"为目标。《论语·宪问》:"子曰:'君子道者三,我无能焉。仁者不忧,知者不惑,勇者不惧。'"作为儒家推崇的理想人格,

---

① 黄俊杰:《大学通识教育的理念与实践》,华中师范大学出版社,2001,"自序"。

"君子"是知、情、意的结合，这与现代大学教育所追求的培养目标之内涵相符合。就教育内容而言，"六艺"（礼、乐、射、御、书、数）与"六经"（《诗》《书》《礼》《易》《乐》《春秋》）为中国古代历史上先后成型的教育架构，一方面强调不同知识的学习、文武兼修，另一方面也注重情操陶冶、德才兼备，两方面都指向培养"整全"人才的目标。在教学理念上，中国传统教育尤其强调"知行合一"，主张学习是为了人格的完善，并且能够使学生理解社会、服务社会。所有这些思想都是中国大学通识教育得以开展的丰富资源和根基所在。

中国传统文化不是博物馆中的古董或陈列品，而是与我们当下的生活有密切的联系。通识教育正是激活这一环节的有效渠道。如何使深厚的中国传统文化为通识教育"输送养料"，如何充分调动学生学习的积极性等，已成为中国大学通识教育要解决的问题。在课程设置中，应加强中国传统文化、文明与艺术的课程设计。例如复旦大学通识核心课程第一模块"文史经典与文化传承"中，开设了包括诸子经典、经学传统、史学名著、古典诗文等方面的课程，使学生通过经典研读的形式进行学习。除了第一课堂之外，也应注重第一课堂与第二课堂有机结合，践行"知行合一"的教育理念。在中国文化传统中，中国古代书院具有典型的中国特色，体现出古人治学的学术精神和育人的人文关怀。2017年复旦大学、香港中文大学、湖南大学共同组织的"中国传统文化与古代书院"通识游学课程，将课堂讲授与游学相结合，取得了较好的效果。总之，中国大学通识教育只有牢牢扎根于中国传统文化，才能使通识教育拥有牢固的根基，才能丰富通识教育的内涵，才能为涵养学生人格、培养能力提供充足的"养料"。

（三）通识教育要体现中国大学优秀的育人传统

通识教育除了要扎根于现代大学发展规律和中国深厚的文化传统外，还应该扎根于高校自身，承载中国大学优秀的育人传统。作为理念的通识教育是抽象的，但作为实践的通识教育又是具体的。通识教育应契合各高校的育人传统、办学理念和培养目标，带有学校鲜明的烙印。换句话说，没有承载本校传统、体现本校特点的通识教育在很大程度上是失败的，简单地移植和照搬是不可取的。复旦大学有实施通识教育的悠久传统和深厚土壤。复旦首任校长马相伯自小"中学"功底深厚,又深入学习西方现代科学和人文学科,学贯中西。在《震旦学院章程》中,他将学科分为文学(Literature)与质学(Science),同时明确提出其办学理念是"崇尚科学,注重文艺,不谈教理"①。1905年复旦公学创立后,马相伯注重人文教育,注重智育、德育的结合以及公民精神的养成,强调古典文化的教育,强调科学训练的同时反对盲目推崇科学和教条。1915年,复旦老校长李登辉制定了综合课程体系,按类设置课程,将课程分为国文部、物理部、化学部、外国文学部、哲学部、政治法律部、历史地理部等八大部类,学生可以根据自己的兴趣进行选修。注重培养学生人文素养与科学精神的传统被复旦人一代代继承下来,并充分体现在复旦大学通识核心课程七大模块的设计理念中。只有继承大学优秀育人传统的通识教育,才能有效契合学校人才培养目标,并获得师生的广泛认可与接受,有效推进通识教育。

三、建立"有魂"的中国大学通识教育

(一)通识教育旨在培养健全人格,强调立德树人

培养有魂、有魄的人才是通识教育应对大学功利主义倾向的必然之举。教育不仅要使人学会做事(to do),更重要的是要使人学会"做人"(to be)②。关于人的全面发展的理论是马克思主义理论的重要组成部分。所谓人的全面发展,是"人以一种全面的方式,就是说,作为一个完整的人,占有自己的全面的本质"③。高等教育的最终目的和根本价值就是促进人的全面发展。《废墟中的大学》作者比尔·雷丁斯在论述一流大学时尖锐地指出现代大学面临的问题:一流将会成为问题的根

---

① 马相伯、王瑞霖:《一日一谈》,载朱维铮主编《马相伯集》,复旦大学出版社,1996,第1106页。
② 约翰·S.布鲁贝克:《高等教育哲学》,王承绪、郑继伟、张维平等译,浙江教育出版社,2001,第81页。
③ 中共中央马克思恩格斯列宁斯大林著作编译局编译:《马克思恩格斯文集(第一卷)》,人民出版社,2009,第189页。

本,因为学生完全处于消费者地位,而不是一个真正深入思考的人。①当前的大学受功利主义、学术资本主义的影响深远,学生信奉"唯绩点论"、追求高就业率和高收入的专业,教师在晋升压力下对教学不重视、固守传统灌输的教学范式,人文学科在大学中日渐式微等,都在很大程度上忽视了学生德行的养成、人格的塑造。缺乏健全人格的人才会患上"空心病",不仅导致大学成为"失去灵魂的卓越",还会使一个国家的未来令人担忧。李登辉老校长非常重视对学生道德的培养与人格的陶冶,强调要培养学生"社会上最高的德行"。1943年12月,他在为毕业纪念刊写序时,明确指出"牺牲与服务"的复旦精神:"诸生当切记复旦之精神为牺牲与服务,出校以后务须发挥复旦之此种精神。"②"牺牲、服务、团结"从此成为复旦人的精神财富。通识教育要真正培养具有健全人格的人,必须牢牢树立"立德树人"的使命意识,借助通识课程宽度和深度的优势充分发挥其在"课程思政"中的重要育人作用,培养学生的高尚品德、正确的价值观和人生观,促进学生从"小我"向"大我"的转变,真正实现知识育人、思想育人、行为育人。

(二)通识教育要培养具有中国魂的现代公民,服务人类命运共同体

全球化给世界政治、经济、社会等都带来极大挑战,中国大学通识教育的培养目标在立足中国的同时,还要因应全球化发展的趋势。国家主席习近平在2017年联合国日内瓦总部的演讲中指出:"人类正处在大发展大变革大调整时期","各国互相联系、互相依存,全球命运与共、休戚相关","中国的方案是:构建人类命运共同体,实现共赢共享"。③这是中国人给出的庄严承诺,通识教育也应站在全球的视角、站在"构建人类命运共同体的高度"输送人才。在人才培养的实践中,首先要坚持以"中国魂"为核心。我国大学通识教育应辩证性地学习国外大学通

---

① 比尔·雷丁斯:《废墟中的大学》,郭军、陈毅平、何卫华等译,北京大学出版社,2008,第25页。
② 钱益民:《李登辉传》,复旦大学出版社,2005,第184页。
③ 习近平:《共同构建人类命运共同体——在联合国日内瓦总部的演讲(2017年1月18日,日内瓦)》,《人民日报》,2017年1月20日,第2版。

识教育的先进经验，在实践中更加注重回应时代诉求，体现社会价值目标，重视人才培养的思想道德标准，在扎根中国传统文化的基础上，为中华民族的伟大复兴、为建立人类命运共同体而培养全面发展的、新时代的社会主义接班人。拥有"中国魂"的现代公民，在认识中国的基础上，还应了解世界、关心人类。在具体实践中可开设关于世界文明、中国与世界对话等方面的课程，或从人类共同面临的环境、生态、经济等核心问题出发建设跨学科课程，培养学生对异质文化的理解与尊重，培养学生的责任意识、担当意识，促使他们关注中国与世界、关心全人类的共同命运。与此同时，进一步加强对学生能力的训练，特别是领导能力、团队协作能力、学习力等，为学生真正参与国际事务并充分发挥作用提供能力保障。

四、建立"有效"的中国大学通识教育

要想实现"有魂""有根"的通识教育，必须立足于建设"有效"的通识课程。中国大学在解决通识教育课程有效性的问题上，主要面临三个方面的挑战。第一，国外大学通识教育的实践经验能否"为我所用"？即：能否借鉴国外经验，使通识教育在扩大学生知识边界、培养可迁移能力的基础上，实现"立德树人"，培养学生德性和健全的人格？第二，能否在中国语境下使学生在学习通识课程的过程中有所获？目前中国大学普遍存在"对通识教育形式上重视但实践中轻视"的现象，仅占总学分10%左右的通识课程学分数足以说明大学师生及社会并未将通识教育真正提升到与专业教育相提并论的程度；此外，我国大学生修读课程的数量远超国外大学，精力有限导致单门课程投入时间少也是不争的事实。第三，在"不发表，就死亡"的大学学术管理体制内，教学和跨学科活动被视为"超负荷"的行为，教师很难将有限的时间和精力投入到缺少学科归属或组织归属的通识课程教学中。

针对第一个挑战，主要是通过经典教育来实现"为我所用"的目标。经典教育一般包括两种模式：一种是名著课程模式，主要是围绕一部经典著作进行讲解；一种是核心文本模式，例如哥伦比亚大学"当代

文明"课程等，围绕经过选择的核心文本进行教与学。经典著作中蕴含着陶冶人格的思想和精神，学生可在细读文本的过程中与先贤对话，置身时代语境中去体会先贤对己、对事、对人、对社会、对国家的看法和观点，进而反思自我、升华自我。此外，大学的精华在于拥有"大师"，"大师"在育人中的作用在于"言传身教"，在于熏染。因此，要使经典教育真正发挥"立德树人"的作用，还应促进师生之间在经典文本的基础上开展充分、深入、有效的交流和互动。复旦学院原副院长王德峰教授指出：通识教育通过一流的学者与学生以一种学术的方式来研讨经典作品，这是一种很重要的精神修养过程。①

在第二个和第三个挑战中，有些问题（例如修读课程数量多、通识教育与专业教育"分段而治"等）因为触及教育制度和大学治理中的根本问题，难以在短时间内改变，但在现有的中国大学体制下，仍然有很多工作可以深入开展。回顾中国大学通识教育十几年的发展历程可知，什么是通识教育、为什么要推行通识教育、什么是通识教育的实施路径等是起步阶段（或 1.0 版本）主要回答的问题，目标是在专业教育培养体系中使通识教育拥有其"合法性"。总的来看，1.0 版本的主要举措包括：通识课程体系纳入本科教育培养方案，成立通识教育专门组织管理机构，组织通识讲座和活动等。伴随着这些工作的展开，中国大学通识教育逐步进入 2.0 版本的实践阶段，将着力解决通识教育如何做的问题，从重视量的积累转向重视质的提升，切实解决"营养学分"或"水课"的困境。

（一）建立通识教育和专业教育相结合的有效机制

与国外通识教育的发展历程不同，中国的通识课程体系常常是嵌入原有大学课程体系中的，天然地就与专业教育之间形成一种张力。在两者都不可偏废的情况下，正确认识两者之间的关系、实现有效的衔接就成为首要任务和目标。第一，重视通识教育的"宽度"与"深度"。宽度是指知识、能力的广博程度，深度是指知识、能力的专精程度或高度。②在大学教育过程中，通识教育更侧重于宽度，专业教育更侧重于

---

① 王德峰：《从大学理念看通识教育的方向与道路》，《复旦教育论坛》2006 年第 4 期。
② 王伟廉：《人才知识、能力结构中广度与深度关系研究》，《高等教育研究》2001 年第 4 期。

深度，两者结合就构成了T型能力结构。保证通识教育有效性的一个关键因素在于通识教育的"深度"。在宽度范围内，对某个或某几个领域进行区别于专业教育训练的深入学习，不以知识的完整性为目标，而是让学生认识学科思维方式、找到进入这一领域的路径和方式。第二，建立通识教育与专业教育之间的联结。一方面，重视通识教育对专业教育的影响，学生在通识教育学习过程中形成的学习力及相关能力，可以迁移到专业教育学习中，成为专业教育的"助推器"或"药引子"，并进一步挖掘专业教育的潜力，使其整体效应"溢出"专业教育的边界或范畴，从而达到"成人"教育的目的；另一方面，扩大通识教育的内涵，破除通识教育和专业教育之间的壁垒，部分专业教育课程也可以成为通识教育宽度和深度的载体。本科教育中不存在两个完全分离的教育模式，通识教育和专业教育之间应围绕人才培养的总目标建立有机的联系并保持"向心力"，共同致力于促进人的全面发展。

（二）优化通识课程体系

通识课程是比较特殊的课程类型。该类课程一方面必须依托于专业知识和学科规训，另一方面又必须打破分门别类的学科壁垒，建立知识之间的联结，是不同专业领域知识的"集合"。因此通识课程天然具有松散性的特征，缺少逻辑和连贯性是必然面临的问题。在通识课程体系建构过程中，要着力实现由"松散"向"紧密"的过渡，除了对模块课程按照培养目标科学划分板块外，还应该实现各板块内课程之间、各板块之间的有机联系，使其成为一个整体，为学生修读提供完整路线图。通识课程设计不仅应该着眼于当下，着眼于四年本科教育的过程，还应该着眼于长远，着眼于学生未来终身的学习。

（三）促进通识课程与时俱进

为培养复合型、引领未来的人才，通识课程需要与时俱进。一方面，应打破传统的教学组织形式，开设跨学科课程、顶峰体验课程、新生研讨课程、集群课程等，丰富通识课程内涵，实现课程之间的关联。丰富性是后现代主义课程观中评判课程的主要标准之一，唯有在知识与知识的碰撞中才能更好地促进深入思考。另一方面，应打破传统课堂的"围墙"，建立第一课堂与第二课堂的联系；打破大学的"围墙"，建立课堂与社会之间的联系，使通识课程成为一个开放性的课程体系。例如：普林斯顿大学开设的桥梁课程，学生可以选择以团队的形式在海外从事为期一年的服务学习[①]；美国著名的文理学院斯沃斯莫尔学院的"伯里克利计划"，鼓励学生走出课堂、更多参与社区活动；韦尔斯利（女子）学院组织的"公共写作研讨会"，训练学生将专业知识讲授给非专业人士，而"全球事务学院项目"，则强调团队合作、跨学科解决问题[②]。

（四）积极推进"以学为中心"的教学改革

"以学为中心"的教学改革并非通识课程专属，但在通识课程中却有极其重要的作用。如前文所述，通识课程学习面临不受重视以及学生精力有限等问题，因此必须着力打造"深碗"课程，丰富课程内涵，充分调动学生学习的积极性和主动性，加强师生之间的交流与互动，全面开展"以学为中心"的教学改革。在现有的教育教学体制下，从成效以及效率、成本的角度来看，推进"大班授课、小班研讨"制度和助教制度是较好的实施路径，但小班研讨在实践过程中受教师水平、硬件条件、学生投入等方面的影响，助教制度也面临研究生水平参差不齐以及队伍流动性较大等挑战。此外，建立闭环的通识课程评估体系也是重中之重。一方面要根据本校通识教育理念确定通识课程的准入标准及流程，另一方面要明确通识课程中"教"与"学"的基本要求，同时也要建立相应的保障机制，例如听课、调研、座谈等，形成课程评估的闭环体系，为教师改进教学提供反馈。

教育是知行合一的过程。中国大学的通识教育不应仅仅成为纸面上的通识教育或国外通识教育的中国版，而是要扎根中国大地，具有中国特色，承载中国社会未来对人才的需求和期望。只有建设有根、有魂、有效的通识教育，才能使通识教育真正融入中国的高等教育，成为具有中国特色的大学通识教育。

---

① 蔡军、汪霞：《设计和组织的后现代意蕴：美国研究型大学本科课程与教学流变——基于普林斯顿大学的分析》，《现代大学教育》2015年第2期。
② 刘丽华、应建庆：《着眼未来，迎接挑战——第三届博雅教育国际研讨会述评》，《复旦教育论坛》2017年第3期。

博雅 GE 微访谈
欣赏文学之美①

廖可斌

对话通识教育

Q：廖老师，请问您理解的通识教育是什么？您是如何在课程中贯彻通识教育的思路并设计课程的？

A：通识教育，在我看来就是培养完善人格的教育。无论是西方古代还是中国古代，在人的教育过程中都是很重视通识教育的，或者是以通识教育为主的。早期西方学校的课程主要是逻辑、修辞、语法，就是让学生通过对语言的把握来学会思考，理解古代人的思想，然后学会独立思考。中国古代也是这样，首先强调要做好一个人，要成为一个具有完善人格的人。现在的西方教育还是比较重视"general education"，我们将其翻译成"通识教育"，意思就是要把学生培养成为一个完善的人。

我觉得，可能中国这几十年来以经济建设为中心，特别重视经济，而经济需要科技来推动，所以也特别重视科技。这当然是很有道理的，也是很必要的。但是相对来讲，可能过分重视了物质利益，而不太重视人本身的修炼，不太重视人格的养成。不仅整个社会存在这样一种风气，而且从小学到大学，在教育过程中也有这种倾向。大家好像因为看不到人文教育有立竿见影的效果，就觉得它似乎没有必要，这其实是很糟糕的。因为世界上任何事情都是要靠人来做的，有高素质的人才会有高素质的工作。如果一个人的思维能力比较欠缺，想象力也比较欠缺，或者情感比较贫乏，与人交往的能力，包括理解能力、沟通能力，也比

---

① 课程名称：大学国文；受访者所在院系：中国语言文学系；访谈时间：2016年3月6日。

较欠缺，这其实会影响到他将来长远的发展，影响到他一生所能达到的高度。何况人类的社会生活并非只有物质生活，还包括精神生活，还包括人与人的关系。如果人格有问题，人们的精神生活就会出现危机，人与人之间也会发生很多冲突，这样的生活不是完满的生活，甚至可能是很糟糕的生活。所以说，所谓"通识教育"，就是人格养成教育。人格养成教育包括感情、思维能力的培养，包括价值观的建立、品德修养，等等。这也是一个系统的工程。我们现在以为通识教育就是上一两门课，但其实它应该是贯穿我们整个教育过程的。当然，我们在大学教育阶段，要采取一定的措施，比如设定教学计划、安排课程等。我觉得我们的教育者和受教育者首先要真正重视人格的教育，充分意识到它的重要性。另外，通识教育单靠选修一两门课程是不够的。我建议加大通识教育课程在大学课程中的比例，让学生在选课时有一定的自由度，而不是像现在这样硬性地指定一两门课程让大家去学。我们也绝不能指望学生学了这一两门课程，就能解决所有的问题。因为这是一个潜移默化、"润物细无声"的过程，是一个有相当大偶然性的事情。可能你做了很多，效果不明显，但可能在某一点上就起了效果。不能把过去应试教育，过分功利的、过分实用主义的教育理念，一下子又延伸到通识教育里面来，希望通过上一两门课，就达到很多目标，起到立竿见影的效果，这其实也不现实。

具体到"大学国文"这一门课，在教学思路上面，其实学生与老师、开课院系与学生所在院系之间，认识都不完全统一。可能很多学生不是很想学这门课，或许他们更想学专业课。上这门课的同学，可能希望这门课比较"好玩"，能够轻松地获得学分；或者是有一些实用的目的，如希望自己的写作能力得到提高，等等。这些想法是完全可以理解的。然而人文学科不能太急功近利，它不会有那样立竿见影的效果。如果希望借这么一门课程来达到很多目标，而且这些目标能迅速实现，比如说要使选课学生的道德品质很高尚、文学修养很好、语言表达能力与写作能力很强，是比较困难的。开设"大学国文"课的老师主要来自中文系，中文系的老师可以说比较懂得国文的本质是什么，"大学国文"应该怎样来上，比如说，它应该让学生拥有自由感受文学之美的空间。文学本质上是比较自由的，如果把这门课完全变成一门实用性、操作性、程序性很强的课程，违背了文学本质的话，那么上课的效果也不会很理想，而原来希望达到的那些目标也很难实现。我们希望，这门课能让学生比较轻松地体验古今中外文学的美妙、语言的美妙，让大家在一个比较轻松的心情下去欣赏。如果我让你看一部电视剧，说你要准备好呀，那里面有什么情节，你要记下来，那这样看一部电视剧，还有什么乐趣吗？文学的本质是自由的，接受文学的过程也应该是相对自由的。

Q：请问在上课的过程中，您面临的主要问题是什么？课程要保证学术水准，但面对的又是非专业的学生，如何平衡二者的关系？

A：最大的困难是，同学们从中小学开始到大学阶段受到太多实用主义思想的影响。很多同学首先会想这些知识有没有用，其次就是考试会不会考到，一些同学完全是以"有没有用"或"考不考试"作为衡量的标准。所以我觉得，上课时最难的就是，如何让同学们一起真正地暂时放开考试、放开实用的想法，摆脱这种习惯思维，真正地放松心情，大家一起来品味语言与文学之美，一起来探讨相关的社会问题、历史问题、人生问题。学生经常想的是这个知识点考不考、我能得多少分，或者这个问题有没有意义。然而有些问题，比如人的情感的问题、生死的问题，现在中国人好像不太思考这些问题，但作为一个人，应该对这些有所了解。他对这些问题不感兴趣，他觉得思考这些问题没什么用，就不思考。不思考，就会使脑子慢慢变得越来越贫乏，越来越单调，甚至发生一些很离奇的事情，这是因为思想缺乏维度、缺乏支撑、缺乏弹性。文学作品是挖掘人性的，它揭示人性深层的真相与复杂性，所以中国古代说"人心惟危，道心惟微，惟精惟一，允执厥中"。其实人性是很危险的，如果你阅读了很多的文学作品，欣赏了很多的艺术，慢慢地养成自我反省的习惯，从而对人性的危险性与阴暗面有所体会的话，也许可以避免一些悲剧的发生。当然，这可能还是讲到实用的路子上了。但这种实用并不是急功近利的，它是通过潜移默化的人格养成，最后达到这样一种效果。所以我觉得，同学们暂时抛开考试的需要，抛开对知识点的关注，抛开实际、功利的目的，来真正"欣赏"这门课程，欣赏语言和文字之美、文学和艺术之美，并在这个过程中潜移默化地、自然而然地领悟一些真正有意义的东西，是非常重要的。

另外一个问题，我认为文学是没有办法讲成几个不同版本的，对中文系学生讲一个版本，对非中文系的学生又是一个版本。在我看来，把同一门文学课程"切割"成两个版本是比较难的。所以说，文学该怎么讲就怎么讲。我估计我对中文系同学与对非中文系同学讲的，百分之九十五以上都是一样的。因为它就是这么一个内容，语言和文学就是这么一个客观事实。当然，我也尽可能地在上课的过程中考虑到听课的主要是理工科的同学，有时候会结合我对理工科同学情况的一些理解，尽量和他们进行沟通，有时候稍微点明一下，比如这个东西从理工科的角度来看，大家会有什么想法，我们可以相互交流一下。不过，两者之间其实没有多大的区别。

Q：在您看来，"国文"的意涵是什么？它和现在比较热的国学，以及中学的语文教育有什么区别与联系呢？

A：国文与国学有一点交叉，但是交叉的内容不是很多。"大学国文"主要是一门语言文学课，本来比较理想的是既包括中国古代的，也包括中国现当代的内容；既包括中国的，也包括外国的内容，因为我们把外语翻译过来也就变成国文了。涉及中国古代文学的那一部分，当然就与国学有一点交叉。但是国学是一个很博大的体系，包括哲学、历史、中医、农业、水利等各个方面，而"大学国文"主要还是作为一门语言文学的课程，所以说交叉的东西并不是很多。

它和中学语文当然还是有一些不一样的。中学教学要让学生掌握基础的知识，培养基本的技能，原来你不知道的必须先记住，比如说字和词的读音，词的词性和组合，等等。大学阶段当然还要继续学习知识，有些地方还要巩固一下基本的技能，比如说词汇和语法等，但重点已经不在于此。重点应该是让学生能够透过文本，领会到主要的内容和它的语言技巧、艺术技巧，它的文学之美，它里面包含的精神内涵，包含的人类生活的真相或者心灵世界。大学阶段的课程不应该仅是解释、分析字句，那就没多大意思了；而应该是让学生透过这些基础的知识，去自由地领略和欣赏其中的内容和技巧。应该说，中学课程更多的是教学、学习，而大学课程更多的是沟通和领略。这门课可以制订一些基本的原则和要求，但在此基础上，应该让老师有充分选择和发挥的空间，教什么，怎么教，怎么考，都可以多样化。因为每个老师的长处和个性都是不一样的，只有发挥他的长处，尊重他的个性，他的教学效果才会好。

总之，老师应该比较自由地教，学生应该比较自由地学。如果我们这门课程还是设计成一个非常复杂的"程序"，从讲授篇目到教学方法再到考试方法，都规定得很死板、很繁琐，我认为这是不太理想的，等于又向中学教育靠拢了。

Q：您认为在现代社会，应该怎样去培养学生对于国文的兴趣呢？

A： 观念要发生转变并不是很容易的事情，主要是长时间的实用主义思想、应试教育对我们造成了深刻的影响。同学们十几年都是这么学过来的，已经养成了一种习惯的学习方法，就是看教材、听课程、记知识点、考试这样一个套路。更严重的问题是，整个社会都具有实用主义倾向。在此环境下，加上长时间所形成的习惯，学生学习就是为了拿到学分，得到很高的绩点；得很高的绩点就是为了拿奖学金、保研、出国留学，这种实用主义思想是我们这门课最大的挑战、面临的最大困难，而这几乎是无法用简单的方式改变的。

其实，就学习古代文学作品而言，并不存在特别难的问题。因为文学和理工科不一样。从人类历史来看，早期的人类大概距今六百万年，近期的人类大概距今四五十万年，而我们最早的文学也不过是两三千年前的。这两三千年和那几十万年相比，时间很短暂，那就意味着人这两三千年的变化是极小极小的，没多大变化，除了一些表面的变化以外——比如穿的衣服，那时穿皮毛，现在穿毛衣——人的感觉、心灵、思想，变化是不多的。所以，古代的作品所反映的内容，例如衣食住行、社会结构等，表面上与现在的生活有点不同，但是那些经典作品，往往是很深入地揭示了人最本质的东西，而那些恰恰是根本不变，或基本不变的。比如你的欢乐、你的痛苦、你的绝望、你的哀伤，这些东西就很少变化。同学们要抛开那种偏见，好像古代的东西和现在很不一样，有很大的距离，或者看不懂。只要抛开这样的偏见，真正去读文学作品，你就会发现，真的是"古今人相去不远"，心灵完全是相通的，只是在具体的表现形式上可能有点差别。所以，关键不是文学作品里的内容和现在的生活有多大的距离、让人感到陌生的问题，而是我们有没有一点耐心、有没有一点兴趣，去接触一点古今文学名作的问题。这是所谓古今的差别。中外也是这样。大家总会觉得，外国人的生活我们怎么能产生兴趣呢？其实一点问题都没有。只是有点表面上的差别，真正到了比较深的层面，完全是相通的。我上课时举过英国作家康拉德的例子，他写过《阴暗线》《黑暗的心》等作品，书里那些二十来岁的小孩子有着莫名的烦恼和冲动，我看我们这边的孩子现在也都是这样，到这个年龄就有这个阶段，可见中外也是相通的。所以，并不存在什么阅读障碍，如果有障碍，也主要来自我们自己：预先就判断我不懂，预先就判断他们和我们不一样，这是一种先入为主之见。如果真正地去接触古典的或外国的作品，了解它们，你会发现没有多大的难度。

文学与文化

Q：廖老师，请问您如何理解中国古典文学在西方文学理论下的阐述？

A：我前些天正好给一个学者的书写序，在里面谈到了这个问题。近一百多年来，我们用西方的文学理论来阐释中国古代的文学甚至文化，大概是走过了一个"之"字形路。当中国古老帝国的国门终于打开的时候，我们已经远远落后了，这落后不仅仅是经济方面，也不仅仅是科技方面、军事方面，更是我们的政治制度，我们的社会制度，我们的思想文化，都已经很落后了。所以这个时候借鉴西方的理论，包括它的文学理论，来看中国的文学与文化，这样确实能转变我们的思想观念，让我们有新的看法。近代以来，我们对文学的看法是有很大变化的。像过去只重视诗歌、古文，近代以来就比较重视戏曲、小说了。中国到了元明清时期就开始重视戏曲、小说了，但是始终没有把它当作文学的主流，甚至是最重要的文学，而近代以来这些文学观念就变了。过去评价文学的标准可能是它高雅不高雅，而我们现在评价文学的主要标准可能是它真实不真实，这样就有很多的变化。总的来讲，近代以来，前一个阶段我们大量地吸收西方的文学理论，借鉴其观念、思路，来分析、评价中国古代文学，可以说带来了我们对古代文学看法的根本性变化，包括对《诗经》《楚辞》的看法，我们都发生了很大的变化。但是近二三十年以来，随着中国经济的发展，综合国力的增强，民族自信心有所回升，再加上其他一些因素，一下子潮流似乎变了，我们对于过去过分崇信西方的理论，包括文学理论、政治理论、经济理论的现象，开始进行反思，产生一些质疑，认为要按照中国文化本来的面目来建立中国的话语系统，而不能完全照搬西方的理论。这就是转了一个弯，风向发生了改变。这也有它的道理，因为过去确实存在用一些生搬硬套西方的理论来剪裁、重组中国古代历史文化的现象，确实让它有点走形、有点变样。但有些人的话讲得有点过头，好像这几十年来、一百年来接受西方的理论大错特错了，好像中国古代的东西就是自成系统，完美得不得了。我认为，这样的反省与反思总体上是合理的。一定的调整是必要的，但是有两条需要注意：第一，我们不应该全盘地或者过分地否定过去借鉴西方理论的过程，这是一个学习的过程，是非常必要的。西方的文学理论也好，其他理论也好，给我们中国的思想文化带来了革命性的变化，我们不要过河拆桥。第二，我们现在即使说要注意西方的理论与中国历史现象之间的契合度的问题，要尽可能地尊重中国历史文化的本来面目，也还是要视野开阔，借鉴西方的理论，来达到一种比较合理的结合，绝不应该又站到中国古代的老路里面，就中国说中国。就中国说中国肯定是说不清楚的。所以这个问题要辩证地看。

　　我认为现在借鉴西方的理论还是非常重要的，但是同时也要重视中国文化的本来面目，要理清它内在的脉络，要比较客观地、公正地去了解它、评价它。这两者必须结合起来，这应该是一条"之"字形路。我们要不断地去调整角度，而不应该是折返跑。折返跑就是今天这样，明天那样，从一个极端走向另外一个极端。也不能总是转圈，更不应该走回头路，而应该是走"之"字形路，不断提升我们的研究水平。现在人的心境和一百年前当然不一样，随着我们研究的心境、眼光、角度的变化，我们会看到中国古代文学以及整个文化中某些新的面向和特质，比如说中国古代文学作品特别喜欢讲道理，伦理色彩比较明显。过去我们按照西方文学理论的概念，认为文学里面有过多的说教、伦理的东西是不好的。但在中国古代文化里面，这些东西本来就是打通的，中国古代文学不太追求那种纯美，而是追求那种大美、深美。中国古代历来就是把文学之道和人道（伦理）、世道（政治）甚至天道结合起来的，认为如果里面有一定的人道、世道、天道的内涵，那么这个作品可能更有深度，内容更丰富，是更有价值的，这就是中国文化的特点。包括文章的结构也与天道是相通的，文章的结构要符合阴阳相克相生的原理，中国古代历来就有这么一种传统和特色。我们过去按照西方纯文学的标准来看，觉得这些东西不好，甚至过度地否定。现在如果按照尊重中国文化的传统、尊重中国文化的特色的思路，回过头来看，我们的评价就会和前些年不一样，至少不会那么简单、粗暴地否定。

Q：您认为对于同一个文本，文学提供的分析思路和其他学科有什么不同？与此相关，作为文学家的作者和作为思想家的作者有何不同？

A：我接触过法律系的老师，他们作为法律史学家来研究《窦娥冤》，选择的角度是很不一样的。研究哲学的当然更侧重把文本当作一种思想史的材料，关注的角度肯定也是不一样的。我觉得从事文学研究的人最好还是坚持文学本位，就是主要从文学角度去分析。文学角度主要是指作品描写人什么样的生活、思想和情感，作者又是怎样来表达、描写这些思想和情感的。重点应该是情感和技巧。当然，如果从事文学研究的人能够了解其他学科的一些知识，比如说哲学的知识，借鉴它们的一些角度，来进行多角度分析，那可能也是比较有意思的；但从事文学研究的人应该还是要坚持以文学为本位。

另外一个问题，比如说中国就存在着许多既是思想家又是文学家的人，他们的思想和他们的文学之间肯定是有联系的。但这两者兼长的不是很多，往往是有所侧重。比如说朱熹，他既是一个大思想家，又是一个有相当高水平的文学家，但大家觉得他主要是一个思想家，而不是一个文学家。又比如说苏轼是大文学家，也是思想家，是蜀学的代表人物之一，但大家可能还是觉得他主要是一个文学家，而不是一个思想家。但他们的学术思想和文学创作之间还是有一定的关系的。比如说朱熹的文学作品，往往就包含着比较多的理性思考，理趣多一些；而其他一些文学家更多地是凭借想象、凭借感觉来创作，理论思考不多。但这些既是思想家又是文学家的人，也多多少少知道自己正在做的是什么，要重点突出的是什么。比如说在写一部文学作品的时候，就还是把它当作文学作品来写。也就是说，他们的学术事业与学术思想，与他们的文学创作之间有联系，但他们在一定程度上会有意识地将二者分开。

Q：您可以为我们讲讲您的学术经历吗？您能为当今立志于学术研究的学生提一些建议吗？

A：我自己很惭愧，我是恢复高考之后的第一届大学生，算是比较早的；我于1989年获得了博士学位，也算是比较早的。开始几年比较努力地从事古代文学研究，也还有点进步，但后来因为一些比较偶然的原因去做院系的基层管理工作，结果一做就做了十四年，耽误了很多的时间，自己的学术研究就受到很大影响。

  现在如果说有什么体会可以和同学们分享的话，就是年轻的时候绝不要太功利主义、太实用主义。我们现在的学生，包括现在的博士生、硕士生，都太急于求成，不愿意打下一个比较深厚、宽广的基础，往往只想取其一点，迅速见到成效。但第一，如果缺乏坚实的基础和宽广的视野，就这一点而言也肯定扎不深、看不透；第二，这样的学生不可能由这一点生发开去，发现更重要的问题。这样抓住的问题和思考的成果往往深度、广度不够，所以，一定要扎扎实实地把那些最基础的书都读完，既要读基础的文献，也要读理论书，既要基础扎实，又要视野宽广，不然后劲就不足，思考问题的时候就不能做到上通下联，做出的成果的质量往往也不高。现在很多研究生都有这个问题，因为中学教育是这样，本科教育、研究生教育也是这样，总是抓一个很小的东西来专门研究。现在年轻的学者当然也有很好的，但是比较普遍的情况是分工越来越细，选择的面越来越窄。他们和老一辈学者的差别在于，他们对一些小问题研究得比较精细，但是缺乏一种对整体问题的关怀，包括对社会历史的总体性的关怀。同学们应该努力追求"博大精深"。不能博大，实际上很难达到真正的精深；当然，没有精深，也很难达到真正的博大。国内外优秀的学者研究问题，视野都很开阔。比如说亨廷顿研究文明的冲突，他也要从古希腊古罗马说起，只有考察历史的源流，才能抓住问题的来龙去脉。所以我常说，走进历史的深处，才能够接近问题的实质。这算是自己的一点体会。如果说教训，那就是要对自己有清醒的认识，要把握自己人生的选择。因为时间有限，一定要了解自己适合做什么，然后就专心致志地去做。比如说，你觉得自己适合做社会管理工作，那就好好地做好准备，不要瞻前顾后，而是好好地去努力。如果觉得自己适合做专业研究工作，那就不要为一些眼前的诱惑所吸引，而要持之以恒。如果你觉得自己适合在社会上从事一种比较自由的职业，比如说去创业，那你就去创业。人可以有很多种选择，都有可能取得成功，但必须做好选择。

博雅 GE 微访谈
古代小说名著与通识教育[①]

刘勇强

"通识"教育不是"通知"教育

Q：刘老师，请问您理解的通识教育是什么？

A：虽然通识教育的说法早就听过，也多少知道一点通识教育的基本理念，但对于通识教育包括哪些内容，古代小说在通识教育中占有怎样的位置，通识教育中的古代小说学习与专业教育中的古代小说学习又有怎样的区别，我其实并不十分清楚。我说不清通识教育是什么，但也许可以推测一点它不是什么。我猜想，"通识"教育应该不是"通知"教育，至少只是一种"知"的简单传授，而是"识"的养成。也就是说，通过通识教育，学生不仅可以对诸多学科的基本情况有所了解，更能通过这些初步了解，获得进一步拓展学习领域的要领，获得心智上的启迪。《红楼梦》第九回写贾政对宝玉读书作了这样的指示："什么《诗经》古文，一概不用虚应故事，只是先把《四书》一气讲明背熟，是最要紧的！"这一"方针"就不是通识教育的，它既将学习的范围狭隘化了，又将学习的方法规定为"讲明背熟"，完全忽略了知识的共同性与学习的主动性，其目的当然只是应试。通识教育则不然，如果它的目的真能有效地实现，或许能为更专业的学习提供原动力，为人生智慧涂抹一层底色。这样说可能有点抽象，再拿《红楼梦》为例，小说第二十一至二十三回，贾、黛、钗，居然娴熟地将庄子、参禅以及《西厢记》等

[①] 课程名称：古代小说名著导读；受访者所在院系：中国语言文学系；访谈时间：2016年5月26日。

经典文学用于谈恋爱、悟人生,这就是一种生活的境界。天知道他们通过什么渠道,绕过长辈的限制与当时的教育体系,建立起了各自广博的知识背景!我们今天的通识教育,应该是使这种知识背景的建立,更加自觉、更加科学。

Q:刘老师,请问您是如何根据通识教育的理念来设计"古代小说名著导读"这门课程的?

A:古代小说方面的课我上过不少,"古代小说名著导读"是第一次作为通识教育的课程来上的。如前所述,我对通识教育并没有清晰的认识,因此,很难说按照一个非常明确的理念来设计这门课。不过,既然是通识性质的课,当然也会考虑到与中文学科的专业课有所区别。在内容上,我选择了《三国演义》《水浒传》《西游记》《金瓶梅》"三言二拍"《聊斋志异》《儒林外史》《红楼梦》等古代小说经典名著作重点介绍。这些名著既代表了中国古代文言小说、话本小说和章回小说等最重要的小说体式,可以反映古代小说的基本面貌;又以各自不拘一格的叙事与描写,展现了小说家对人生体验的深刻把握;而其中丰富的精神底蕴,则折射出中国古代文化、政治、社会等各个方面的演进过程。课上在介绍每一具体作品时,没有特别介绍它们的成书过程与版本等文学史知识,而是结合不同名著的特点,从某些特定的角度评述这些作品的思想内涵与艺术价值最为突出的方面,同时讨论其在当代文化生活与建设中的作用。比如对《三国演义》,重点讲述其中体现的政治文化的庶民观照和历史小说"虚"与"实"的特点,对《水浒传》,则主要分析其中反映的草莽社会的道德原则以及今天如何理解与评论血腥、暴力描写,等等。我希望在最短的时间内,说明这些名著之所以成为我们不能"绕行"的经典的原因。

Q:刘老师,通识课程要保证学术水准,但面对的又是非专业的学生,您如何平衡两者的关系?您希望选课的学生如何学习这门课程?

A:在接到选课名单时,稍有点出乎我意料的是,中文系的学生占了近一半,其中中文系的留学生人数不少。当然,也有许多其他专业的学生。由于选课人数较多,学生的专业、年级、文化背景、兴趣点可能都不同,对古代小说名著了解的程度也不尽一致,现场又不可能有更深入的互动,所以,我确实不太清楚如何有针对性地满足不同学生的要求。但有一点我想是肯定的，即我在课堂上所介绍的，应该以当下社会对这些小说名著关注的核心问题和学术界的前沿性研究为基点，前者是为了唤起学生的兴趣，后者是为了争取对这一兴趣的回应不是陈旧的和空泛的。

Q：您上这门课最大的经验体会是什么？

A：这门课是第一次上，仍在进行中，还谈不上经验体会。目前大体还是按计划进行的。我期待通过课程论文，了解教学效果与学生的真正水平。今后也许会结合这一次的经验，对课时安排与具体内容作些调整。

古代小说的基本特点与分析方法

Q：请问古代小说的基本特点是什么？西方的小说观念是否完全适合用来理解中国古代小说？

A：这两个问题都很大，涉及小说史，也涉及对古代小说文体的认识，三言两语很难说清楚。有一点是可以肯定的，中国古代小说在长期的发展过程中，形成了自己的特点。我们理解古代小说，必须从这些特点出发。比如古代小说在源头上，受到过先秦寓言的影响，后世小说家在创作小说时，往往会在叙事与形象中寄托某种思想寓意，这也成为历代小说研究者所强调的重点，如明代谢肇淛在《五杂俎》中说："小说野俚诸书，稗官所不载者，虽极幻妄无当，然亦有至理存焉。"事实上，寓意说还成了古代小说评论的一种普遍的、重要的方法或角度。张竹坡在评点《金瓶梅》时就特意写了一篇《〈金瓶梅〉寓意说》，他认为《金瓶梅》一书"大半皆属寓言"；清人张新之评点《红楼梦》，也屡称《红楼梦》"无巨无细，皆有寓意"。我不清楚西方小说在创作中、阅读与评论中，有没有像中国小说家与读者这样，渴望在小说中有意识地寄予或发现某种潜藏的内涵，但这确实是中国古代小说创作与诠释的一个传统，而这样的传统还有许多。如果我们相信这一点，对中国古代小说的认识，当然就应从其实际出发。

至于西方的小说观念是否完全适合于理解中国古代小说，我曾经写过一篇题为"一种小说观及小说史观的形成与影响——20世纪'以西例律我国小说'现象分析"的文章，专门讨论这一问题。我以为，一方面，用西方小说的标准衡量中国小说的批评观念与方法有因文体偏见导致的对中国古代小说的诸多误解，特别是因此遮蔽了中国古代小说自身的一些特点。但另一方面，西方小说及理论，也激发了我们对中国古代小说的新的认识。在西方小说观念的参照下，中国小说的独特性也同样得到了前所未有的思考与阐释。

Q：我们现在所说的小说概念与古代并不完全相同，当我们用现在的小说概念审视中国古代文学作品时，事实上就将许多不同类型的作品，例如志怪、传奇等都归在了"小说"这一名称之下。您怎么看待这些作品之间的差异呢？

A：确实，古代小说体多性殊，不可一概而论。但无论是在古代，还是在今天，人们对不同体式的小说，也并没有抹杀其中的差别。现代小说概念比较强调的虚构、情节、人物、环境等小说构成要素，古代也有对应的说法。我们需要的可能是在这种大体的对应中，找到它们细微的差别与各自的侧重点。比如与虚构相关的认识，现代小说概念更偏重对真实与虚构的阐释，而在同一层面上，古代小说还有一组"虚"与"实"的概念，它既是艺术想象的问题，又涉及叙述笔法的问题。与此同时，我们还应具备小说史的观念，比如早期志怪小说对于神鬼怪诞之事的记载，不完全是虚构的，还有借以"发明神道之不诬"的意思；而唐代传奇小说被认为是代表了小说文体的成熟，其标志一在于有意识地、为了某种现实主题或艺术目的虚构，二在于描写丰富，更注重文采等形式；到了清代的《聊斋志异》，鲁迅又指出它"用传奇法而以志怪"的题材与艺术特点，意味着文言小说达到了圆熟的阶段。换言之，如果我们能以一种历史的眼光看待古代小说，就必然会超越某一种固定概念的约束。

Q：古代文言小说与白话小说有什么区别？

A：中国古代小说存在文言小说与白话小说两个系统。对于小说而言，文言与白话既代表了语言形式的不同，也代表了文体的差别。一般来说，文言小说相对简短，在艺术上更追求精炼扼要，取材角度也较多截取某一事件的过程和人生的片段。同时，受史传文学影响更深，文言小说更强调叙事的真实性，即便是志怪，也会声称记录的客观性。文言小说的创作者与接受者，以有一定文化水平的文人为主，文言小说自然也较多地反映了他们的思想趣味。而白话小说与宋元商业化的表演伎艺有直接关系，它的娱乐化功能更突出；除了讲史类的作品，在题材内容上，更接近普通人的日常生活。不过，文言小说与白话小说虽然有种种明显的区别，但又有很多相似与关联。尤其是白话小说受文言小说影响很深，比如话本小说中，有相当一部分作品就是以文言小说作为本事出处而创作的。从本质上说，它们也有着叙事文学的共性。

古代小说的认识价值

Q：既然小说都是虚构的，甚至有些小说会在对历史的认识方面误导我们，那么我们读小说的意义在哪里呢？

A：不能说小说都是虚构的，古代小说有很多作品是有所依据的，小说家也往往会强调小说是"野史"，可以弥补史书之不足，可以"羽翼信史"，帮助读者更充分地了解历史。即使从今天的历史研究角度看，小说中的描写有时也可能作为一种史料的参照。当然，小说既然有虚构，有想象，有艺术加工，必然不会照搬客观真实。明代《警世通言》有一篇无碍居士的《叙》，它在谈及小说的虚构时指出，小说中的描写如果与现实相比，"人不必有其事，事不必丽其人。其真者可以补金匮石室之遗，而赝者亦必有一番激扬劝诱、悲歌感慨之意。事真而理不赝，即事赝而理亦真"。也就是说，即使是虚构的描写，也同样可以符合生活的逻辑，同样可以给读者以启发。

Q：古代小说为什么在古代受到文人轻视？而今天，我们又有什么理由重视它？

A：虽然在古代典籍的文化体系中，小说一直处于边缘化的位置，经常受到贬抑甚至遭到禁毁，但古代文人对小说的态度其实也是矛盾的，并不是简单的轻视。《汉书·艺文志》中"小说观"对古人的小说观念影响至深，其中以孔子的思想为依托，既认为小说是"小道"，又指出其中"必有可观"；既声称"致远恐泥，是以君子弗为也"，又承认小说也不会消亡，"或一言可采，此亦刍荛狂夫之议也"。这种既认可小说价值，又保持一定距离的态度，可能反而客观地为小说发展提供了一种有利的发展环境，也不失为小说接受的自由心态。

　　今人对古代小说比古人更为重视，当然与对传统文化的全面研究，包括对小说文体的深入认识有关。由于古代小说的叙事性、形象化与娱乐化品格，由于它对正史所忽略的生活细节与人物心理的揭示，由于它对普通民众生存状态的表现，由于它对人生经验与情感历程的提炼，古代小说具有其他古代文献所不及的审美价值与认识价值，因而我们没有理由不关注它，并将其自觉地纳入我们的知识体系中，纳入当代文化的建构中。

博雅 GE 微访谈
人的教养与诗的陶冶[①]

张 鸣

对话通识教育

Q：张老师，请问您理解的通识教育是什么？您是如何根据通识教育的理念来设计"唐宋诗词名篇精读"这门课程的呢？

A：今年是我第一次上通识教育课，以前也开过一些大类平台课、通选课，但没有这么具体地考虑过通识课的问题。在我看来，高校通识教育应该是"人的教养"的养成教育。我曾说过，北大有很多有学位的人，但有学位不等于有学问，有学问不等于有文化，有文化不等于有教养。就人的素质而言，教养其实最重要，又最难以养成。获得学位、掌握学问、积累文化知识，相对来说都比较容易，可以通过系统的专业学习来实现，唯独教养的养成比较难，一是过程比较漫长，二是没有明确的衡量指标，三是无法通过专业课的学习去解决。因为难，所以更显得重要。

我觉得，所谓"人的教养"，涉及以下几方面的因素。第一是人格，据我个人体会，当代大学生应该养成谦逊、阳光、进取、包容的人格。第二是独立思考能力与批判性思维方式。第三是较高水平的汉语应用能力以及与人沟通的能力，包括听、读、说、写的能力。"听"是倾听与准确理解，"读"是阅读与理解，"说"是汉语的口头表达，"写"是能够完成各种文体的书面表达。第四是审美能力，包括对艺术、自然

[①] 课程名称：唐宋诗词名篇精读；受访者所在院系：中国语言文学系；访谈时间：2016年6月13日。

和生活的审美能力，也就是蔡元培校长所讲的"美育"。第五是想象的能力。在培养想象力的基础上，理解"创造"的重要性，并了解创造性从何而来。这一点有一定难度，但对接受高等教育的人而言，却非常重要。在北大这样的大学里特别能体会创造性的重要意义。"创造"需要才华，但更需要观念，北大的学生不缺才华，只要创造的观念能跟上，就会有杰出的表现。通识教育应该给予创造的观念。

我将教养分解为五条，并尝试将其对应到通识课的课程设计中。我讲的课是关于古典诗词的，如果从通识性的角度出发，就要考虑古典诗词在"人的教养"的养成中能提供哪些资源。一方面，诗歌是一种语言艺术，它能集中地展示人类的想象力，而且优秀的文学作品都具有创造性。另一方面，古典诗词是古代诗人、词人人格和感情的一种表现和寄托，就"人的教养"的养成而言，具有人格陶冶的重要作用。如何让古典诗词的这些特点在通识教育中发挥作用，这需要找到一个合适的课程模式，设计相应的教学内容，采用合适的教学方法，等等。就内容的设置而言，应该落实到文学作品上，以作品的精读讲解为中心。这个要求与中文系的专业教学有些差别，中文系专业课的内容设置还要考虑文学的历史发展和理论总结，还要研究作家，研究作品如何在某个特定的时代、特定的背景中被某个作家创作出来，要揭示一些规律性的东西。通识课不需要有这么高的要求，但要侧重于作品的精读讲解，将前面讲的古代诗词对"人的教养"有重要意义的那些因素充分地揭示出来。因此，"唐宋诗词名篇精读"课程的设计，就是以作品为中心，按作品题材内容分类，按类别讲解，这样每个类别专题可以相对集中，合起来也有一定的覆盖面。原来计划每次课讲6到8篇作品，但实际讲授过程中，因为讲得比较细，每次课也就能完成4到5篇的讲授任务，不过这也没有关系，重要的是要将作品讲通、讲透。

Q：上课的过程中，您面临的主要问题是什么？课程要保证学术水准，但面对的又是非专业的学生，如何平衡二者的关系？

A：对我来说，最大的挑战是要给来自不同院系的同学讲这门课。选课的同学既有中文系的学生、其他人文社科院系的学生、理科院系的学生，还有攻读双学位的学生，以及留学生，面对不同学科背景的同学授课是很困难的。我原来并不希望中文系的同学选这门课，因为这门课的课程难度需要考虑其他院系同学，但还是有很多中文系的同学选课，这样一来，在实际的授课过程中，文学基础不是很好的同学又无法完全照顾到，我自己也没有很好的办法解决这一问题。另外，这样一种以作品细读为主的大课，没法和学生形成交流和对话，没有办法深入了解同学们对中国古典诗词的认识。有可能我认为重要的内容，在同学们看来并不是很重要，因此会出现某种"错位"的现象。解决这一问题的办法，可能还是采取小班讨论的方式。但是如果通识课采取小班讨论方式，助教的问题又不好解决。通识课的选课人数很多，分成小班讨论需要多位助教；而中文系的专业课也有小班讨论，我的每个博士生都要带小班讨论课，如果通识课再开设小班讨论，助教可能会吃不消。但是没有小班讨论就没有办法很好地解决这个问题，现在只能尽量和同学们沟通，把握课程深浅难易的程度。

我希望通过我的讲解，同学们能够理解文学作品的多义性和解读的歧义，审视自己平时阅读古代诗词文本时形成的不太准确或错误的固定印象。或者说，我通过提出我自己对诗词文本的不同理解，并给出这种理解的根据，为同学们提供解读文学作品的示范。

举个例子吧。李清照的《声声慢》词，其中两句同学们熟悉的通行版本是"三杯两盏淡酒，怎敌他晚来风急"，但在课上，我告诉同学们有另一个版本："三杯两盏淡酒，怎敌他晓来风急"。俞平伯先生的《唐宋词选释》采用的就是后一个版本。我向同学们具体讲解了为什么是"晓来风急"而不是"晚来风急"。还有，这首词里的"满地黄花堆积"一句，一般的讲解都是"黄花凋落满地"，但是这种理解并不准确。吴小如先生曾经这样解释这句词的意思："满地黄花堆积"，是指菊花盛开，而非残英满地。（见吴小如《古典诗词札丛》）其实堆积的"积"，在诗词中多形容繁花盛开或芳草茂盛。比如谢朓《和别沈右率诸君》："重树日芬蒀，芳洲转如积。"周邦彦《渔家傲》："几日轻阴寒恻恻。东风急处花成积。醉踏阳春怀故国。"我在课上用幻灯片配了菊花盛开满地堆积的照片，李清照其实是用菊花盛开的鲜艳灿烂反衬自己的忧愁憔悴。这样的讲解，和一般的解释不同，也能够体现课堂教学的"学术探讨"意味。我想告诉同学们，读经典作品，要仔细琢磨每一个字、每一句话，而不是匆匆地"滑"过去。要注意体会中国古典诗词语言表现的奥妙。

再举个例子，唐代刘长卿的《逢雪宿芙蓉山主人》："日暮苍山远，天寒白屋贫。柴门闻犬吠，风雪夜归人。"很多同学读这诗很容易"滑"过去，就留下来对"风雪夜归人"这个名句的印象，很少有人具体去探究是谁"夜归"。有的说法认为"夜归人"是投宿的诗人，但就诗的内容看来，诗歌的视点以诗人为中心展开，"柴门闻犬吠"这句明显也是写诗人"闻"，这样的话，"夜归人"就不可能是诗人本人。另外一种解释是"夜归人"可能指的是夜归的主人，这种解释比较符合情理，但如果看一下诗题，"宿芙蓉山主人"，就会发现还是有问题。这个题目很重要，也很清楚，诗人旅途中遇雪，向芙蓉山主人借宿，借宿时，主人应该已经在家，不然题目不会这么清楚点出"主人"二字。点出"主人"，意味着这首诗的期待读者就是"主人"。主人既然已经在家，"风雪夜归人"应该就不是主人，而是主人家别的家人雪夜归来，甚至可能是相邻人家有人夜归。诗人只是根据"柴门闻犬吠"，推想一定是外面有什么人从风雪中回来而已。当然，这首诗最出彩的还是"风雪夜归人"一句，精彩到完全可以脱离整首诗而被断章取义地运用，这种情况下，"风雪夜归"的究竟是什么人就不那么重要了。总之，这首看上去很简单的诗，要想准确解读，其实并不简单。像这一类诗歌的解读，需要有一定的生活经验，也需要充分发挥想象力。可见，诗歌的理解并没有唯一的、固定的答案。

通识教育将唐宋诗词纳入课程内容，符合中国古典文化的"诗教"传统。"诗教"传统看起来很陈旧，但在长期的历史积淀中也形成了一套相应的理论和实施模式，有些对我们现在还有指导意义。中国古典诗教讲求性情的陶冶，传统观点认为，诗是作用于人的情感的，无论是教化功能，还是审美或语言运用能力的训练，都可以通过诗歌文本的情感感染，在潜移默化中达成。

学术与人生

Q：您能跟我们分享一下您的学术和人生经历吗？比如您当初为什么会选择古代文学作为自己的专业？

A：就我个人的经历而言，我没有经过正式的中学教育，该上中学的时候赶上"文化大革命",学校停课,没什么书读,所以我基础很差。"文革"后期,我在云南当兵,赶上"批林批孔"和"评法批儒"运动,当时部队推选少数民族战士讲"评法批儒"的内容,我们这些"学生兵"就被派去写发言稿。当时部队请了云南大学的一位教中国哲学的老师,给我们讲了一两个星期的课,讲法家著作,从韩非子一直讲到柳宗元《封建论》,还讲了孔子的生平。我从那个时候开始,可以"合法"地读一些古书。我们那个小组里不知是谁把家里偷偷收藏的《古文观止》《宋词选》《唐诗三百首》《元曲选》之类的书带到部队来,我也在这种特殊的情境下读了一些书,积累了一些古代文学的知识。我的这段经历确实比较独特,别人不容易碰到。

我对"文学"的印象,还更早一些,大概在上小学四年级的时候,我从老高中生那里得到了一套20世纪50年代的语文课本,当时的中学语文课本分为《汉语》和《文学》两册,《文学》课本基本上就是一部文学作品选。我记得,那本《文学》课本收入了《诗经》《楚辞》的一些篇目,还有汉赋、唐诗、宋词,小说选的是《水浒传》的"林教头风雪山神庙"、《红楼梦》的"诉肺腑心迷活宝玉",戏曲选的是《桃花扇》的《哀江南》套曲等。通过那本《文学》课本,我开始知道"文学"这个词。

我从部队退伍是在1976年年初,退伍之后不久,赶上1977年高考恢复。当时理科没法考虑,因为我没有基础,只能复习文科,志愿也只能在文科范围里选择。当年北大中文系在贵州招生只有古典文献和文学专业,我那时并不知道古典文献是干什么的,于是第一志愿报了文学专业。结果如愿被北大文学专业录取。有些缘分真的是"冥冥之中"的,我到了北大后,偶然的机会才知道古代文学教研室的冯钟芸先生就是我小时候读过的那套高中《文学》课本的主编。等到我硕士学位论文答辩时,答辩委员会主席恰好是冯钟芸先生。后来我留在古代文学教研室教书,当时的教研室主任也正是冯先生。我和古代文学专业似乎冥冥之中就有一些缘分,真的是很特别。

Q:在读书期间,有没有哪位老师对您的学术生涯产生比较大的影响?或者有没有印象比较深刻的老师?

A:我觉得,到北大来最大的收获就是碰到了那么多的好老师,每位老师都对我有不同的影响。就个人而言，对我影响最深远的是林庚先生、吴组缃先生，还有吴小如先生。当年林庚先生给我们77级同学讲"《楚辞》研究"，那是林庚先生告别大学讲坛的最后一门课，他讲得非常认真，可以说是将生命都投入课堂里了。我总说林先生是非常干净的人，并不是说打扮得干净，而是他的气质，一看就是干干净净的，从里到外的干净，有如光风霁月。林先生是那种精神境界非常纯粹的人，受到很多学生的爱戴。20世纪50年代初进北大的中文系老学长白化文先生给我讲过一个故事：白先生的同班同学、后来研究宋词的著名学者钱鸿瑛先生，非常喜欢林先生讲课，学期结束前听完林先生的最后一堂课，她一回到宿舍就趴在床上放声痛哭。别人问她为什么哭成这样，她说："我再也听不到林先生的课了！"

林庚先生在清华大学读书的时候，和季羡林先生、李长之先生、吴组缃先生关系非常好，当时他们被称为"清华四友"。吴组缃先生写小说，林庚先生写诗，李长之先生写评论，季羡林先生写散文。后来季羡林先生去德国留学，回国后任教于北大东语系；吴组缃先生任教于清华中文系；林庚先生先在厦门大学当教授，1947年回燕京大学任教授。1952年院系调整之后，他们三人又在北京大学会合。只有李长之先生的经历比较坎坷。

我曾经问林先生一个问题，林先生原来是清华物理系的，为什么在大学二年级时转到了清华中文系。林先生说，他有一次在图书馆看到《子恺漫画》，里面有很多以古诗词句子作的画，如"无言独上高楼""过尽千帆皆不是，斜晖脉脉水悠悠""几人相忆在江楼"，等等，林先生看了之后觉得太美了，他被古典诗词的意境深深吸引。林先生还说，他读了郑振铎为《子恺漫画》作的序，非常感动，想不到文学能有这么大的力量。于是，林先生就下定决心转到中文系。

林先生在俞平伯先生的课上写了一首词，特别有晚唐词的味道，让俞平伯先生非常惊讶。林先生的词一出手就显得很老练，他也觉得自己有能力写好旧诗词，但是写了一些之后逐渐发现问题。林先生觉得古典诗歌的意象和句法已经是过去时代的东西，不太能够贴切地表现现代人的经验，如果模仿古代诗词的旧语言和旧意象，就必须放弃新的意象和感觉，所以他最后决定写新诗。林先生写的第一首现代诗是《夜》，那首诗写出来之后他非常激动，认为找到了适合表现个体在现代社会中的独特情感的一种形式，写出来之后就去找他的几个朋友，大家都非常赞同他走这条路。林先生本科毕业论文的指导老师是叶公超先生，当时林庚先生就和叶公超先生商量，能不能用诗来代替毕业论文，叶公超先生说学校也没规定不可以，所以林先生就以一部诗集代替了毕业论文。林庚先生的新诗创作后来产生比较大的影响，废名先生评论林庚先生的新诗"唯此一家"。

除了林庚先生之外，对我影响比较大的还有我的导师赵齐平老师。赵老师非常有才气，1952年院系调整后，高等院校仿效苏联开始招收副博士研究生，赵老师是浦江清先生（清华二清：朱自清和浦江清）的研究生。我在北大中文系读书的时候，中文系有四位老先生的课在学生中口碑很高，还有四位中年老师也以讲课讲得好著名。四位老先生分别是林庚先生、吴组缃先生、朱德熙先生和吴小如先生。四位中年老师是赵齐平老师、袁行霈老师、金开诚老师和陆俭明老师。其中林庚先生、吴组缃先生、吴小如先生、赵齐平老师、袁行霈老师、金开诚老师的课我都听过。各位老师的课，风格不一，但都非常精彩。首先是老师学问好，见识高，境界高，其次是老师在教学上非常投入，吴小如先生甚至说过他以讲课为享受。以他们的学问修养，加上这样的教学态度，他们的课想不受欢迎都难。我念研究生的时候，赵齐平老师身体不好，但每次上课，总是干净整洁，精神抖擞，声音洪亮，风趣幽默，根本看不出已经病了。后来赵老师患肾衰竭，每周要到医院进行透析治疗，但他仍然坚持上课，坚持到图书馆查书。那时中央电视大学（中央电大）刚恢复，请北大老师去讲课。北大把任务分派给赵老师，他当时一边做透析，一边写讲义。后来实在不能坚持，系里让我协助他。每次讲课前，赵老师就先把这一讲的大纲给我，我帮他写出讲稿的初稿，他逐字修改，改完之后还要亲自到中央电大去录音。就这样完成了中央电大的教学任务。赵老师的著作《宋诗臆说》，也是在他重病期间完成的。可以说，赵老师把他的生命都献给了学术和教学。中文系这些师长的人格精神和学问，都值得我们学习。

博雅 GE 微访谈
回到经典 开放发展[①]

吴国武

对话通识教育

Q：吴老师，请问您理解的通识教育是什么？您是如何在课程中贯彻通识教育的思路并设计这门课程的？

A：通识教育本来是来自西方的概念，但是和中国古代教育，特别是比较偏重人文、从人文出发的教育传统是贯通的，只不过由于种种原因，我们没有发展出现代通识教育理念。我想，现代通识教育应该立足于中国、立足于本土，有中西教育传统怎样结合的问题，有古今教育理念、制度如何融通的问题，更有培养什么样的人的根本问题。

我理解的通识教育是围绕"成人"而展开的。"成人之道"应该是人类教育永恒的主题，也是文明承传的核心问题。当然，在看待"成人"这一点上，中西方不完全一样。近代西方强调个体的人、理性的教育，传统中国则强调一种面向身家性命、家国天下的文化教育。所谓"成人"，就是"成其为人"，虽然每个时代有不同的要求，但是根本的道理是不变的。成为什么样的人，涉及传统意义上需要继承的内容，也涉及当代甚至未来需要发展的内容。我想，"成其为人"可以成为我们推行通识教育理念的重心。怎样成为一个人，定义是什么？传统中国比较喜欢讲"学以至于圣人之道"，按照梁启超先生对于儒家成圣成贤的现代解释，意思就是要成为人格健全的人。人格健全需要几个基本要素。第一，要掌握人类文明成果中的基本知识，就是所谓常识。这些常

---

① 课程名称：国学经典讲论；受访者所在院系：中国语言文学系；访谈时间：2016年3月13日。

识构成了我们生活成长的出发点,也向我们展示了文明演进和文化反思的过程。第二,要学会做人的道理。要从天下一家、人类一体的角度考虑如何做一个人,尊重基本的道德规范和礼貌礼仪,成为有文明修养的人。第三,除了常识、做人道理以外,还要接受一些专业性训练。通识教育不是只讲常识和做人道理,还需要基本的专业性训练,为文化传承创新提供原动力。基础知识、基本的专业训练和做人的基本道理,构成了通识教育的主要部分。至于在此之上面向学术研究、经济发展、科技创造等内容的专业教育,就是另外一个层面的东西了。

我对"国学经典讲论"这门课程的设计就是围绕着这个理解进行的。第一,要让学生知道一些常识。这些常识不是方法论意义上的常识,而是从文化传统内部来理解的常识。比如要了解传统学问的门径,要了解经、史、子、集的学术架构。第二,要有一些专业性的训练。读经典就必须知道经典是什么,如何去读。比如说,怎样理解"学而时习之"的"学""习"?是否就是我们今天讲的天天学习呢?当然不是。"学"的对象过去是《诗》《书》《礼》《乐》一类的书,为什么要"学",为什么要"习",这里面有很多精细的东西,这就是专业性训练。第三,在此基础上还要让学生思考人生、修己治人的问题,所谓学到身上、学到心上。课程设计大致有两个板块,前半部分是古书校读的训练,后半部分是经、史、子、集的读法,最后回到文化的传承创新。传统经典大多和做人的道理有关系,治国平天下的很多道理也是从修身延伸出来的。比如说,作为经书的《尚书》,很多智慧是围绕处理各种事情而形成的,也都是为人之所需;传统史籍中这样的例子就更多了;儒家的《四书》以"切己"为特色,道家的老庄跟修身为人也有很大的关系;集部的文章文辞也可以用来反观自己。我的理念是把"求真""尽善"和"尽美"结合起来。如果只讲"求真",很可能只是知识积累和技能训练,这之后就和我们的生活成长关系越来越远。古代的学问是从"求真"开始,但是不止于"求真",还要"尽善""尽美"。由"真"开始回到"美"和"善",这是很高的境界,当然通识教育应该有真、善、美的追求。

Q:请问在上课的过程中,您面临的主要问题是什么?课程要保证学术水准,但面对的又是非专业的学生,您如何平衡二者的关系?

A：这是我第一次上通识课程，挑战性比较大。主要问题是，在保证专业性的同时，怎样把专业性的东西用一种既专业又不是纯学术的方式展现出来，让大家容易理解和接受。如果简单介绍某部经典，讲讲与经典有关的故事，其实对这类课程而言没有多大意义，所以我比较强调基本的专业训练。比如，国学经典是汉文写成的古书，识字是第一要务，如何用几个例子来讲清楚古代汉字的形、音、义关系，包括本字、本义怎么衍生，引申、假借如何生成。再比如，每一种经典有各自的性质、类属和功能，经书、史籍、诸子和文集各有不同的读法；经典所收的文章又有不同的文体，诏令奏议、书启序跋、诗词曲赋各自有各自的读法。将经典的读法教给学生，学生才能触类旁通、体味无穷，看到一篇古文、一部古书，就会想到是什么文体，是否有一定的格式；是什么类型的书，是否有一定的体例。传统中国对于书写和行文是非常严格的，上对下、下对上以及同辈之间、内外之间说法、写法和用法都不同，很多经典和古文本身类似于我们现在的公文。其实，整个中国乃至东亚就是一个汉文文书（或古书）的世界，一个经由汉文文书（或古书）的书写、传递和传习构成的东亚古典世界。只有了解这一点，阅读经典才有真切的感觉和内在的把握。

Q：您上这门课最大的经验体会是什么？

A：我刚开始讲授这门课，还没有多长时间。现在的最大体会是，要开掘更加鲜活的事物、使用更加切近的例子，让听课同学容易接受，同时又要把自己想要表达、希望大家吸取的东西表达出来。比如，通过大家很熟悉的书，用最好的方式展现出来，大家是会喜欢的。又比如，课上会讲到很多经典，我就向同学们展示北大图书馆馆藏善本的书影，大家听起来很有兴趣。让大家很有兴趣，我觉得是很好的。我的理念是，希望将有关内容传递给每一位同学，使得每一位同学都有兴趣、有所收获。

经史子集与国学经典

Q：吴老师，请问您觉得国学经典指的是什么？您怎样看经、史、子、集在国学中的地位？

A：近代以来有了"国学"概念之后，大家的理解五花八门，我个人比较倾向原初的意义。最初的"国学"是指"旧学"，也就是从经、史、子、集四部衍生出来的古典学问系统。我的讲法是以章太炎先生的说法为主，分为传统小学、经学、史学、诸子、文学五种大的学问类型，当然"国学"不止于这五种学问，而且每种学问之下又可进行细分。比如，诸子过去多指先秦诸子。秦汉以后出现了很多的子书，所以子部成了专门之学的渊薮，包括农书、兵书和医书等；西学东渐以来，西学、西政、西艺等类型的书大多归入子部。子部的发展，也可以看到传统学问的包容广大。经、史、子、集何者最重要呢？传统说法是以经部和史部最为重要，我个人也比较认同。经书的重要性不全是在思想信仰方面的，它还是文化传承创新的集大成者。经书不是很狭窄的，《十三经》里面的字基本包含了常用的汉字及其文化世界，所以"由小学入经学者，其经学可信，由经学入史学者，其史学可信"的说法绝不是简单的思想信仰立场，何况经书还包含了我们的基本道德规范和价值观念。不止如此，史部、子部、集部书也都和经部相关。古人常常讲"正经正史"，史书本来就是从经部生发出来的，只是更强调当下性和历史性。历朝历代的史书都有它们的独特性，不怎么变的经和时时在变的史，构成了中国文化的变与不变。只知道史，就不知道中国文化之本体；只知道经，就不知道中国文化之运用，两种情况都不利于文明再造和文化发展。当然，如果读国学经典不从经书、史书开始，将来也会在如何理解传统的大问题上出现较为明显的偏颇。

　　Q：吴老师，您为什么在这门课中将先秦诸子的重点放在老庄的文本上，而将儒家放在理学的话语当中来讲授？

　　A：以老庄为代表的道家文化是先秦诸子当中极为精到的，也是儒、释、道三教中道教的根源性思想。"六艺"是儒家形成的根本，而老庄对于"六艺"也是很熟悉的，只是他们发现了其中的缺陷和问题，于是才会有更深的质疑和追问。道家、道教对传统中国的影响特别深，道家和儒家可谓鸟之两翼、车之两轮，其他诸子或多或少都与儒、道有关。在课程设计中，我没有提及汉译佛经，这与早期佛经多为翻译作品有关，关于此，哲学系老师开设了专门课程。先秦以来的王官学、诸子学，汉唐以来的三教、九流，这两种文化模式一直影响着中国社会。按照清代学者的说法,我们不只有儒、释、道三教,还有小说教,可以称作四教、九流。

至于把儒家放到理学部分来讲,主要是因为理学是最有代表性的儒家思想。我们知道,儒学经历了几个阶段,汉唐儒学是比较特殊的阶段,那时三教争胜非常复杂,每个朝代都有自己的特点,南朝、北朝对儒学的态度也都不一样。对后世影响最为深远的还是理学,所以我把重点放在理学上。理学的核心经典是《四书》,用《四书》来理解儒学,一直影响着后世。今天很多人理解的儒学大多是宋代以后的理学,有些研究者甚至用宋明理学来理解"汉化",当然少数民族政权是否汉化并不以理学化儒学为标准。这是研究者的误区,汉化不等于儒家化,更不等于理学化。不过从这些误解中我们可以知道,理学有时成了儒学的代名词。

宋学与学术共同体建设

Q:吴老师,您对宋学用力颇深,您认为是什么构成了宋学的统一性?这对于我们今天学术共同体的建设有怎样的意义?

A:我学习宋学是从宋代经学开始的,学习经学也是围绕宋代经学展开的。我开设过"宋代学术概论"一类的课程,也出版过和即将出版宋代经学编年、宋代经学著述及宋代经学史方面的小书。我想,宋学有自身的特质和历程,可以为传统文化的发展提供一些借鉴。

首先,汉唐是三教九流的时代,面临三教到底何者为先、三教关系怎样统合的问题。一开始,在翻译印度来的佛经时,翻译者多使用儒家、道家的词语;后来佛教的信徒越来越多,道教也发展起来,三教处于冲突融合之中,把儒、释、道哪一个作为指导思想成了大问题。这种情况一直持续到唐代,虽然当时人已认识到儒家比较适合作为官学,但是纯粹的、排他性的儒家又是不行的。一方面,唐人强调儒家的基本观念和基本价值,其中很多也经过了三教辩论和融合,比如"孝"的观念,儒、释、道各家都在讲"孝";另一方面,唐人把佛教、儒家分成内学、外学,各有其体用,道教则处于内外之间。进入宋代,三教在磨合中走向以儒家为根本,并出现了一些新的特征。首先是儒家更讲为学规模次第。《大学》所谓"三纲领""八条目",特别是"格物、致知、正心、诚意、修身、齐家、治国、平天下"构成了后来儒家基本的规模。这个规模有很强的生发性和吸纳性,只要有身、家、国、天下的次第,很多主张就可以纳进来,不同身份的人、人在不同的阶段都可以实现自己的梦想。汉唐儒学更强调做官,而宋代之后不强调做官,修身变得更重要,这是很有趣的。

其次,从理论上说,宋学不光是规模次第的确定,还有对于儒家道理的追问。《大学》为什么要配上《中庸》《论语》《孟子》,这里面是很有讲究的。《中庸》更多的是讲儒家的根本,"修身、齐家、治国、平天下"从何而来,宋人在吸纳了佛教思维的基础上有了自己的思想成果,这是非常重要的。至少有两点是很值得注意的。一是类推的思维。《近思录》引用了程颐讲"类推"的话,"类推"方法的全面运用,使宋学的思辨化、精细化程度越来越高,这是从佛学中借来的。二是关于虚实的讨论。汉唐儒学往往从功利实用的角度来讲虚实,佛教则会讲虚实的背后,现象和事物不是永远都在,甚至是否是实在的东西都成了问题,这些对宋学的影响非常深。人们会从礼仪、文章中发现背后的东西,就是《论语》所谓"性与天道"。比如,蜡梅开花,古人就会用天地生万物来解释,长出之前是什么东西,在地底下是什么。对他们来说,"性与天道"就是从见闻的实在到真正的实在。

虽然宋学有一些流弊,但它的长处对现在的我们有许多的启发,尤其对于今天的学术共同体建设很有意义。第一,宋学有回到经典的精神。当年,汉唐注疏逐渐从"经学"发展成了"注学",宋人看经书的时候不满汉唐的解释,而想要回到汉以前的原意。过去很多人把宋人的解释归结于臆测,其实并不尽然。宋人的基本认识是,孔孟解释比汉唐注疏更早,可能更加接近经书的原意,所以他们很重视《四书》。这一点很重要,因为要对传统文化有基本共识、形成学术共同体,就要回到经典本身、探索经典原意,知道经典讲了什么,后世的解释是从何而来的。解释可以有多种可能性,但还是要沿着正道,依照考据义理之学的基本方法,胡乱解释和适当延伸是不同的。要回到经典本身、经典原意,尽可能去除富于偏见的立场,否则有碍于学术共同体的形成。第二，宋学有开放发展的精神。开放是很重要的，宋学最初是很开放的，到了末流才会固步自封。我们的传统文化之所以博大精深，恰恰在于它的容纳性。佛教入中国，经过近一千年，到宋代才真正消化；西方文明全面传入到现在才几百年，大家也不必着急，将来也会真正消化。大家可以慢慢形成共识，但是不能固步自封。宋学的这两种精神，根本上是要回到"切己"上，即《论语》所谓"切问而近思"。宋代学术尽管有义理的面向，也有考证的面向，但是更多的是从最细腻的感悟生活、体味心灵出发而回到人本身。宋学之所以有很大发展，之所以对今天学术共同体形成有借鉴意义，就在于其能够回到原点、回到开放发展、回到人本身。

国学与中国主体性

Q：当下有人谈到中国的主体性问题，简单地说就是"我是谁""我要往何处去""我应该走什么样的路"的问题，并从政治、历史和哲学等方面进行了探底的尝试。那么在您看来，国学视野下的中国主体性何在？国学能为中国主体性的建构带来什么？

A：我自己也在思考中。主体、主体性的概念本来是来自西方的，在我们的语境里面，主体、主体性本来是带有理性色彩的，好像更强调某个个人、某个社群、某个民族、某个国家。当然，要回答主体性的问题，先要问我们自身需要怎样的主体性。其实，我们的主体性应该从延续我们的传统开始。

一则，我们的主体性并非个人或某个群体的主体性，而是从古至今的整体、天下一体的中国，不要只强调一人、一家、部分、中心。二则，主体性是带有理性的词，但我们的传统和西方有所不同，人文性和宗教性常常不分别，知识、思想、信仰、践行也难分彼此。比如天地观念，更多是生生不息的意思。不能说"天"在哪里——"天"是生发一切人事万物的东西，不是某一个神。一些根本性的认识，对于整体地理解我们的主体性会很有帮助。三则，要强调每一个人的作用。中国的主体性不是简单地说民族强大了有话语权，而应该是每一个中国人如何自在自觉地生活。儒家的传统非常注重人，没有个人自己的修身，就不构成儒家。修养素质不是国家在修身,而是人在修身,只有这样才构成古人认为的比较美好的"天下"。这个主体性不光是民族的,而且是个人的。主体性本身是整体的文化传统的一部分,只是整体的主体性需要个人表现出来。个人的多样性和整体的一体性是传统文化的重要特点,也是很切实的东西。

"中国"有很多含义,如:古往今来的中国,天下国家的中国。有人只将"天下"理解为时间和空间的概念,将古代王朝等同于西方概念下的"帝国",这是有问题的。我将中国看作"天下型国家",所理解的"天下"也是个文化概念,其根本在于追求文化、文明上的卓越。其他的民族和国家的羡慕和认同,才是我们要的"天下"。我相信,传统文化的创造性转换,可以为中国主体性的建构带来更为内在和长久的动力。

博雅 GE 微访谈
20 世纪尚未过去[①]

吴晓东

对话通识教育

Q：您所理解的通识教育是怎样的？您是如何按照通识教育的思路来设计这门课的？

A： 通识教育这个话题我关注得比较早，大概已经关注了七八年。中国院校设计通识教育模式最早、最有冲击力的应该是甘阳，他一直全力推动通识教育，他在中山大学的通识教育实践对其他院校的通识教育也起到了理念上的、具体实践上的示范作用。我的一个直博生就是甘阳的第一届学生，甘阳把他推荐到我这儿来，从这位同学身上我能感觉到对经典的普及所获得的教学成果。所以我理解的通识教育首先是讲授经典，把讲授经典落实到每个同学必修课的实践之中，并且用讨论班的方式让大家直接"触摸"经典。我觉得，至少对文科而言，通识教育最重要的意义就是让同学们去触碰经典。对于通识教育来说，总要有具体的实践方案，而我认为，经典教学就是通识教育的一个很重要的模式。我这门"中国现代文学经典选讲"课程也是如此设计的，选的是一些中国现代经典作家的经典作品，围绕作品的解读来设计这门课程，并从经典作品中所体现的思想、语言、审美等方面来综合考量。我觉得触摸经典、解读经典应该是通识教育最好的一个途径。当然通识教育还会遇到很多具体问题，这需要在实践中逐步发现。就课程而言，对经典的讲

[①] 课程名称：中国现代文学经典选讲；受访者所在院系：中国语言文学系；访谈时间：2016年4月21日。

授、对经典的阐释，让学生领悟什么是经典、什么是20世纪经典，是这门课设计的初衷。

Q：您对文学经典的评判标准是什么？

A：这就涉及对现代文学经典的界定。西方的通识课程会讲授更多的古代经典，或者是那些经过长时间检验的经典文本，比如亚里士多德、柏拉图、荷马或者莎士比亚的作品。但是我的研究领域主要是中国现代文学，时间段是从1919年到1949年，处理的是20世纪上半段的经典文学，所以我们需要一个对现代经典的界定。为什么要学习现代文学经典？因为现代文学经典有着古代经典不可替代的特质。我总觉得，其实20世纪还未过去，"20世纪的现代性"规定了我们如何成为一个现代人。现代传统对我们的塑造作用都可以在现代文学中得到验证。换句话说，现代的阳光和阴影还笼罩着今天的我们。所以要理解作为现代人的我们是怎样走到今天的，通过现代经典来认知是重要的途径。今天无论是中国还是世界，都走在现代性的一个延长线上。选择现代经典的重要意义就在于它跟我们的今天依旧息息相关，因此对于我们理解中国现代历史，理解中国现代社会究竟是怎样的，这些经典有着不可替代的作用。像鲁迅、周作人、老舍、沈从文、钱锺书、张爱玲这些人所提供的对人对世界的感悟，对于理解我们怎样成为现代人、我们中国人是怎样生存的，有很大作用。所以现代经典具有一种切身性，教授现代经典就是要让学生意识到，现代还没有走远，现代作家的心灵、情感、对世界的认知与呈现都跟我们今天的中国人有密切的相关性。譬如鲁迅当年的许多论断似乎都可以在每个时代以及今天的社会现实中找到与之互证的关联性，今天的很多中国人是通过理解鲁迅对20世纪20年代以及30年代的中国的认知与批评来理解我们今天的现实生存的。在这个意义上，至少鲁迅没有离我们远去，现代经典也没有离我们远去。

Q：上课过程中您面临的主要问题是什么？课程要保证学术水准，但面对的又是非专业的学生，您如何平衡两者的关系？

A：作为通识课程的"中国现代文学经典选讲"和中文系的文学史课程还是有区别的，中文系的专业课叫作"中国现代文学史"，更加侧重讲述文学发展的历史脉络。现代文学史有很强的历史性，在某种意义上是一个历史学科，只不过处理的文本是文学文本而不是历史文本。所以我在中文系讲专业课，会侧重对历史脉络的把握，对文学规律的呈现，教授现代文学是如何发展的，各个时代的作家作品之间有着怎样的延承性，等等。据我所知，其他学校的中文系可能还有一门配套的现代文学作品选读课，我就把作品选读的这个思路带到了这门通识课上。这门课上对于现代文学作品的详细讨论可能比中文系的专业课还要多一些。比如讲鲁迅、周作人、废名时，不仅要讲他们的文学创作概貌，还要从头到尾阅读他们的一些重要作品，在课堂上一字一字读下来，当然其中会穿插着对作品的导读和阐释。

这种细读方式的选择可能和我们当代的阅读方式的改变有关，我觉得正如许多网络平台上所说的，当代阅读变成了以浅阅读为主的网络阅读。最近公布的2015年中国人的阅读现状显示，手机阅读、网络阅读占了国人阅读的很大比例。我自己也感觉，就算是很好的文章，在手机上也很难一字一句地看下来，通常都是一目十行。但是我觉得经典不能这样阅读，经典只有通过细读或者慢读才能展现魅力，要一字一句地读，方能把经典烙印在学生的记忆甚至心灵中。所以课堂上，像鲁迅《野草》中最有代表性的作品，我会从头到尾用PPT展现，读到精彩的地方就会从思想的、审美的、语言的角度加以评说，所以首先是把细读落实到具体的文本之中，把一个个完整的文本带给学生，但是有一个前提是，阅读的文本不能特别长。像鲁迅的作品我就讲了五篇，分别是《我的失恋》《腊叶》《秋夜》《影的告别》《过客》，因为都不算太长。我觉得这样能够让学生自己真切地接触文本，得到具体的、完整的、感受性的、审美性的领悟。所以我采取的方式可能是具体地讲述文本，细读文本。这门课后面也会涉及一些长篇小说，这可能需要一些其他的，和短篇小说、散文诗等作品不同的阅读方式。长篇小说也有它细读的技巧，今天的同学们阅读纸本的长篇小说的精力和耐心可能在慢慢丧失。这也是我们的课程需要培养或者教授的内容。

Q：您开这门课最大的经验体会是什么？

A：我自己也觉得很兴奋。这种讲授方式，我在以往的中文系课程中也比较少采用，要求自己也要先重读和细读作品，虽然这些文本以前我可能也研究过，或者仔细地读过，但真的要深入浅出并且有趣味地在课堂上细致地讲授，还是比较少的。为了这次课程，我重新读了一些经典作品，自己的收获也很大。然后我要用能让学生产生兴趣的方式在通识课上讲述出来，或者说找到一个贯彻通识教育理念的具体模式，对我个人来说也是一个新的挑战，同时也是一个契机。我觉得这种新的教学方式和北大或者中国教育的未来发展方向也是有关联的，所以我还是很庆幸有这个机会来教授这门课程。就我的了解，在两个场合中，林建华校长都提到北大未来的教育改革是要把通识教育和专业教育结合起来，而且通识教育是放在前面的。换句话说，如果说北大以往的教育更侧重于强调培养专业人才的精英教育，那么未来北大会加强通识教育的比重。前段时间，台湾大学举办北京大学日活动，当时我也在场，聆听北大校长和台大校长分别介绍学校的发展走向和战略，林校长也提出了类似的观点。林校长说，这样的教育模式将从四个发展面向引导学生：懂自己，懂社会，懂中国，懂世界。而且希望这四点都能在通识教育中得到体现和落实。所以，通识教育课程是学校在本科教育方面投入力度非常大的改革方向。

文学与自我

Q：您能跟我们分享一下您的学术和人生经历吗？比如您当初为什么会选择现代文学专业，以及在您读书的年代有哪些难忘的经历和难忘的师友？

A：我读本科的时候，受师长的影响很大。我一开始想学习的方向是当代文学，主要是因为当时教我们当代文学课程的是洪子诚老师。洪老师是很有人格魅力的。大二上当代文学课程的时候，我们就被他的讲授风格和气质吸引，当然也跟他教授的文学现象有关。当时的1985年，当代文学很有活力。如张承志的作品，以及寻根文学的出现把当代文学的厚度加深了很多。所以当时我很想选择当代文学专业，甚至想跟洪子诚老师读研究生，但不巧的是，洪老师在我毕业那一年停招。而碰巧现代文学方向的钱理群老师通过我的班主任劝我读现代文学。钱老师认为现代文学可以上溯到古代文学，下沿到当代文学，其所处的时代更加波澜壮阔。在这个意义上，现代文学的研究充满了可能性。我被钱老师的观点打动，后来就成了钱老师的硕士研究生。所以说我的研究方向的选择很受师长的影响。

Q：现代作家的处境跟当代作家的处境相比更加波澜壮阔，那我们怎么去接近他们的那个时代呢？我们怎么处理现代文学中传统与西方的张力？

A：其实，波澜壮阔的现代生活和社会历史，都完好地保留在现代文学创作中，所以接触现代经典，也正是为了理解、感受和接近现代。中国现代文学的特质之一正是你所谓的"传统与西方的张力"。现代文学中既体现了传统性，也同时体现了西方性，或者说现代性。现代文学因此无论是从继承传统的意义而言还是从承接西方的冲击力而言，都表现出很强的力度。譬如传统性，虽然鲁迅给青年人开必读书目时主张不读中国书，但其实他自己读的中国书，比很多人都多得多。但是我今天想强调的是这些人的西方文化视野。现代史上很多成名人物都曾经是留学的"海归"，"海归"们大多成为奠定现代中国学科范式的重要人物。那一代人的西学修养是后来的作家学者们很难企及的。

Q：过几天就是北大的未名诗歌节了，请问您对校园新诗的动向有何看法，以及您怎么看待诗歌在北大文化中的作用？

A：十多年前，我在北大校庆的时候写过一篇文章——《燕园诗踪》，在《读书》杂志上发表。其中想谈的观点是北大的校园诗歌是很重要的。诗歌在北大不仅是一种校园写作，至少在海子的时代，北大诗歌的影响就是全国性的，而且引领着诗歌甚至美学的历史走向。海子那一代北大诗人的诗现在看来都是有这种历史性的影响力的，海子的去世其实构成的是不仅影响校园文学甚至还影响中国文化的事件。所以北大每年会在海子祭日（3月26日）前后开展诗歌节，每一次都有影响力。当然，北大诗人的诗歌通常具有很高的水平。例如我自己的学生中就有有一定影响力的诗人，如博士生王东东、硕士生李琬等。他们既承袭了北大诗歌传统，同时也构成了北大诗歌传统脉络的一部分。这个传统也体现在诗人教师的言传身教中，如现在中文系的臧棣和姜涛老师以及外国语学院的胡旭东老师，他们的诗歌都在诗坛久负盛名。臧棣老师还开设诗歌写作课，喜欢诗的学生可以在课堂上学习写诗。这种诗歌传统的延续在北大也构成了一种精神的流脉，对北大的未来精神内涵和文化取向都可能是有深远影响的。

文学与时代

Q：您如何看待文学与历史和现实之间的关系？具体而言，作家的现实生存处境与作品之间的关系是怎样的？

A： 现实维度可以说是一个作家进行文学创作的一个真正的原动力。就当代作家而言，我个人比较欣赏韩少功、张承志、王安忆、欧阳江河、莫言。他们的创作中最真实的叙事动力都源于现实感。比如莫言，他的一些作品对现实的揭示具有一定的历史高度，比如长篇小说《蛙》，讨论中国人的计划生育历史领域的问题，以及历史的困境，还有现实的困境，因此既是历史的，也是非常现实的题材。我曾经带领学生在读书会上讨论过《蛙》，大家的共识是，如果我们细读小说，真的进入这个文本的内部，去认真感受小说中的历史细节、现实维度，我们会觉得莫言在处理有一些历史距离的故事时有很强的历史感，但当他处理当下的故事时间的时候，就有些难以为继，写现实题材作品的时候，就感觉高度好像有所欠缺。我觉得对于一个出色的作家而言，处理现实永远比处理历史要更加困难，因为现实是正在发生的事情，而且今天的现实拥有各种各样的维度，有些作家看到的只是一个维度。不是所有的作家都可以透视到现实的诸种维度，只有最好的作家才能把握整全的维度。而且今天我们面临的现实，也许把握起来比鲁迅那个时代更加困难，因为今天的现实的维度伸展到不同的空间，很多维度之间是没有连接的通道的。

而真正处理好现实不仅要描述出现实是什么，而且要揭示出现实的一种未来感——现实自身也是在发展的，它是一个时间性的概念。恰恰在这个意义上，现在的很多文学作品都丧失了一种未来感。前两天钱理群老师在中国传媒大学有一个发言，他说不仅是中国，整个世界各个文明样态都面临着一个不知道如何发展的历史困境。我们的时代，这种未来感的缺失可能是世界性的，不仅是中国人找不到，美国人、欧洲人也同样找不到。欧洲文化日渐趋于保守化，就是一个重要的表征。这个时代也匮缺像马克思那样能指明未来方向的思想家，福柯可能是最后一个能够对文明现状作总体判断的思想家，在他去世之后，这样的思想家可能就没有了。现代的文明或许处于一个看不到未来面向的时代。也许只有真正出类拔萃的作家才能捕捉到我们今天的现实以及未来的一些更核心的东西。

Q：在消费时代，文学的意义是什么？

A：文学和消费其实是并行不悖的，比如网络文学。网络文学其实是一个大的发展趋势，现在有很多读者更愿意读网络文学作品。网络文学和消费就是密切相关的。有老师在研究网络文学时指出，网络文学的发展空间和可能性是不能低估的。而消费主义会是网络文学的一个重要维度。另一方面我觉得，消费这个维度也许是需要引导的。我的意思不是要通过某种政治指令等来引导，而是在某种意义上，我们还是需要纯文学或者严肃文学来维护一些更为纯正的文学理念和审美观念。通识教育所强调的素质教育面向，其中重要的方面就是人文素质，文学素养在其中占有非常重要的位置。如何养成更为纯粹的文学鉴赏力和文学趣味是一个重要的问题，这可能就需要引导，文学课堂就担负着这样的使命。

在这个意义上，经典文学在我看来有不可替代的重要性。当然，一些网络文学研究者，比如中文系的邵燕君老师就会反驳我的说法，她认为纯文学天然就有"三宗罪"，我很欣赏她的研究，是真正有未来感的。所以，如果我谈经典文学的审美观，可能会有不同的、反驳的声音。但是我仍然觉得在经典文学领域里有一些更为纯正的、更不可替代的、更永恒的因素。我个人觉得，普通读者尤其是网络读者可能会存在审美缺失的问题，比如对什么是好的文学，什么是好的电影缺少一点认知的范畴。这些年中国读者和观众的审美能力可能在下降，这也意味着消费精神在起着某种导向性的作用。

Q：所以，经典之为经典就在于它要处理一些永恒的话题，比如深入到人性的问题，还要有现实感，有现实的关怀在。

A：我觉得你这个概括非常好，我想在你的概括之外再补充一个审美精神。审美是一种艺术感受，但是其背后也有一种精神。我觉得把这个审美精神加到你提到的两个维度之中就更完整了。蔡元培先生曾经试图用美育代宗教，他重视美育，这是使人文素质教育得以落实的一种途径。这样的一种审美教育可能更加可行，背后就是一种精神范畴。而通识教育通过文学经典来熏陶审美精神，可能是一个比较容易践行的维度。

Q：您如何看待文学的地域性、民族性和全球性？

A：这个话题很大。歌德最早提出世界文学的概念，或者这就是他那个时代的所谓全球性。我个人赞同一个判断：在全球性的时代，我们反而要彰显地域性的东西，来对抗普遍性和均质性。地域性中往往蕴含着特殊性，而特殊性意味着文化内涵的丰富性，以对抗世界的均质性。我们在中国能找出很多地域性作家，如沈从文、赵树理。沈从文展现的湘西世界，还有赵树理的泥土气息，都是独一无二的。可以说，地域性经验是一种不可能被抹杀掉的独特的经验，意味着文化的多样性共存的世界文化格局，而在多样性文化中可能蕴含着某种解决全球文化危机的东西，蕴含着未来世界的走向。

Q：我觉得，"民族的就是世界的"这种说法没有意识到作品甚至作家的民族性与世界性内在的冲突。这其实是歌德曾经面临的一个处境：他所主张的一些全球性的观点会与一些民族性观点发生冲突，比如在对拿破仑的态度上。您如何看待这个问题呢？

A：歌德提出世界文学的问题，但处理的其实是德国的问题，他并非一开始就拥有了世界视野。德国是一个后发国家，所以歌德同时考虑的还有德国如何获得新生、获得民族强大的问题。他的世界文学的视野背后其实暗含的还是某种民族的立场。我个人认为，民族的话题直到今天都是过不去的坎，我们现在每个人的生活方式仍然是民族国家的生活方式，每一个人的身上还是打着一个国家的烙印。虽然在中国阐释民族的概念可能比较困难，因为我们是一个多民族的国家。20世纪80年代流行的口号，"民族的就是世界的"，可能还是忽视了民族与世界的一种张力。也许20世纪80年代的中国人过于乐观地看待了世界和民族的关系。

博雅 GE 微访谈
艺术与人的自我超越[①]

朱青生

通识教育三问

Q：请问您理解的通识教育是怎样的？以哲学、艺术学为例，这类学科对我们的通识教育意味着什么？您是如何在您的课程中贯彻通识教育的思路并设计这门课程的？

A：针对这些问题，我有三篇关于通识教育的文章。我原来是做通识教育设计的，这些文章是 2002 年写的，那时我是北大通识教育的设计者之一。我也读了"通识联播"陈来和舒炜二位先生关于"元培计划"的文章，作为执行负责人之一，我认为他们正好说颠倒了。"元培计划"正是为了反对注重"知识"而不重"教育"的文科实验班和理科实验班的思路而设计，元培学生不可以根据成绩挑选，不以选择和"跳槽"热门专业为目标（后来这个原则似乎被放弃了），所以"元培计划"才建立通选课制度、自由选课学分制、导师制和弹性学制，毕业之后全部指向完整的高等教育（博士）。"元培计划"无疑是以美国大学为学习的榜样和超越的目标，而我是在德国取得的博士学位，欧洲系统和美国系统完全不一样，我之所以付出极大的心力做了四年的"元培计划"执行副主任，完全是受人之托，忠人之事。当时负责这件事的就是我们现在的北大校长林建华，他当时是常务副校长兼教务长，完全参与了这件事。而具体设计的是牛大勇、李强和朱庆之三位教授，和我一起执行的是段连运和张庭芳两位教授。我们当时做"元培计划"就是为了

[①] 课程名称：艺术史；受访者所在院系：历史学系；访谈时间：2016 年 7 月 24 日。

做素质教育而不是做知识教育。但是后来的元培学院可能又回到了尖子班的做法，这是后来的变化，是我不做"元培计划"之后的事情。"元培计划"坚决反对出现尖子班的情况，也有意识去除知识教育，关键的是素质，必须一直将学生作为普通的学生，一定是和其他学生一样的学生，这才可以成为新时期本科教育改革的实验。所以，本来"元培计划"是针对北大的本科教育的改革来实验，实验的结果未必都成功，根本上是国家和社会处于这个发展的阶段，理想的设计必然碰壁。典型的写照就是一个家长冲到我办公室，大声质问："我孩子这么优秀，你们为什么鼓励他学历史，不鼓励他学金融？"更何况北大许多系科的领导和教授根本就认为北大本科教育有伟大的传统，情况好得很，根本就无须任何改革，所以到了2006年初，一次全校本科教学会议上，当时的教务部部长在讲话中说："万万不能发展元培！"我事后编了一本书，题词就是："谨以本书纪念一个没有完成的理想追求 2006年11月30日"。

比如我们要求学生一进校先读四本书。第一本书是《人权宣言》，即联合国的《人权宪章》，第二本书是《论语》，第三本是《共产党宣言》，第四本是《圣经》中的《约翰福音》。后来又加了两本，一本是《金刚经》，一本是《可兰经》。要求学生读这些书是要让学生了解世界的本质，一开始的时候人们是怎么设计的，后来又是怎么为全世界许多重大的文明所遵循的。

Q：请问在上课的过程中，您面临的主要问题是什么？课程要保证学术水准，但面对的又是非专业的学生，如何平衡二者的关系？

A：对于这样的问题，我认为不同的学科是不一样的，其中最典型的代表就是艺术学科和数学学科。我这个学科叫艺术史，我可以给学生讲很深的东西他们还能听懂，过分专业的知识他们只是不爱听，并不是听不懂。比如我们研究一个汉代的花纹是从哪里来的，这样的花纹不仅来源于一株草，实际上也是从一种动物演化来的。把动物形体用到草里面，这个草就会有搏动和膨胀的韵律感，所以才能造成汉代的花纹这样一个特殊的样式。诸如此类，哪株草在何时因为何种原因和观念与哪种动物合并，这样一个非常专门的研究，一般人不爱听，但是如果听下去，还是能理解的，像你刚才听了就会觉得非常着迷，可能会问："这个花纹是从哪种草来的呀？又是哪种动物呀？"所以说，我们这个学科其实是可以从专业角度来进行通识教育的，如果讲述得当，再难的东西学生也可以理解。刚才我看你的表情，你已经很感兴趣了。

但是如果是数学学科就很麻烦。我有一个同事柳彬是数学教授，我为了"元培计划"、为了通识课，就去请教他："你能不能把你最新的研究给学生讲清楚？"他想了半天，脸都憋红了，说："讲了也听不懂。"我说你先给我讲，他说："我没法给你讲，你不懂。"在数学最前沿的问题上，他很难通过日常语言，通过人的常识到达学生的教育系统中，这就无法将学科前沿内容用来进行通识教育。所以数学系开设的通识课，可能就像其他很多自然科学一样，变成了一个科普课。科普课作为对基本知识的普及课程，对于通识教育也有用，但是没有达到我们对通识教育的最初设计——这个设计就是，通识课是触及本学科前沿的专业课，这是最初对通识课的设计，我们坚决反对把通识课开成一个"概论"课，更不能开成一个"游戏"课。

怎么开一个通识课？既要让学生具备常识，也要让学生懂得你这个学科的基本方法，能够举一反三地用到自己专业中去。针对当时"元培计划"的需要，还要让学生通过这样的课程决定最后选择什么样的专业作为自己的终生职志，或者是作为自己学习和研究的主要方向。它有这样三个功能。

Q：您上这门课最大的经验体会是什么？

A：我开艺术史课程的体会比较丰富，因为我这门课已经讲了700个不同的专题，我又准备了150个不同的专题，已经讲了4讲了。我打算能讲多少就讲多少，也许讲不了几讲就停掉了。如果北大不开这门课了，我还可以到世界各地去开，前天巴黎卢浮宫学院院长邀请我去他的学校讲几讲——巴黎卢浮宫学院是世界上最好的艺术史学院。

我这一次在北大讲通选课，已经与"元培计划"初次设计的想法不同，是将通识课朝一个新的境界去推进。我在想，通识课不是一个学术报告会，它不是讲本学科最新研究成果，也不是讲一个老师和一个学科最新的思路和想法，因为这些内容大多数情况下都有过强的专业性。我最近对我过去的想法展开了反思。

我认为，最好的通识课可以是一门艺术的课程。不是说讲艺术，而是说课程本身变成一次艺术的展演，它是一次歌唱，是一部歌剧，它让人在精神的享受中直接感受到内在的问题。我不是建议所有通识课都这么上，而是说我的课想这么上。这次我做了改变，不在课程上传授"知识"和"思想"，而是把课程本身变成了一部作品。

我的课程比较有趣，上次讲凡尔赛宫就讲到了里面有一个神龛，神龛里绿大理石都是女性的雕像，红大理石都是男性的雕像，大家都觉得这是一种设计，调查以后才知道，实际上是因为法国当时财政有问题，买不起颜色一样的大理石，所以就用不同的设计来掩盖特殊历史背景下的隐患。这不是表面地看，要细看才会知道背后还有这样的故事，因为在这种大理石产地的归属上，法国与意大利有争议，所以路易十四就拿不到足够的大理石。

艺术与审美

Q：您觉得什么是艺术？对于"艺术源于生活又高于生活"，您怎么理解？艺术修养对人生有着怎样的影响？

A：第一个问题是这样的，"艺术是什么"其实是一个不可回答的问题，但对于艺术是什么的回答构成了不同时代和文化中的事实。也就是说，我们看到的都是"分有"，都是一件事情在艺术之中部分的性质，永远不可能是全部，因为艺术还有另外的性质——打破艺术曾经是什么的观念和方法。

艺术和生活是一种变现关系。艺术是对生活的一种显现方式。所谓"变现"就是指，把生活和世界再度人为地形式化，使之成为可以观察和欣赏的对象，所以艺术未必高于生活。"艺术源于生活又高于生活"只是中国在改革开放之前从苏联引入的一种现实主义的艺术观念。但中国古代艺术如王羲之的艺术就不是这样，它本身脱离生活，所以才有"脱俗"的感觉，能悠游于天下。

当然，每个人都要提高艺术修养，一种是经典艺术修养，一种是现代艺术修养。经典艺术修养指的是欣赏历史上留下来的美好、和谐、壮丽、优美的东西，就是审美，能看到美好的东西，特别是对美好的人工制品的欣赏。如果你对制作它的方式和微妙的技巧有更深的专业性的经验，那么你的修养就达到了看门道的境界，就会产生比看表面更深的感动和感悟。而现代艺术修养不是指欣赏一个美好的对象或者作品，而是要通过对于一些问题的自我意识和对于意识和理性的突破来产生一种个人的创造性和觉悟——通常来说，这些在我们的生活和生命中靠理性、科学、宗教、思想是不能获得的，它有一种根植于人的本性的原创性。今天的艺术就意味着对这样的原创性的激发，从而使人在面对新的存在状况时能不间断地使自己获得自由和解放，这种不间断地解脱枷锁和突破限制的精神状态就是现代艺术的修养，就是要使人成为更完美、更具创造性的人。所以现代艺术修养和经典艺术修养完全是两个东西，经典艺术修养主要得益于人的知识和见识，而现代艺术修养得益于人对权利和本性的觉悟。

Q：您觉得审美有共识吗？审美的泛化以及日常生活化是否意味着艺术的终结？普通人画一幅抽象画与艺术家画一幅抽象画本质区别在哪？艺术没有终结，那么发展的可能性在哪呢？

A：这要看个人的信仰，个人想要什么。有些人认为艺术应该是特别的、奇异的、神秘的、高尚的东西，希望借助艺术实现升华；还有一些人希望艺术成为生活中最为普通和平实的方面，使人变得平淡而快乐。所以这就要看你取什么作艺术的功能和目标。每个人有所不同，不可以用一种方法去规定，要看到艺术的丰富性就在于每一个人都可以从中选择自己需要的东西。

本来抽象画只是一种绘画的方式，作为一个行动中的人有意识留下痕迹，并对之进行观看和理解，就可称这个痕迹为抽象画。当然，绘画人人都会，手段大有不同，这就像很多人都会跑，但只有跑到博尔特这个速度的时候人们才会关注他。同样的，艺术家的作品、留下痕迹的方法和表达的意味也是众人瞩目的结果，所以我们称这种结果为艺术作品。"艺术是否终结"其实是一个哲学问题。这个"终结"究竟指的是哪一种艺术的终结？一种旧的艺术的终结意味着新的艺术的开始。如果按照经典艺术的观念看，艺术的确是终结了，比如以前要画得像，而现在"写实"可以由摄影、电影来完成，所以总体上，作为写实的绘画就终结了。但是现代艺术讲的是如何突破界限、显现创造性，它就不会终结,可以永远在突破界限,只不过我们要找到界限何在。

艺术与哲学

Q:在英文中,"艺术"和"技艺"两个词同源,您如何看待这个问题?

A:今天,汉语中的很多词都是从国外翻译过来的。"艺术"来源于希腊文 τέχνη 这个词根,有技艺的意思,但是艺术这个概念早就扩展了,不光是这个希腊文词根包含的意思。况且在希腊之外,比如中国、印度、非洲等地都有相当于艺术的概念,这些概念不一定和技艺有关。比如非洲的一个哲学家,史怀哲(Albert Schweitzer),他发现,很多非洲人在森林里、没有观众的情况下也会用树叶吹出忧郁的乐曲,所以忧郁其实是一种生命的表达,它和技艺无关,和生命的源动力量有关。再比如,中国古代文人画画家倪瓒就说,他画的东西就是不要画得像,"逸笔草草,不求形似",只是聊表"胸中逸气"。要表达的是气,这就不是技术问题,而是气韵问题——所谓气韵生动,中国画的第一原则是气韵而非技术,技术再好也是工艺用品,是僵死的东西。气韵不一定有技术,一举手一投足,稍加点染,不事修饰就可以达到极高的境界,比如中国艺术的代表人物八大山人就是因为他的气韵境界而出名。

Q:技术在艺术中扮演着什么角色?艺术在什么意义上能超越技术?

A:刚才已经说过了,在不同的文化中,技术在艺术中扮演的角色不同。今天因为出现了机械摄制技术,所以技术又有了科技的含义,比如以前的采访依赖于文字描述和画笔写生,而今天可以用摄像机来记录,简单的拍摄也不需要很多技艺训练,只要有工具就行了。

Q:有人说,一个好的艺术家从某种意义上也是一个哲学家。您在1995年获得了海德堡大学的哲学博士学位,那么您如何看待艺术和哲学的关系?

A:艺术和哲学属于人性的不同方面,也是人类文化的不同类型和方向,但是谈论艺术本身是哲学问题,研究艺术本身是科学问题。我们谈论艺术时通常感觉是在对人的本性进行追问,所以艺术史就变成了一种哲学。

Q：如何看待海德格尔《艺术作品的起源》一文关于艺术和艺术品的讨论？

A：海德格尔写过一篇很有名的文章，其实是一个演说，他用存在主义的方式说，任何艺术的本质都在于显现了它的本质是何以存在以及如何存在的，所以他认为艺术品都反映了人的本质。这是一种对艺术的解释方法，但在我看来，这显然是不懂艺术的表现。他把艺术看成了诗，而诗是艺术中运用概念和语言去表达的，带有极强的符号化特点，也就是说，它不是艺术自身而是艺术背后的意义。这是诗的特点。但是，人类的语言不是艺术的全部，而是人们使用的最为熟练的方式，也是最完美和高尚的可能。这很容易使得哲学家和思想家把艺术推向了思想和意义。而艺术一旦成为追求意义的符号，就会处于一种比较直接的状态，而艺术中最美好的地方其实恰恰在于摆脱意义的过程中诉诸人的感觉的瞬间。海德格尔似乎也觉得是，但他一旦用哲学去解释艺术，就落入了他自己所警惕的言说解释，他如果不解释，无以触及本质，但是一说清楚就不是艺术的本质。所以艺术面临的问题经常是：只要"说"它，就不是了。

Q：您如何看待艺术与哲学的关系？诗（艺术）与哲学之争一直是古代西方思想的主题之一，您认为二者是相互关联的还是对立的？

A：当然是相互关联且有对立的一面，因为如果没有对立面就没有存在的意义而变为同一。哲学是人们对于目标的选择和思维的痕迹，而艺术本身不是思维。比如我们今天说的"诗"，指的是两种，一种是叙述性的文学，一种是诗歌。在我看来，一种是对已有经验和记忆的陈述——当然也有创造性的陈述，是小说；另一种是对于现有世界和人的经验所不具备的境界的塑造，就是诗歌。所以这些都和思维无关，而和人的性情相关，是性情用文字所作的建构和表达。

艺术史与艺术史学习

Q：您从中央美术学院到北大，从艺术学院到历史学系，这样的经历意味着什么？

A：我的专业是艺术史，很多人以为艺术史是艺术，但它其实是历史。艺术史就是用视觉与图像来研究历史、人性及社会问题，所以我就从中央美院到了北大。北大本来是要建艺术史专业的，结果建成了艺术专业，我就赶紧到了历史学系，现在历史学系成立了艺术史教研室。电影《史密斯夫妇》中两个特务有一段精彩的对话。男主角说自己的主修专业是艺术史，女特务问他："艺术？"他回答："不，历史。"可见连特务都知道的事，在我们大学里都没弄清楚。

Q：在不懂任何理论的基础上，现代艺术好像比古代艺术更难看明白。现代艺术和古代艺术的最大区别在哪里？

A：古代艺术有对于意义的追求，而现代艺术不是要看明白，要看明白就不是看现代艺术的方法。

Q：现代艺术相比古代艺术有一种"去艺术对象化"的倾向，不知道该如何理解这种倾向？这是否代表着艺术精神的改变？

A：你所说的"去艺术对象化"大概是指不在艺术中表达已有的对象。这个要看情况。有些现代艺术特别强调对象的过分精密和逼真的表现，甚至会把毛孔画出来。这也是一种对象化，只不过这不是我们一般观察的方法，所以就产生了一种奇异的感觉。

所以，当代艺术在保留对象和取消对象两个方向都有发展，就谈不上根本转变，但是这个时候的当代艺术的对象化和经典艺术的对象化有所不同。

Q：如何看待全球化视野下艺术研究对象的多样性以及这门学科的多样性？

A：艺术史就是要展现历史上不同的观念和创作方法，未来更是如此，艺术就是使人自由自在的方式。

Q：作为中国的艺术史学习者，我们应该有一个什么样的态度？

A：天下一家，没有中国和外国之分。一个艺术史学者就是一个学者，不过就国籍和文化背景而言，他是个中国人。我们对于世界的前途和人类的理想有总体的关照。

Q：当今大学生的艺术教育不够，您觉得应该如何加强这种教育？

A：大学以前，艺术课的课时少是因为客观上不允许，这是对人的兴趣的剥夺和压迫，至于加强艺术的教育，北大在这方面还是比较努力的，像我这门课一共要讲100到150讲。

Q：对普通人而言如何欣赏艺术？是需要有专业的知识还是仅仅止于获得一种美的体验就行了？

A：获得美的体验当然是最基本的，专业知识是让你有一个深入的可能性。比如，懂书法才会知道王羲之为什么写得好，如果不懂书法，你可能会认为王羲之和赵孟頫写得一样好，赵孟頫和今天的一个书法协会的会员写得一样好，你看不出好在哪里。我在课上讲过董其昌，他就认为他年轻时和年老时的作品有着天壤之别。当然，如果你看不出，就需要有一些专业知识和技术性的了解了。

艺术与生活

Q：有人说，当今是一个精神文化生活极其丰富又匮乏的时代——丰富是说各种文艺活动层出不穷，匮乏是说人的精神生活不再富足，人越来越孤独。那么，您认为艺术是会治愈孤独，还是使人更孤独？

A：首先孤独意味着人的成长。过去的人之所以不觉得孤独是因为没有孤独的资格和能力，现代性使得个人的生存不依赖于权威和规范就能作出自己的选择和决定，必然显现出自己和别人的区别和差异，因此孤独在所难免。以前，如果你是孤独的或许会被当成异己，从精神上排除掉，从肉体上消灭掉，而现在社会的发展使得人具有更大的选择性，这样人才会显现出他独一无二的特点。所以孤独是一种正常现象，艺术只是把这种可能性呈现为作品，或者在作品当中让人感觉到这种状态被呈现，它既不会增加也不会减少孤独。

Q：现代生活中有许多所谓的"文艺青年"，您如何看待这种现象？

A：我觉得这是人的本性，很多人的本性之中有超越他的意志信仰和算计的那部分，这本来就是人性的丰富性的体现，只是有的人用周密的算计挤压掉了本性之中的丰富的其他部分。所以我认为"文艺青年"本身是个讽刺性的说法，其实每个人都是文艺青年，只不过某些人用理性把个人的自由和浪漫的部分压制下去了。

Q：这对一个人到底是好还是不好呢？

A：当然要看每个人具体的选择了。

Q：当代中国是否有自己的艺术？中国要创造自己的艺术，是不是需要重新返回到传统文化之中？

A：不能。传统文化只是一个参照，中国当代的艺术成就是世界的重要的精神成就之一，只是大多数人不了解。

Q：您如何评价中国当代艺术的发展？

A：总体上充满了创造性。大家的批评很多，这是因为大家的要求很高，但总体来说中国是世界上最有活力的地方。

艺术家与艺术创作

Q：您如何创作一个作品？理性和感性扮演了什么样的角色？灵感是否重要？

A：当然都重要，但并不这么简单。

Q：您自认为是一个艺术家还是一个研究学问并教书的老师？

A：在我的印象中，艺术家似乎总是活在自己的精神世界中而与外界的生活格格不入。但那只是一部分艺术家，我自己认为没有人是艺术家，也没有人不是艺术家。

Q：您的英文名 Lao Zhu 是怎么来的？

A：我的名字的拼音是 Qingsheng，在使用西文的国家，人们不太会念，念出来就像 queen's hen——王后的母鸡，但 Lao Zhu 他们都会念。再加上我年轻的时候在中央美院教书，中央美院师道尊严的传统很好，学生们当然应该叫我老师，但我们每天在一起，他们又觉得这样叫不太亲切，所以就叫我老朱。

博雅 GE 微访谈
看得见的博雅[①]

丁 宁

通识教育三问

Q：请问您理解的通识教育是什么样的？您是如何在课程中贯彻通识教育的思路并且设计这门课程的？

A：我觉得，通识课，顾名思义，应该做的是呈现一个非常宽的知识面，简单说来就是你要知道的东西可能要超出你以往接受的范围，这样你才能拓宽视野，才能看到新的东西，这是"通识"的基本含义。"通识"在今天还有另一个翻译，叫作"博雅"，"博"是广博，正好和 general 是一样的，而"雅"把这个课程最终目的呈现出来，博而雅，我觉得这是一个很好的翻译。

选这门课的同学很多，他们来自不同的院系，知识背景、学习兴趣都不一样，所以要让他们对西方美术史感兴趣，无非是要给他们看一个他们不熟悉的领域。在展示这个领域的同时，也要培养他们对这一领域由衷的兴趣。艺术本身是高雅的门类，我希望能够借此让同学们提高修养的层次。课上谈的很多都和人文背景有比较多的关联，很少谈技巧等，因为大家都不是去当画家。艺术品所涉及的人文知识，包括古希腊罗马的神话，西方重要的历史人物和经典，都可以作为了解的对象。我在课上常常会提到歌德的一句话："到罗马去，变成另一个人。"这不是说到罗马后真的变成了另外一个人，而是说罗马是一个非常古老的、历史层叠得很多的所在，从古代到文艺复兴辉煌的阶段，罗马都留下了很

[①] 课程名称：西方美术史；受访者所在院系：艺术学院；访谈时间：2016 年 7 月 23 日。

多精彩的东西。这些东西在课上呈现出来，可以让大家有感悟艺术精品的机会，从而得到精神上的滋养和提升。像文艺复兴的艺术，我讲了大概四五次课，如此密集的内容就是要让同学们淋漓尽致地感受文艺复兴的艺术风采。

其实，这门课不仅仅是在讲授艺术，也许艺术只是一个触发点，同学们能够从艺术生发开去，了解很多相关的人文知识。因为，不是所有的人都要专门读美术史专业的。有很多对艺术感兴趣的同学可以把这一兴趣和本身的专业结合起来。这是一门每个同学都能从中得到不同启发的课程，比如法学院的同学可能会从中看到艺术和法理有关。伟大的艺术品大家争得很厉害，在战争中流失的、被劫掠的东西，如何追索回来，这就涉及法律。如果你本身对于艺术品的重要性了解不够，你大概打不好这方面的官司。艺术有层出不穷的新闻，包括发掘、拍卖市场的新纪录等，学新闻的人也可以关注。涉及神话题材、涉及历史的内容，那就和历史和文学专业有关。理工科的同学也会发现一些特别有意思的关联，比如生物系的同学，可能对文艺复兴时期某一位大师作品里的植物感兴趣，从中读出"花语"。所以，这门课就是千方百计地为同学们打开一个新的领域，在比较系统地了解西方艺术辉煌历程的同时，激发起大家对自己本专业的热爱。很多同学上完这门课之后，对自己的专业有了更深刻的理解。有一次我在课上提到某一个东西在今天看来视若平常，但是在那个时代可能昂贵无比，一位学经济学的同学就真的去探究这个东西在那个时代到底值多少钱。这就相当于从另外一个角度对自己的专业进行深入探索了。

艺术本身是令人愉快的，知识本身的接受也应该是令人愉快的，没有必要把课上得特别沉闷。在国外，我也听过很多的课，有些课同学们实在不喜欢，很多人都不愿意听。为什么呢？因为老师从头到尾念讲稿，虽然也有幻灯片，但是幻灯片的目的是要告诉你，请把年代、作者名字等记住……这门课最后就给同学们造成了沉重的记忆负担，大家不再有兴趣点，都会昏昏欲睡。我上课时努力想让大家有兴趣点，让大家能稍稍兴奋一点，在这个过程中愉悦地领略艺术的美，然后，有一些知识点或能激发同学们对自己专业的新思考。

在上课的时候，我还希望能营造一种身临其境的感觉。很多人可能没有到过博物馆的现场，很多时候美术史里的东西能看到的也就是复制品，而且是不全的，譬如只有一个画面，画框和画展示的环境都被去掉了，而我则希望给大家一种现场感。很多人上了这门课之后会上瘾，就想去博物馆看，而这正是我想达到的目的。我觉得这门课最好的延伸就是，通过这门课大家能够养成去博物馆的习惯并且从中得到真正的乐趣。令我感动的是，很多同学会在国外博物馆或教堂的现场给我寄明信片，说他现在就在我们课上提到的某某地方。收到这样的明信片，我真的很高兴。还有同学会跟我说，课程的教材他毕业之后是不会扔掉的，因为可以带着去国外旅行。我在教材里详细标明艺术品收藏在哪里、尺寸有多大等。教材或者课上的幻灯片毕竟都是间接的，所以，同学们特别想自己去博物馆——印证，到了一个地方一看，果然觉得非常兴奋，所以就情不自禁地给我寄明信片。每当收到明信片，我的反应就是，这门课没有白上，因为大家真的喜欢艺术了，而且喜欢的大都是经典的艺术，它们是人类文明最有代表性的创造的一部分。大家都知道北大人走天下，如果他们有了逛博物馆的乐趣和癖好，这何尝不是"博"和"雅"的美好呢？

Q：请问在上课的过程中，您面临的主要问题是什么？课程要保证学术水准，但面对的又是非专业的学生，您如何平衡二者的关系？

A：我相信的一点是，凡是能够进入北大的同学，基本的素质应该是国内所有大学生里最好的。我也参加过招生工作，我发现能够考取北大的同学，往往很早就立下志向、发奋学习，所以大家在求知欲方面没有问题，知识面也好过一般的同学。这是我的一个基本的估计，就是这些同学是非常优秀的，因此我就不能因为这门课是通选课，不是专业课，就降低标准。我想，我如果降低标准，就可能会让很多同学失望。在课堂授课之外，还有别的补充，助教会在网上和邮箱里发送补充资料。在北大，我们面对的都是非常优秀的学子，不降低标准，我想是上好这门课非常重要的前提。我在其他学校也上过这门课，觉得在响应程度上和北大同学不太一样。在北大的课上，我有的时候会说一些俏皮话，底下的同学常常有会心的笑声，说明他们都在倾听而且兴味盎然。

当然，要提高这门课的水准不是一件简单的事。第一，通过幻灯机播放的艺术品图片的质量直接影响上课质量：如果图片质量很差，像素很低，大家就没兴趣看。这门课上我会用到很多图片，这些图片大部分是我自己拍的，用我自己需要的角度，这样，图片的效果会好过在网上搜到的图片。它们完全不是一回事。第二，一次课只有不到两个小时的时间，一口气把一个主题讲完整，也是比较重要的。第三是要尽可能让大家看更多的图片。在一些专业院校，有的老师会一个学期只讲一张图，不断地讨论、阅读文献，我这门课如果这样上，同学们肯定不会感兴趣。我觉得如果艺术品看得多了，有一个基本的数量，那么你对这类图像的熟悉程度会迅速提高；如果只看一张图，对前后的历史顺序完全没有概念，就培养不了对艺术的历史感，也不容易了解到艺术品在某个序列里所处的位置。把很多相互关联的图片串联起来，会帮助大家理解艺术出现的历史背景、艺术品特有的价值和特有的影响。考试的时候也不是考"什么是什么"，而是经常要求大家讨论不同艺术作品之间的相关性。

我始终相信，看不见的"博雅"有时是捉摸不透的，只有看得见的"博雅"才是最让人觉得靠谱的。视觉呈现的东西有时候比语言更加丰富，画面所展现出来的效果往往是千言万语都说不尽的，所以有一句话叫"一图胜千言"。图像里有一些微妙的东西，你可能深有所感，但是说不出来。所以，语言大师陀思妥耶夫斯基看一幅画两个小时，看得热泪盈眶，别人问他能不能把感触写下来，他回答说，他的语言无能为力。看的东西在我们以往的概念中是感性的，很多人容易将其和理性的东西对立起来，觉得理性才是高级的，只承认概念、逻辑和推理。这个观念完全不对，因为越来越多的现代心理学研究告诉我们，其实视觉的思维也存在，视觉本身所具有的图像内在的逻辑包括很多东西。一幅世界名画，关于它的故事很多很多，阐释也很多很多，可能多达十几种，很难说哪一种是唯一正确的。我想让大家感受的一个非常重要的东西，就是真正成为经典的作品，它本身就是"博"和"雅"的代表，包含了很多知识。我有的时候会提到，文艺复兴时期的大师伟大就伟大在，随便一个小小的细节就可以让你去费劲查很多的资料，比如有的画家会把一个刚刚从北非引进的鲜花品种放在画里，而且放在那里的意味正好和画面某个要强调的"潜台词"是一致的，这非常奇妙。我觉得这真的是一个博大而优雅的世界，进去之后能够让人真正收获到"博雅"。

Q：丁老师，您上这门课最大的经验体会是什么呢？

A：很多同学在课程的选择上可能会比较挑剔，但对于这门课，他们会在一个固定的时间挤到一个大教室里面，虽然条件不好，但是大家都能够坚持来听我讲，这是一件让我觉得比较欣慰的事情。

我做的工作只是点亮一盏灯，大家能够拿着这盏灯照亮今后人生的道路，其中有一束光是由艺术照亮的，我就很高兴了。希望大家对艺术能有自己的参与和体会，对艺术保持一种很亲近的状态，而不是说艺术和我没关系。我原来对理工科同学最担心，但是从作业和平时的交谈中我发现，很多理工科同学对艺术的兴趣会到特别专门的地步。比如有同学跟我说，作业中想讨论通天塔，证明通天塔是不可以存在的，但是人很愚蠢，偏偏要去造。这就很有趣。还有同学说，要写为什么博物馆里不可以用闪光灯拍照。他大概学的是化学，就挑选了一幅17世纪的画，研究这幅画的颜料里面含有什么样的化学成分，这些化学成分在什么样频次和强度的光的照射下会被破坏，从而证明拍照就是在毁坏画作。这就是一个非常特殊的角度，说明这位同学对画作是热爱的，他感觉画需要得到最谨慎的对待，而他要说明这个道理就用到了他自己专业的思路，所以理工科的同学学习这门课也可以从中得到对于自己专业的激励。

艺术历史与未来

Q：您的课上介绍了各种各样的"流派"，比如印象派、浪漫派等，您是如何看待美术史上这些所谓的"流派"的呢？是不是不同流派的艺术家之间都有风格上的截然区分呢？

A：首先，所谓的流派本身是一个历史现象，每一阶段的历史当中会出现什么样的艺术流派大概是历史逻辑所规定的东西，今天的社会即使出现了以前的时代曾出现的东西可能也没有意义，因为对于艺术来说，谁能作出新的视觉上的贡献，谁就能够建立起一个新的流派。这是一个历史的现象。

其次，从艺术本身来说，了解这些流派就可以知道这些艺术家在表达自己的时候的语言特点,浪漫派的画法和印象派的画法是完全不一样的。如果没有这样的区分,欣赏作品时大概会有障碍,所以讲流派其实很重要,而且要把流派放在历史的语境里去,看它接受了谁的影响,然后又影响了谁,它自己又有什么独特的地方。在一个人接近经典作品的时候,如果他能够看出这是什么流派,其实他已经进入了很专业的层面。一般人可能没有细致到这个程度,有时候可能两个流派之间还分不清,虽然仍然可以欣赏作品,但是乐趣会受到限制。如果能够在"语言"上看出不同流派的特点,那就能得到很多新的启示。比如说,印象派特别重视条件色,比如桌子是黑色的,在灯光照射下就会有白的东西,这就是条件色。印象派画家在画的时候就不会画纯黑的,而是会体现出物体在阳光下的这个特点,特别追求光与色瞬间的变化。这个特点与当时色彩科学的发展有关系,另外还和当时出现的管状颜料有关系。有了管状的颜料,画家就可以带着颜料走,可以到户外去画画,对着阳光来作画,及时地捕捉到画下光影的变化。这就和时代有关系,所以绘画语言背后本身是一部历史,历史可以让你联系到很多方面,了解流派可以让你了解那个时代。当然,要弄清楚流派,前提就是多看,而且,看的不应该是替代的东西,而要看原作,因为原作的颜色最真,也最美,看多了自然就能建立起丰富的感性体验。

Q:"西方美术史"这门课贯通古今两千多年的西方美术发展历程,在我的理解中,古代西方美术比较注重写实,似乎是一种历史的记录与呈现,而许多现代派作品则非常抽象甚至晦涩难懂(比如杜尚在《蒙娜丽莎》上添了胡子就号称画了一幅新画,并称之为《带胡须的蒙娜丽莎》),那么这样的现代派艺术作品的意义在哪里呢?

A:这是一个大问题,但是问题里的概括不太对。古典的艺术也不全是写实的,浪漫派也有很多理想化的或想象的成分;而现代派的艺术也不光是抽象的,比如超级现实主义的艺术作品,比照片还真实,而超现实主义的艺术作品则描绘梦幻的、离奇的东西。杜尚的例子中,画家加了两撇胡须,其实也不是抽象的,而是完全写实的,所以不能说现代派的艺术完全是抽象的。

另外还要思考一个问题,古典艺术两千多年,现代派与其相比还是很短的,不能够拿短的东西和长的东西比。现代派的艺术非常多元,有抽象的，也有具象的，有热抽象的，也有冷抽象的，其本身是一个尝试，是新的艺术样态的实验。有些实验可能会让人觉得很兴奋，而有些人可能完全不喜欢，这都是正常的。关键是要认识到，现代派的出现实际上在很大程度依赖于前面的历史，没有前面的历史就没有后面的反叛、抵制、对抗，不能够说现代派和之前所有的东西都没有关系，其实是有关系的。看到历史的关系之后，再去了解其中的差异，我觉得你会获得一些比较深入的把握。从我自己的角度看，接触艺术最好不要从现代派开始，应该先要了解全部的历史，在这之后对现代派的认识才会比较客观、比较到位。很多时候大家看到一些特别极端的东西，以为这就是现代艺术的一切，我觉得这是错觉。经典的东西之所以是伟大的，是因为它们已经经受了历史的考验，而现代派的一些作品还需要时间的考验。这些作品能否站得住脚？有一部分可以，另外一部分就不一定。

Q：在现代派作品和之前的作品之间似乎有着非常巨大的断裂，或者说是一种反叛。那么，这样的剧变是如何发生的呢？这种转变背后是否有某种更深刻的必然性？

A：从我个人的角度看，我更愿意看到联系，而不是所谓的完全的断裂。杜尚给《蒙娜丽莎》加了两撇胡须，但如果不是《蒙娜丽莎》，加两撇胡须还会有意义吗？这就是借力于古人。所谓的离经叛道，其实也包含与古典之间的某种联系。比如他的《小便池》，似乎是最极端的了，很多人说是一个革命，但是我觉得这个说法有点夸张。查阅史料之后，你会看到，最初的情况是，有一个展览会的章程说可以把任何东西拿过来参展，没有人可以拒绝你任何东西。杜尚就拿了这么一个东西来，结果策展的人不同意，这一下子就闹大了。大家要了解其本身的起因是什么。不是说杜尚一开始就要拿小便池作为作品，他这么做是为了针对展览的规则。因此，了解历史是非常重要的。有些人说这是一次非常伟大的美学革命，我觉得从这个意义上说有一点夸大其词了。有些现代派艺术家其实是出身于学院派的，也许是学院派的传统对他们造成了很多的压抑，而艺术家在历史的某一个时间点上要留下自己的声音又是很艰难的，所以，很多人会觉得自己的天地很小，被传统紧紧束缚住了，而传统中也确实会有一些保守的东西对人形成了约束。年代越久，传统积累得就越深，反抗也就可能越激烈。这是历史的必然。

Q：您觉得西方美术在接下来会呈现出怎样的趋势呢？是继续不断追求新奇的事物，还是在一定程度上逐渐回归传统？

A：历史很难预言，尤其是在艺术领域。谁也不能预言，艺术一定是这样，或者一定是那样。艺术的规律本身是非常自在的，其发展既和自身有关系，也和艺术家的个体和鲜活的生命本身有关。生命本身是非常不同的，作为创造的主体，很多的想法是我们不能够预料的，所以很难作出这样的预言。但是，我相信，艺术所谓的发展和人的生命状态、和时代有密切的联系。如果和我们没有联系，我们在看了之后没有任何的感触，那艺术就会离我们很远，这样的艺术有多大的生命力是要打问号的。

Q：西方美术对于中国来说虽然是外来者，但也是一笔宝贵的财富，中国美术是怎样"吸收"这笔财富的？曾做过哪些有益的实践呢？

A：这也是一个大话题。中国现代意义的高等艺术教育是在留学生去了西方（包括日本）学习之后逐渐产生的，比如林风眠、徐悲鸿是去法国学习的，他们把法国的东西带回了中国。中国的美术院校使用的其实是西方的体系，可能会教一些民间绘画，但是整个教育的框架、整个学院派的理解是来自西方的。不过，这个教育体系已经变成了很中国化的东西，今天中国所有美术院校在教的东西，西方反而可能已经不教了。在中国，学习西画和中国画，可能都要学习素描，而素描是国外的概念。另外，在全球化的进程中，中国人要走向世界，中国历史上也是吸收了很多外来的东西才有了文化的灿烂。比如瓷器，里面使用的某一种材料是来自别国的，有了这种材料才会有中国瓷器里的青花。所以，中国文化本身不是封闭的。

我相信文化的融合是一个基本的事实，当然关键在于融合之后要能够有自己的贡献、有自己的创造。我觉得没必要把中国的和外国的分得太清楚。在今天，文化上吸纳和融入整个世界就很重要，文化要走向世界，首先就要了解其他文化，人类创造的最辉煌的东西应该是可以共享的。如果只知道自己的艺术，而对其他的艺术不了解，甚至是排斥，我觉得这不是这个时代的主调。我想，应该要用开放的胸怀去接受所有优秀的东西。如果非洲的艺术或者大洋洲的艺术里有好东西，我们中国人也应该去借鉴，并从中获取营养。

  Q：在西方美术史上，您最欣赏的大家是哪位？最欣赏的画作是哪幅？为什么？

  A：这可能会因时而异，不一定永远认定哪张画或者哪位画家是我的最爱。我个人比较喜欢的是像普桑（Nicolas Poussin）这样的法国画家，因为他的画里有我们都会关切的问题，且是用视觉的形式完美呈现出来的。比如，我特别喜欢他的《阿卡迪亚的牧羊人》，那些牧羊人是完全古典范儿的，在特别美的风景里，站在墓志铭前，探寻这个墓志铭到底是什么意思。边上还有一个女牧羊人站着，那种探寻的姿态真的很抒情、很优美，但是内里还有一种对生命本质的质询。当然，某个时候我也会突然很喜欢别的画家，比如说我也挺喜欢达·芬奇的，因为你看达·芬奇，永远会觉得他是谜一样的人，猜不透哪一天能够真正读懂他，这是一种非常奇妙的感受。因此，很难说我就只喜欢某一幅画或某一位画家。

博雅 GE 微访谈
不同视野下的世界[1]

Thomas Rendall

对话通识教育

Q：请问您怎么理解通识教育？您在设计以及讲授这门课程的过程中是如何贯彻通识教育的思路的？

A：对我来说，通识教育（general education）就类似"心智教育"（liberal education）[2]，或者说是心智教育的另一种表述。心智教育从词源上讲意味着作为培养"自由的人"的教育，不应只为某些特定职业的训练而存在。所以在以前的欧洲，人们被训练成为制鞋匠、木匠或磨工等，也就是我们现在所说的学徒式教育，而心智教育使上流阶层能够自由地学习许多不同的课程。通识教育，或是心智教育，意味着一个人应该具有学习不同事物的意识，而不仅仅局限于单一而狭窄的专业训练之中。在教学中，我尽我所能地将文学之外的知识引入课堂，而非仅仅讲授严格意义上的文学。你可以在文学专业接受非心智教育，就像你在工程学中也可以接受非心智教育一样。如果你学习文学，那么你也可以接受心智教育。比如说，在英国，一些学生在高中主修英语，并且在之后的本科和博士研究生阶段都学习文学。他们所接受的教育就与心智教育相反，在这种意义下，他们不必在时间有限的高中阶段学习许多课程，在 A-level 课程（英国普通中等教育证书考试高级水平，也即英国学生

---

[1] 课程名称：欧洲文学选读；受访者所在院系：外国语学院；访谈时间：2016 年 7 月 23 日。
[2] "心智教育"的这一译法参考宋晓平、梅红：《Liberal Education、General Education 以及素质教育——当今美国大学的教育理念与教育创新研究》，《中国高教研究》2010 年第 1 期。——编者注

的大学入学考试课程)阶段,他们非常专注于(专业课程的)学习。举例来说,英语文学专业的学生不学习自然科学、社会科学,以及一切与文学没有特别明显关联的知识。所以就算他们的主修专业是英语,他们也无法确保自己接受了人文通识教育。所以,心智教育意味着你应该尽可能地学习不同领域的知识。你应该对自然科学、数学、社会科学、艺术、文学、哲学、历史等都有所了解。当然,这是非常高的要求,但你应该终其一生努力学习更多的东西。所以在教学中,我试着尽己所能地将其他东西引入课堂,比如说在幻灯片上展示一些绘画作品,讲一些哲学、科学方面的内容。我也会将其与中国文学的相关内容对照来讲,这对我来说并不容易,但随着我对中国文学的了解增多,我发现课堂上所讲内容(欧洲文学)与中国文学有相似之处。我试着讲中国学生较为熟悉的一些传统经典。这就是我所做的。我试着让课程变得更加有趣,尤其是对物理、商业、法律、公共管理等专业的学生来说——这些学生希望知道这门课程是如何与他们自己特定的专业联系在一起的,同时希望从中获得知识作为学习自己专业的参考。这就是我做的所有事情。英语系的斯通(Donald Stone)教授,他几乎无所不知,他了解与音乐、美术、文学、电影、历史等有关的许多事情。他比一般人,包括我自己,都更容易做到这一点[①]。至于我,则会将自己知道的东西引入课堂。我一直对科学感兴趣,因此在讲但丁时我试着解释但丁的天文学与地心引力观——当然是中世纪时期的科学,以及通往地球中心的旅程。当但丁与维吉尔经过地球中心时,一切东西似乎都反转过来,比如对我们来说,南半球的人就是倒立着的。

我曾在澳门大学担任系主任多年,澳门大学有着通识教育的要求,所以学生们必须学习英语、数学、哲学、历史、艺术、社会科学、自然科学等方面的课程。很多学生都来问我,为什么我要学习数学——我修的是英语专业啊。我说,因为你应该知道一些有关数学的知识。有一位美国共和党总统候选人(名字我记不清了),是一名神经外科医生,他在医学专业获得了很高的学位,并且现在是一名知名的外科医生,但他对其他领域知之甚少,因为他的受教育面很窄。他没有学习任何与医学

[①] 指在课堂中引入跨学科知识。——编者注

无关的东西。因此，尽管他在医学方面造诣颇深，但当人们向他问起有关全球变暖的问题，或是外交问题或法律相关的问题时，他很难有自己的见解。他没有任何相关背景知识。这便是我的答案。我尽可能在课堂中引入更多的东西，并将这些内容与学生们有可能学到的其他东西联系起来，比如历史、哲学、宗教、艺术等。

Q：Rendall 老师，在上课的过程中，您面临的主要问题是什么？课程要保证学术水准，但面对的又是非专业的学生，如何平衡二者的关系？

A：实际上我们这个班共有 43 名学生，其中 10 人来自非英语专业，大部分学生都是英语专业的，但是我并不认为英语专业或非英语专业的区别有如此重要。这一年，当我在课上谈及一些非常专业的问题比如视角、隐喻等时，我意识到我课堂上有些学生并非来自英语专业，我们认为英语专业学生应该了解这些，但是对非英语专业的选课生来说，这些知识可能没有那么重要。不过这些问题并不是那么突出，我在课堂上讲的大部分内容对于英语专业或非英语专业的学生而言都是有趣的、有用的。如果我教的是物理或者类似课程，那就是十分不同的，这些课程有很专业性的、前沿性的关注点，这些对于普通学生而言很难跟上。我在这门课上讨论的议题都类似于社会的构成、什么造就美好生活或者善恶之间的差别在哪里。这些都是非常基本的、宽泛的问题，我认为任何一个学生都对此有兴趣并且能够听懂。所以这里没有特别多的如你所说的专业隔阂。

不过，课程论文可能是一个问题。我们希望学生正确书写文章，遵循特定的引用格式等。但是我也告诉他们，也可以使用其他引用格式，如 APA 格式。对于社会科学和自然科学的学生而言，他们有特殊的引用格式，这个跟文学不太一样。但是他们都要用一定的格式来写作论文，这是专业要求。大部分情况下，只要他们用英语写，这都不是一个问题。我认为对于非英语专业的学生而言，写作是最大的问题。因为对英语专业学生来说，这是他们主修的，所以他们的写作技能往往更好。当我教非英语专业学生时，只要他们的观点能被我读懂，我一般不会因为他们的写作问题而给他们打低分，但是英语专业的学生要把文章写好，因为他们的每一堂课其实都是写作课，每堂课都需要正确书写英文，他们都应该提高自己的写作能力，这是出于专业的考量。英语专业毕业的学生应该在听、说、读、写方面都有与专业相称的能力，尤其是写作，这是中国学生的难点。大部分学生阅读、对话和理解能力都很好，但是一到写作就不行了。在大学教书时，如果我们收到对英语专业毕业生的抱怨，一般会是：我雇了你们学校的英语专业毕业生，他给我交的第一份报告就有大量的拼写错误和语法错误，你怎么能说这是英语专业毕业的？所以英语专业的学生应该有出色的写作技能，这是我们努力的方向。对于非英语专业的学生来说，写作水平本身不计入他们的成绩，除非我看不懂他在说什么。我读中文比较困难，所以他们也不能直接用中文写这门课的作业。我的意思是，如果我能看懂中文，我不介意非英语专业的学生提交用中文完成的作业。如果我能读懂中文的话，我认为这会是一个解决办法，并且对非英语专业的学生也有好处。柏林自由大学允许比较文学专业的学生用英语写作论文。日常上课学生需要能够用德语跟上授课内容并且能跟教授交流，但是写论文的时候学生可以用英文写。我哥哥是法语专业的，但是他的论文就是用英语写的。所以让非英语专业的中国学生用中文写作文，对我来说不是什么问题，只不过我的中文水平做不到这点。我不知道其他教授能不能允许这样。但是如果一个中国教授教的是英语专业的学生，我觉得让学生用英语写文章是很合理的。我认为选课的非英语专业的学生必须读英文文本，而不是读中文译本，但是可以用中文写文章。

Q：Rendall 老师，您上"欧洲文学选读"这门课时最大的经验体会是什么？

A： 这是我最喜欢的课程。虽然我也喜欢教研究生课，但这门本科生课的学生让我非常满意。他们充满激情，勤奋好学，对我们课程的主题很感兴趣，这是最重要的。在世界各地的其他学校，在学习这样一门课程时，学生常常会抱怨说，难道这些材料都要读吗？他们不太有热情学习。但在中国，由于在珍视学习、敬重学校的文化里长大，同学们更愿意学习，也有兴趣学习。研究生虽然也很聪明，但他们更厌倦些，毕竟学习的时间已经这么长了，不容易保持激情。我早已过了退休年龄，却还是如此热爱教学，所以我不愿放弃。

我在中国任教，最喜欢的学校就是北大。我以前也在澳门等地待过,相较而言,我觉得北大是个独特的地方,它不仅拥有非常优秀的学生,而且对人文学科非常重视,拥有众多人文学科杰出教授。你看,我们现在都有大楼了。但在西方,许多大学都停止或至少是削减了人文学科项目。北大的情况是很特别的。也许复旦、川大等少数学校也是这样,但更多学校不那么重视人文学科。我在澳门大学教书时,一个管理人员曾提议建立一个项目,把英语和另一个专业搭配在一起学习。为什么要专业去学英语呢?在学商务、工程、公共管理等专业的时候附带学英语就好了,英语被看作一门辅助其他专业的实用技能——这样的理解太狭窄了。但我认为,像北大这样真正优秀的大学,都会认为值得建设英语专业。在北大外国语学院英语系,我们有很多优秀的学生被哈佛、耶鲁、斯坦福等学校录取和认可。我喜欢这个地方,喜欢在这里给英语专业的同学教欧洲文学,教但丁、维吉尔。

Q:Rendall 老师,您在中国教授西方文学,与在西方国家教授有什么不同呢?

A:我认为有许多不同。在一个外国文化环境教书更有趣,因为学生们不是自然而然地了解这些文化。我的意思是,你必须向他们解释这些文化,你必须要更好地了解自己的文化,从一个更客观的角度看待自己的文化。如果你囿于自己的文化,你就永远不会走出去思考。你自己文化里的东西,对你自己来说就像自然法则一样,比如说引力作用,你很难想象一个不同于我们习惯思维的方式。但是一旦你接触了不同的文化,你就能从外部看待自己的文化,就会意识到自己所习惯的看待问题的方式只是其中一种,其他文化有其他文化的思维方式。我近来对跨文化研究越发感兴趣。

但是我的汉语很差,我读过一些中国经典文学,但读的是翻译版。现在我和我的妻子尝试读部分汉语小说,但比较慢,一个月一章节。我们已经读了《红楼梦》的十几章,目前正在读《水浒传》,每个早晨读一个小时。但是我的中文还没有好到能写关于中西比较的专业论文的程度。总体上,我确实对各种文化感兴趣,对它们的相同点和不同点感兴趣,这很有用。在中国的西方教授试图帮助中国学生更好地理解西方文化,让他们不要把西方看作敌人。因此,很明显,为了加深对世界的理解,教授的交换访学与教育观点的交流非常重要。

《埃涅阿斯纪》与《神曲》

Q：Rendall 老师，《埃涅阿斯纪》与《神曲》在叙事技巧上有何异同？

A：这是一个很好的问题。它们的相同点是，它们都是自己文化或文明的代表。世界上有中国文化、西方文化等，而在西方文化内部，我们有古代文化、中世纪文化、早期现代文化和现代文化。因此，在我这门为期两个学期的本科生课程中，我试图从每一个重要时段抽出一个作品。比如，古代文化，我选了《埃涅阿斯纪》；中世纪文化，我选了《神曲》。在第二个学期，早期现代的文艺复兴时期，我选了《堂吉诃德》；浪漫主义时期，我选了《浮士德》；20 世纪的现代文化，我选了德国作家托马斯·曼的一部小说。在这门课中，我试图引导学生钻研这些作品，理解西方文化主要的价值体系和不同阶段——从古希腊罗马到 20 世纪。因此，《埃涅阿斯纪》和《神曲》是第一个学期的文本，讲授的内容包括它们哪里相似，哪里不同。它们都是试图表达它们自己时代最高理想的叙事诗。《埃涅阿斯纪》向我们展示了罗马人的价值观、他们对人生与社会的看法，《神曲》向我们展示了中世纪欧洲人的想法，他们对社会、人生与世界的真实想法。因此，这两部作品在这一点上相同。它们的不同点是，《埃涅阿斯纪》是史诗，而《神曲》可看作是一部寓言诗。史诗题材一般讲述的是一位英雄的故事（《失乐园》不同，有两位主人公），这位英雄代表了社会的最高价值，又经受各种挑战以试验那些价值。因此，叙事手法是非常现实主义的。埃涅阿斯的旅行从特洛伊（一个真实存在的城市），横穿地中海到达意大利。但丁的旅行则发生在死后世界，从地狱到炼狱再到天堂，它更精神化。而《埃涅阿斯纪》则更具有地理真实性。当然，这样说可能是对问题的过分简化，因为在《神曲》中同样也有物理意义上的旅行。不过我觉得主要的差异还是《神曲》中，总有一层隐含的精神意义或象征意义上的关怀，《埃涅阿斯纪》中也有象征性的东西，但总体上的叙事是更现实主义的。

Q：Rendall 老师，《埃涅阿斯纪》所展现出的古希腊罗马价值体系与《神曲》所展现出的基督教价值体系有何差异？

A：其中一个最主要的不同在于，尽管《埃涅阿斯纪》中也会谈及神,神是如何安排人类生活、控制人类历史等,但是与《神曲》相比,它对于神或者超自然力量的信仰似乎很弱。《神曲》中但丁不仅相信上帝存在,上帝安排了人类历史,而且但丁真实地知道这些,知道全部的细节,而《埃涅阿斯纪》对于上帝或者超自然力量的观点一直存有很大的疑问。所以,总的来说,最大的不同在于,《埃涅阿斯纪》更具世俗性,而《神曲》更具精神性与宗教性。罗马人也有宗教,但是宗教在罗马没有被那么认真地对待,至少不像在中世纪欧洲那样,信仰的宗教在社会的各个方面都占主导地位,中世纪的欧洲人对待宗教的态度很严肃。当然,罗马人也会在固定的场所举行宗教仪式——不仅在公共场合而且在他们的家中,他们也有用于祭拜的圣像。我觉得罗马人对宗教的态度很像中国古人对宗教的态度:你的整个人生并不那么取决于你和神的关系,你可以因为遭遇困难而向神祈求,并且得到神的帮助——这是一种很实用化的态度。但对于中世纪的天主教教徒而言,他们认为自己处于上帝的掌控中,而且是否服从上帝的命令并对上帝表现出恰当的尊敬事关能否得到永生。

不同视野下的研究

Q:Rendall 老师,《埃涅阿斯纪》在古典学和文学的研究范式下讲授会有什么不同?

A:在古典学领域,很有可能大部分的课程是使用英语、德语、法语、中文等当地的语言教授,但是文本应该还是要读拉丁文或者希腊文文本。所以古典学要求一种更为专业化或者更为深入的学习。我认为读原文很有好处,有助于你发现一些读译文显现不了的点。在古典学领域学习的学生可能会适时地进行几年的语言学习,所以他们能够阅读一些使用原始语言的文本。当我使用英文译本进行教学的时候,我很少会参照原文。虽然的确在原文中有一些很有意思的东西,我也会展示出一些,但基本上我在课上讨论的还是英文译本。所以这就是主要区别:古典学领域会研究使用原始语言的文本,但这不是我的课程所教授的重点。在古典学领域,最先学的就是语言类课程,比如希腊语或拉丁语,然后学生们进一步阅读,对于某些文本,他们会阅读一些用原始语言写作的材料。

Q：Rendall 老师，您觉得现代人看古代文本最大的障碍和最大的优势分别是什么？

A： 现代人阅读古代文本的困难在于，我们要设法去理解古代人是如何看待世界、如何看待人性的。不过，某种意义上我们也拥有经验和历史方面的优势。一个最典型的例子就是《埃涅阿斯纪》，它其实是《神曲》的一个重要基础，但丁非常了解维吉尔，他的许多诗句都基于《埃涅阿斯纪》。我们也知道，弥尔顿的许多诗句是基于但丁和维吉尔的。而我们的优势就在于，能够看到文学发展的全部面貌。有趣的是，维吉尔和但丁都知道他们的作品将长久留传，但他们不知道这是怎样一回事，也不知道其他作家将会怎样对待他们的作品。比如但丁让诗人维吉尔成为《神曲》中第二重要的人物，他引领但丁走过了地狱和炼狱。维吉尔在《神曲·地狱篇》中介绍他自己："我曾歌颂一位义士，他是安奇塞斯的儿子，只因雄伟的伊利昂城被焚，他才逃离了特洛伊城。"如果你曾经看过《埃涅阿斯纪》，那你在理解这部分的时候就不会有任何困难。

这是阅读的一种乐趣：你的阅读量越大，你能理解的也就越多，就像滚雪球一样。当你已经阅读了维吉尔、但丁、莎士比亚、弥尔顿等人的作品，你关于整个文学的想法，以及理解文学作品的能力，都将得到极大的提升。即使阅读 20 世纪小说，你也能够看到许多其他人无法看出的事物，其他人无法看到的文明的内在基础。这就是我们的优势，能够看到整个文学的传统。在《埃涅阿斯纪》的结尾，有一个场景是埃涅阿斯的敌人折断了自己的剑，你会想：这不是陈词滥调吗？这个场景正如今天在大多数电视节目中的战争场景中所发生的那样。现在，你知道是维吉尔最先"发明"了它。我们能够看到在悠久传统中文学的最初渊源及此后的发展。在 21 世纪，《埃涅阿斯纪》和《神曲》仍然值得被反复阅读，因为它们能帮助你去理解。你不能仅仅成为一个 21 世纪文学的专家，而且只有了解了文学整体的发展历程，才能够理解在 20、21 世纪发生的一切。

博雅 GE 微访谈
教法与世俗之间的佛教艺术[①]

李崇峰

通识教育与考古学

Q：您对通识教育是如何理解的？考古学在通识教育中的地位又如何呢？

A：北京大学的通识教育以"人的培养"为理念，以"立德树人"为根本，以学生的人格塑造与素质养成为主要目标，塑造学生的世界观、价值观和人生观，深化学生对人类文明传统的理解和对中华民族伟大复兴历史使命的认识。通过对自我、社会、国家和世界的认识与理解，学生能够认识到自身存在的价值并自觉承担社会责任。同时，关注学生的科学素养、人文精神与国际视野，提升他们思考批判、交流合作与开拓创新的能力。

我本人基本赞同这样的观点。具体到考古学，我想考古学可以"深化学生对人类文明传统的理解和对中华民族伟大复兴历史使命的认识"。考古学现在是一级学科，但原来属于历史学学科下设的二级学科。据《中国大百科全书·考古学》，考古学属于人文科学的领域，是历史科学的重要组成部分，其任务在于根据古代人类通过各种活动遗留下来的实物，研究人类古代社会的历史。由于考古学研究的对象是遗迹和遗物，更具视觉冲击，易于为学生所接纳和理解。不过需要说明的是，考古学本身有一定局限性，遗迹和遗物大多是不完整的。

[①] 课程名称：佛教艺术和考古：南亚与中国；受访者所在院系：考古文博学院；访谈时间：2018年7月30日。

Q：如何进行考古学的通识教育？

A： "考古学研究的最终目标，在于阐明存在于历史发展过程中的规律"（《中国大百科全书·考古学》），通过考古遗迹与遗物的表面特征，结合文献分析遗迹与遗物的性质，进而探求其所蕴含的诸多历史信息，最后将这些历史信息经过分析、比较和研究，揭示某种信息的演进规律和历史内涵，从而达到部分重建或恢复历史面貌的目的。因此，考古学可以从物质文化角度，帮助学生了解我们悠久的历史、文化和艺术，以史为鉴，引导学生思考人生意义，把握人类文明及传统，增强学生的文化自信，同时促进东西方的彼此了解。

佛教艺术与教义

Q：佛教一方面讲"一切有为法，如梦幻泡影，如露亦如电"，一方面又是"象教"。如何理解二者间的冲突？"象"在佛教修行中处于怎样的地位？

A： 一般说来，佛教研究有两大系统：一者从哲学角度，一者从历史角度。从历史角度看，佛教一开始传播时，受众文化程度较低，所以"形象"是第一位的。文献中记载的"象教"，即设像立教，是基本的佛教传统，从北朝到盛唐都是如此。从事哲学研究的人往往把"象教"理解为佛法中的"象法"，历史学家则认为象教与象法的关系不一定非常密切。我本人赞同唐开元六年（718年）李周翰注《文选》时的释义："'象教'，谓为形象以教人也。"因此，至少8世纪初以前，佛教绘画和雕塑是佛法传播的重要媒介与手段。

从魏晋南北朝到隋，中国北方僧人修行的主要功课是禅观，即坐禅观像，所以佛像至关重要。唐以后流行的禅宗，可称中国化了的佛教，自谓"教外别传，不立文字，直指人心，见性成佛"（《〈景德传灯录〉跋》）。所以形象的地位有所下降。

Q：佛教艺术形式与其教义有怎样的关系呢？

A： 这里就拿石窟寺作例子吧。南北朝时期是中国佛教发展的兴盛期，南朝讲究空谈，人们热衷于讨论佛法，不太重视禅修。北朝的佛教发展可以分为两段。北魏孝文帝以前，基本上是机械性地照搬照学；孝文帝于太和十年（486年）改革，学习南朝文化，对佛教义理开始了探讨。所以学术界一般认为：南朝重义理，北朝重行为。

北朝僧众的修行主要是禅观及礼忏，开窟造像就是服务于这样的目的。僧人禅修的场所需要安静，所以通常选在山间、水边、人迹罕至之处。打坐修行，佛教徒谓之禅定。坐禅，是小乘教徒依靠"佛力"求得"解脱"的主要功课；禅定的目的，是追求超脱生死轮回的涅槃境界（成佛）。僧人禅修的方法，是使精神专注于一处。至于专注之处，最重要的就是"谛观像好"，即集中精神忆想佛的形象，以求达到自己与佛合二为一的精神境界。僧人坐禅之前要到佛殿或石窟中观像，先观坐像再观立像，先观整体再观细部。观像之后，就到禅窟中去静坐，以回忆、思念所观佛像。若回忆不出，就要返回佛殿或石窟中再观，所以通常禅窟与佛殿窟雕造在一起。如果多次观佛与忆念后仍达不到上述境界，就要请弥勒解决疑惑，称"弥勒决疑"。因此，北魏造像以佛像和弥勒像为主。

南朝即便是坐禅，也主要在地面佛殿中进行，如《梁书》记载的建康道场寺就是当时南京最有名的禅修之所。当然也有北方僧人逃到南方或游历到南方，之后在南方雕造了禅窟，如南京栖霞山石窟。

北魏太武帝废佛，禁毁一切经像。文成帝复法之后，高僧昙曜为了回应此前世俗社会对佛教真实性的质疑，主持翻译了《付法藏因缘传》，说明过去、现在、将来都有佛。为了体现这样的理念，他在武州山石窟寺中雕造出三佛，即过去佛、现在佛和未来佛，因此三佛题材是佛教中国化的产物。

Q：佛教艺术更多取决于一地的社会和自然环境，而与教义关系不大？

A：可能也不宜这么讲。有一位印度学者说过：佛教每传到一个大的文化中心，都会发生一次变化，与当地文化传统相结合。为了生存，佛教必须要有社会基础。

还是以石窟寺为例，印度典型的僧坊窟数量极多，从平面布局看，中央是一方形大厅，周围环置诸多小室（僧房）。这种僧坊窟传到新疆之后，形制略有改变，但数量极少，这是因为它不适合当地的传统习俗。至于酒泉以东，就再也看不到这种域外色彩浓厚的僧坊窟了。另外，作为供养、礼忏用窟，西印度马哈拉施特拉支提窟（塔庙窟）内的佛塔，是一坟冢形的半球体；在克孜尔中心柱窟中，它演化成为高大的蘑菇形；到了中原北方开凿的塔庙窟里，它进一步演化为多层木构楼阁式。在印度，塔意味着纪念高贵贤哲和文化豪杰——乔达摩佛的涅槃，因此，马哈拉施特拉邦境内的支提窟把它设计成一座圆冢，同露天塔一致。在龟兹，中心柱窟内的佛塔采用蘑菇形，塔前开龛造像。古代龟兹人之所以摒弃坟冢样式，是因为坟冢乃死者的屋室，而佛是一个神。至此，塔的社会功能已经历了一重要变化，即从纪念死者的象征变成了拜神的标志。塔主要具有了神龛的性质，印度原型所含有的陵墓意义则减少了。当这种石雕建筑通过中亚传至中原北方时，面临礼拜全能佛的强大浪潮，早期纪念过去圣贤的印度旨趣到此渐渐消失了，佛陀成为命运及权力的象征。在中国信徒的脑海里，释迦牟尼是一位全能的大神，人类的恩人。故而，中原北方塔庙窟内的中心塔柱采纳了高塔型建筑模式，它是外来的石窟艺术与本土传统文化相结合的产物，意味着命运及权利的保护。而塔柱四面开龛造像，则清楚地表明：佛陀已完成了从圣人转变为神的漫长历程。归结起来，一方面，起源于印度的精神必须保留，以使其可以辨识；另一方面，采纳地之中国精神明显占优势，以消除异己之感。还有，印度石窟中礼拜用窟与生活用窟一起雕造，新疆龟兹地区的石窟寺也还保留着这种遗风，但传到平城之后，云冈石窟则基本上都是石雕佛殿。而受唐高宗"别起梵居"理念的影响，龙门石窟与附近的十座地面佛寺，应该是佛事用窟与生活场所分区营造、石窟寺进一步汉化的结果。

Q：佛教为何要强调通过形象传教呢？

A：的确，中国主要的宗教中只有佛教重视形象，道教有形象也可能是受到了佛教影响。在西方，基督教重视形象，现存教堂中的各种雕塑和壁画就是很好的物证。在美术史研究中，西方比较推崇图像志，但将图像志用于佛教美术史研究，我个人认为有不少局限。对于从事西方美术史研究的人来说，《圣经》是必读书；但对于从事佛教美术史研究的，尤其是从事隋唐以后佛教美术史研究的人来说，佛传在某种意义上说可以不看。西方教堂内的整个雕塑和壁画，与《圣经》故事基本上可以对应。中国在北朝前段，佛教绘画及雕塑内容主要是佛传、本生和因缘故事，与相关佛典的关系较为密切。从隋代开始，中国佛教艺术中出现了经变画，这样一来情况就比较复杂了。我想举三个关于净土变的例子。第一个，敦煌石窟中西方净土变的代表作应是莫高窟唐贞观十六年（642年）完成的第220窟的画作；这幅经变画主要依据的是《无量寿经》，但也参考了《阿弥陀经》和《观无量寿佛经》，即把几部经的内容融会在一起由画家画出。第二个例子是笃信佛教的白居易，于唐开成五年（840年）命画家杜宗敬按照《阿弥陀经》和《无量寿经》的内容画一幅西方净土变，即合"二经画西方世界一部"，是文献记载明确"合本"创作的西方净土变。第三个例子，《观无量寿佛经变》的中心，即中堂"西方变"在《观无量寿佛经》中没有详细记述，整个《观无量寿佛经变》也是把《阿弥陀经》或《无量寿经》与《观无量寿佛经》"合本"并加入相关理念创作而成的。这三个例子表明，若想依靠某一部佛经对唐代流行的经变画进行释读，是有问题的。因此，佛教图像在宗教图像学中可以说是最复杂的。

我想强调的是，佛教重视图像是来自天竺传统。根据传说与佛经，佛曾到三十三天为母说法；佛离开后，优填王因为思念佛陀就命工匠创作了佛像。不过，这种做法与佛本身的教义相悖，因为佛在世时不允许进行偶像崇拜，所以佛像出现得很晚。

佛教艺术中的石窟

Q：为何佛教发展出了石窟寺？

A：据佛经记载，佛世时已经有僧人利用地窟避暑。石窟之所以在天竺流行，与当时出家人的禅修密不可分，西印度现存最早的石窟主要是小型禅室。实际上，石窟原本并不是佛教所特有的；天竺的仙人（rsi），就在石室中修行、栖居。公元前3世纪，孔雀王朝的阿育王及其孙子十车王为邪命外道在伽耶地区开凿了八座洞窟。当时阿育王是否也为佛教徒开凿了类似洞窟，现无证据，不过他的开窟之举对后来佛教徒的开窟造像活动产生了重要影响。

Q：云冈石窟也是禅修之所吗？

A：云冈石窟是佛教石窟寺从新疆传入内地后营造的第一座大型石

窟寺院，由北魏皇室及显贵主持开凿，不过其现状应与昔日完工时的原貌有较大差异。云冈石窟史称武州山石窟寺，从文献记载推见，现在的云冈石窟只是当时武州山石窟寺的主体部分。

印度石窟寺，通常由供养、礼忏佛事用窟与栖止、禅修生活用窟两部分构成，前者主要指塔庙窟，后者主要是僧坊窟。佛教石窟寺传入新疆后，也基本延续了印度石窟寺旧制，佛事用窟与生活用窟一并开凿，因此新疆龟兹石窟中的僧房（单式僧坊窟）设置了床、炉灶和明窗等，此外还有小型的贮藏空间；僧坊窟旁侧开凿塔庙窟，即中心柱窟，两者合为一僧伽，即一座小寺。

在云冈石窟中，迄今没有发现专供僧人栖止、禅修的生活用窟。因此，我们怀疑当时僧人居住的场所或者营造于石窟所在的冈上，或者修建于武州川（十里河）两岸的平地。2010年，山西省考古工作者在云冈石窟的冈上发掘出土了一座寺址。这处遗址的平面布局，与今印度、巴基斯坦发掘出土的佛寺遗址颇为相似，说明武州山石窟寺的部分地面建筑曾机械地模仿了佛教发源地的佛寺布局。

Q：龙门石窟中有的窟是露天的，体量很大（比如卢舍那大佛龛），另外景区介绍说很多窟都是王公贵族发愿为父母做功德修建的。它们似乎不是用于禅修？

A：北魏平城武州山石窟寺，即云冈石窟，应是佛教石窟寺汉化或者东方化的一个重要转折点。之后，很多石窟寺中的起居场所基本都转移到地面建筑之中。为什么？因为中国石窟寺都开凿在北温带，石窟内没有取暖设施，入冬后僧众难以在石窟内居住和生活，这样日常的栖居及禅修就在地面建筑进行了。

到了唐代，在岩石中开凿的窟龛、雕造的佛像有相当多是信众做功德的产物，如龙门石窟西山龙华寺保存的中山郡王李隆业造观世音石像和东山万佛沟户部侍郎卢征所造救苦观世音菩萨石像等。

Q：石窟传入中国后为何繁荣又衰落？

A：北朝应该是中国石窟寺营造的高潮时期。石窟寺的衰落，除了与当时的政治环境有关，恐与佛教分宗、立派及其世俗化、功利化不无关系。如龙门石窟从初唐开始流行净土信仰，既有阿弥陀净土，也有弥勒净土。这说明"石窟的性质逐渐从单一的僧人的禅观，转化为除了禅观以外，还要起延寿却病的作用。少数'观音变'的出现也是同样道理。这种转化的意义，既要对理想的净土通过复杂的形象要求更具体，同时也表现了对现世的众多愿望。这样，礼拜石窟的主要对象，除了禅观的僧人以外，也将包括俗人了"。因此，龙门石窟中出现了不少家窟，如高平郡王洞；行会社邑开窟，如净土堂和北市香行像龛等。"不管某家建窟也好，'社邑'建窟也好，它都说明这时期石窟的俗人性质越来越增加，越来越接近近代寺院的情况了……各地已不建石窟而只修寺了，而寺的变化也和石窟情况相同。晚唐、五代以降，许多城市中的寺院变成了商肆中心，甚至寺院附设了商肆，定期开张，这就更突出地反映了寺院在这个时期变化的方向……某家建窟、某社建窟，他们的目的主要在求现世问题，可以想见他们之中，不要说像以前的禅观入定，就是贞观以后观念净土、祈求免灾也不可能了。他们的目的明确，行动简单——花钱即可。这是这时中国佛教的一般规律。"（宿白《敦煌七讲》）

汤用彤先生认为：净土宗三祖善导鼎立弘教，其"最要之方法，则在称名念佛，禅定之念佛反不重要"。这一时期，信徒已经脱离传统的宗教行为，石窟不再成为禅修的唯一场所，信徒尤其是在俗弟子往往通过舍财免灾、烧香求保，口念阿弥陀佛七日即可成佛。

因此，信徒通常选择在城内的临近寺院进行礼拜，而非跋山涉水去石窟寺求佛。净土崇拜的简化、密宗及禅宗的兴起，使原来作为象教的佛教，不大强调开窟造像而改重宗教仪式与活动，人们对宗教的要求发生了很大变化，地面佛寺崇拜超过了石窟寺崇拜。

Q：有佛教的地方都有石窟吗？在我印象中，西藏好像没有石窟？

A：对于前一问题，这倒不一定，如新疆塔里木盆地南道的于阗地区盛建塔寺，北道的龟兹地区则流行开凿石窟。

西藏拉萨药王山南麓有数量庞大的摩崖造像，东麓则有一座叫扎拉鲁普的石窟。扎拉鲁普石窟应该是西藏地区现存最早的一座石窟寺，其源头可能是当时的中原北方，更大可能性则来自今河西地区。扎拉鲁普石窟是一座塔庙窟，平面方形，中心塔柱四面开龛造像。这种形制只在中原北方出现，新疆地区和石窟寺的发源地印度都没有这种塔庙窟，雕造的时间大概与文成公主进藏之时差不多。除此之外，在西藏西部的阿里地区近年也发现了不少佛教石窟群。

佛教艺术中的造像、绘画

Q：佛教艺术除了石窟还有其他有特色的形式吗？

A： 作为象教，一般说来，佛教始终都重视形象。比如西藏唐卡，我们怀疑它应该源自以像传教的天竺，因为它卷起后随时可以带走，挂起来可方便拜佛。公元68年前后，汉明帝派遣使臣西行求法，同时也派遣工匠作一些临摹。从白马寺的情况来看，佛教传入中国，其理念与形象二者传入的时间应相差不多。所以在中国，佛像一直是信徒供养、礼拜的主要对象。

我一直说，石窟寺是对当时地面佛寺的模仿，或者说是其石化形式（petrified versions）。在印度，无论是供养礼忏场所塔庙窟，还是栖止禅修之处僧坊窟，都应与地面佛寺的相关部分相似。新疆的情况也应大体如此。无论印度还是中国，地面佛寺都是主流，只是因为它系土木结构或砖木结构建筑，所以大多没有保存下来。严格说来，佛教考古的第一对象应该是地面佛寺遗迹。据文献记载，隋唐时期地面佛寺中有很多壁画杰作。关于这点，大家有兴趣可以翻检一下《历代名画记》《唐朝名画录》和《酉阳杂俎续集》等书。中国现存9世纪以前的地面佛寺罕见，迄今只知道山西五台山保存的佛光寺和南禅寺。在这种情况下，石窟寺反倒成为佛教考古的主要对象。

Q：造像和绘画技术是随佛教传入中国的吗？

A： 如果没有佛教艺术，中国从魏晋到隋唐的艺术史可能就不太好写了，最起码要缺少很大一块。二十多年前，我在印度德里大学攻读博士学位，博士学位论文答辩后，印度著名的BHU大学曾聘我专任教职，讲授中国艺术史。其校长说得很直白："中国的艺术史，3到10世纪（魏晋南北朝、隋唐五代）的内容基本是以佛教为主，所以我们认为请你最合适。"说到这里，我想到了郑午昌（即郑昶）撰写的《中国画学全史》，此书被蔡元培誉为"中国有画史以来集大成之巨著"。他把中国画学分为四个时期，即实用时期（唐虞以前）、礼教时期（夏商周秦汉）、宗教化时期（魏晋南北朝隋唐五代）和文学化时期（宋元明清）。这是从绘画艺术演进"往往随当时思想、文艺、政教及其他环境而异其方向"的角度所作的一种新的艺术史分期。其所谓的宗教化时期，实际上应该就是佛教化时期。因此，我们可以推想佛教艺术影响中国本土艺术之程度，包括建筑、雕塑和绘画等都是如此。

　　印度大约在6世纪前后出现了有关造像规制的文字和图样。现存最早的梵文《造像量度经》是10世纪的写本，藏译造像量度经典主要移译于元明时期，而现存汉译造像量度经典则是明清时期翻译的。不管怎么说，造像是有法式的，汉译《造像量度经》既有图样也有经文，既可用于绘画，也适用于雕塑。

　　除《造像量度经》外，印度现存绘画理论的最早文献，是《毗湿奴最上法往世书》（*Shri Viṣṇudharmottara Purāṇa*）第三部分（Khaṇḍa III）第35—43说品（Adhyāna 35—43），学界一般称其为"画经"（*Citrasūtra*），编辑年代大约为公元七八世纪。在南亚、中亚和中国地面佛寺与石窟寺壁画的创作中，绘画技法应用最广泛者应属色彩渐变，即"天竺遗法"。印度阿旃陀和巴格石窟、斯里兰卡狮子岩壁画、巴基斯坦犍陀罗寺院遗址、阿富汗巴米扬石窟和中国新疆克孜尔及敦煌莫高窟的早期壁画，主要创作时间当在5至7世纪，皆采用相似的晕染方法，即天竺凹凸法，以表现所画物像的立体感，只是各地侧重点稍有不同。这种绘画技法在印度《画经》中多有记载，疑主要用于壁画的创作，使熟睡人与长逝者彼此神态可辨，形体"能分低与高"。尤为重要的是，《画经》特别记载，只有完全采用晕染法、具有立体感的画作才能称作上品。南亚、中亚和中国佛寺壁画中采用的"凹凸法"，以同一色的不同色度呈现出不同色阶，以由浅入深或深浅渐变的晕染方式形成明暗关系，长于表现肌肤的立体感；画面庄重严谨，人体浑厚饱满，色彩浓郁厚重。

　　从绘画技法来说，南朝张僧繇在建康一乘寺所画，远看凹凸近看平，时人觉得新奇，所以一乘寺俗称"凹凸寺"。张僧繇的画风，可能受到了天竺绘画技法的影响。由于新疆与河西地区石窟寺的壁画采用了天竺凹凸法，我们怀疑北朝佛教绘画中也应使用了这种技法。2015年在大同城（平城）内发现的四块北魏石椁板，其表面满绘佛教内容，壁画中明显使用了天竺凹凸法。这一发现，较文献记载张僧繇在建康画凹凸花要早七八十年,说明"天竺遗法"通过陆路和海路先后传入中国。

Q:佛像的衣服在历史上好像有变化,从袈裟变成宽衣博带?

A:实际上,印度传统的服装,无论男女所穿都是一块布,女装现称莎丽,一般长五六米;披覆的方式多样,一般女性上穿很短的背心,之后以莎丽缠绕全身。佛教有"三衣"之说,三衣也就是三块长短不一的布。据学者研究和分析,最短一块是类似裙子的下衣,长三米左右,此外有上衣和大衣,其中大衣类似于今天的正装,长五六米。

佛教的三衣来自世俗社会。大衣的披覆方式,主要有两种:一种把双肩全部覆盖,即文献记载的"通肩被服",简称"通肩式";另外一种则把右肩及右臂袒露出来,即佛典中记录的"偏袒右肩",简称"右袒式"。大衣作右袒式是一种礼貌的披覆方式,即文献所说"肉袒肩露,乃是立敬之极"。因为在天竺,若见师长、父母和礼拜佛像,都要以袒裸的右肩及右臂面向对象。唐初高僧道世在《法苑珠林》中写道:"如在佛前及至师僧忏悔礼拜,并须依前右袒为恭。"云冈石窟第一期洞窟,佛像披覆的大衣或是通肩或是右袒。到了北魏孝文帝改革,世俗的服装换成了南朝士大夫的褒衣博带式。从第二期晚期开始,云冈石窟中佛像出现了褒衣博带式大衣。当时的僧众也应该穿上了这种汉式大衣,因为我们现在看到的形象都应来自当时的世俗社会。

Q:那要是没有这个政治事件的话,三衣会保存下来吗?

A:那也不一定。实际上,现在保持天竺传统法服披覆方式的,可能只有斯里兰卡。尽管西藏与天竺佛教关系密切,但法服披覆方式同样发生了变化,因为大衣作右袒式披覆不适宜西藏的气候。

大衣作右袒式披覆,即僧众大衣或上衣"偏袒右肩",在中国可能有悖于礼俗;我想这种披覆方式传入中国后不久可能就发生了一些变革。北齐在中国历史上,或者说在中国佛教史上有点空前绝后。北齐的中央僧务机构昭玄寺(类似现在的国家宗教局),高僧法上和尚任一把手——大统,一位来自今天巴基斯坦北部的高僧那连提黎耶舍任副手——通统,外来高僧担任如此高官在中国佛教史上是罕见的。陈寅恪先生认为北齐社会有两大特点:鲜卑化和西胡化。北齐王朝对西胡的崇奉登峰造极,龟兹地区的游戏在北齐备受欢迎,甚至有北齐王子想当龟兹王子。

在这种背景之下，法上和尚认为孝文帝改革后的佛装不伦不类，要改变僧俗"仪服通混"状况，统一僧尼法服，恢复天竺旧统。不过，法上的这次改革很不彻底，基于中国传统的审美情趣及对当地气候因素的考量，法服改革的结果是僧尼上衣仍覆搭双肩，只是大衣作右袒式披覆。尽管如此，这次法服改革的确影响深远，披覆方式一直到唐代都是如此。

Q：犍陀罗艺术对中国的佛教艺术是否也有影响？

A：一般认为，印度佛教圣地有二，一处在印度河流域，如犍陀罗地区；另一处在恒河流域，如秣菟罗地区。作为佛教的两大圣地，犍陀罗与秣菟罗也是佛教造像的中心。两地的佛教和佛教艺术，对中国都有很大的影响，这在教义与图像方面都是如此。开凿云冈石窟的工匠，可能没有看过真正的犍陀罗佛像，但应大体了解其造型与特点。至于秣菟罗的影响，画史所记"曹衣出水"是很好的阐释。我们知道，南北朝时期的佛教画家，南方以前面介绍的张僧繇最为著名，北方地区则是曹仲达。曹仲达创造的佛像，被后人称作"曹家样"，即"曹衣出水"，就像真人从水里出来一样，整个衣服是贴体的，衣纹也像水波一样垂下去。这种样式，应该是秣菟罗佛像的主要特征。至于张僧繇所创的"张家样"，也与天竺画塑关系密切。

博雅 GE 微访谈
我们的教室就像时光机[1]

贾 妍

Q：美索不达米亚艺术与文明的具体细节难以考证，您为什么想让这一门课面向全校大部分，或者说所有的同学来开设？您能结合这个古文明谈谈对通识教育的理解吗？

A：坦率地讲，"美索不达米亚艺术与文明"这门课可以纳入北大的通识核心课体系中，于我本人也是一个"意外的惊喜"。古代美索不达米亚，也就是我们惯常说的两河流域，是人类文明诞生的地方，也是一切"文明史"探索的基石。不过在中国，过往我们对这一区域的关注比较少，即便在大学的人文学科中也是一个极为冷僻的角落，在通识教育和公众文化视野中更是难觅其踪。

其实任何一种文明，如果你不知道它，不关注它，它在你的知识体系里就是不存在的。但是一旦你的世界观里有了它，它总是会反过来影响到你。我觉得这是特别重要的一点，所以怎样完善和健全咱们整个的知识体系是一个问题。我一直觉得中国近代以来对世界的关注整体上是非常二元论的——以中国为代表的东方和以欧美为代表的西方。这里的"西方"其实是经过我们价值观筛选的"西方"，排除了中间广袤的中东和近东世界。这是人类文明体系中极为重要的一块，也是在地域上起到勾连中西作用的一块，恰恰这一块很多时候被忽略了，成为咱们中国人世界观里特别模糊的一个地带。北大学生在这一点上其实是比较幸运的，从二十年前我读本科的时代，就有老师

---

[1] 课程名称：美索不达米亚艺术与文明；受访者所在院系：艺术学院；访谈时间：2018年12月26日。

在这些冷僻的路径上引导我们。现在更是不只在北大,在中国很多高校里都开设了两河文明的相关课程,这是个令人振奋的现象。从课程所涉及和涵盖的方面讲,北大之前在语言学、历史学这些方面已经比较完善了,在古代两河视觉文化研究领域——也就是广义上所说的"艺术史"这块儿——我这门课其实是个起步性尝试,也算是未来可期吧。

  这门课作为一门面向北大所有本科生的"公选课",有幸被纳入通识核心课程体系中,我自觉责任还是蛮重大的。在备课、授课以及课后的回顾和反省中,我时常问自己:这门课想要给学生们的是什么?作为一门以"图"和"物"为核心材料切入历史与文化研究的艺术史类课程,我想,视角的建立与眼光的投射是极为重要的一部分;循"观"而至"念",这就涉及"立足点"的问题。其实西方人最早萌生对这一久远文明的兴趣,也是立足于自身,循着文化基因链上的"两希文明"(希腊、希伯来),一步步"寻根探源",最终引导了现在西方学科体系中"近东学"的建立和发展。从这个学科现在在西方仍然通用的名字——Near Eastern Studies——也能看出一种典型的西方本源的视角。

  我在国外读书的时候并不太觉得,回来教书之后才越来越体会到这种视角的差异。就像西方人当初探索美索不达米亚一样,西方人探索的是他们的"东方",我们现在探索的这一块算是"他们的东方,我们的西方"。我觉得这个文化视角在学术体系里建构起来,至少需要几代人的努力,我的老师以及更早一些时候我老师的老师做了奠基工作,我们这一代算是进一步的铺陈,可能到我们的学生或者学生的学生的时代方能形成一个带有健全的、包容的中国视角和文化观照的古代两河流域研究,一个独立的、能够对整个世界的知识体系产生影响的学科理念。当然在这一点上其实不用刻意为之,在我看来,任何一个学者的学术行为都不可能摆脱自身的文化背景,只要中国人来做它,就一定和西方学者做的不一样;前提是我们要对"自身"有一个清醒而清晰的认识才行。单就学术研究来看,其实现在国家倡导的"一带一路"倒是提供了一种很有效率也很有立场的"联系"的视角,可以让我们这种小的"区域研究"摆脱之前的孤立状态,在更广阔的时空语境和文化土壤中与其他相关学科建立联系。

Q：**作为一个源头的文明，我们期望探索它的神秘。但是对于大多数人来说，关注更多的或许并不是美索不达米亚文明的历史考古意义，而是它的审美价值，那我们是否可以只从审美的角度去看待这一文明呢？**

A：这其实是一个非常"艺术史"的话题，同时也是一个非常"西方艺术史"的观念——就是把艺术作品作为"美"的载体，在视觉文化研究中对于所谓的"美"加以关注。其实，如果探讨艺术史学史——刚好最近几年我也承担艺术学院"美术史研究方法"课程的教学工作——这个问题可以一直追溯到两个半世纪以前，"艺术史"这个学科刚刚起步的阶段。大家知道，第一本以"艺术史"命名的著作——温克尔曼的《古代艺术史》，以及"美学"领域的奠基性著作——鲍姆嘉通的《美学》，几乎是同步诞生的。而在之后的很长一段时间里，艺术史的研究确实是以美学为依托的，比如黑格尔的《美学》对于整体艺术史的构建（贡布里希甚至称黑格尔为"艺术史之父"）。

但是我想说的是，我们现在认为艺术品承载的是"美"，这其实是从西方的艺术观念中生发出来的一个理解。假如我们从文明多元性的角度考虑这个问题，无论是"美学"还是"艺术史"，都要有意识地跳出西方的"盒子"，考虑在它之外，甚至在它之前人类视觉文化中所关注的、面对的以及着力处理的问题。拿美索不达米亚的"艺术"来说（我们暂且先用"艺术"这个词），相对于西方艺术传统，其实是既"beyond"又"before"，可以说是完全超脱于西方的"盒子"之外的。那面对你刚刚的提问，我们首先要弄清楚的就是，美索不达米亚文明里究竟有没有与西方观念中的"美"（beauty）相对应的概念？如果有的话是什么？和西方的"美"的概念共通的以及不同的又是什么？这就要求我们必须进入美索不达米亚人自己的文化语境，在他们的语词、图像表达中探索寻找，而不是以一种固有的观念对其进行比附或者猜测。

拿具体的例子来讲，我们现在进行美索不达米亚"艺术"史（art history）研究，其实很困扰的一个问题，或者说很讽刺的一个问题是，无论苏美尔语还是阿卡德语中，其实并没有一个词是可以和英文中的 art 相对应的。就我所知，埃及的象形文字里边也没有这样一个对应的词。那我们研究的究竟还是不是"艺术史"？由西方生发出来的"艺术史"学科的研究方法对我们处理古代美索不达米亚的图像材料是否有效？在探讨美索不达米亚视觉材料的时候，是否可以采用西方"美学"的一些理论和方法？我想这些答案整体上都应该是肯定的，当然也要在具体操作中小心处理，区别对待。像我自己的导师，哈佛大学艺术与建筑史系的 Irene Winter 教授，早年写过不止一篇文章来探讨这类问题，我印象深刻的是她在 2002 年的一篇文章，题目就叫作"Defining 'Aesthetics' for Non-Western Studies: The Case of Ancient Mesopotamia"，力图探讨的就是西方范畴之外的"美学"观念。

其实在任何文明里，广义上的艺术都有一个共同点，就是可以依托"形式"来表达"观念"。古代美索不达米亚的"艺术"未必以传达"美"为至高追求（至少是我们惯常所理解的那种"美"），不过其依托于形式的图像"力量"的传达或者"功能"的释放，背后常常会有一整套两河文明特有的观念来支撑。比如上次课上，我们刚好讲到了新苏美尔时代拉伽什的统治者古迪亚（Gudea）的一系列雕像。对照西方艺术史中"肖像"（portrait）的概念，我跟同学们一起探讨了他整个身体的塑造方式，表情、姿态、衣冠的处理方式，铭文刻写的内容和位置，雕像所用的特殊石材的选择，以及同时期古迪亚所留下的与他的造像密切相关或者看似无关的历史记载、考古遗存等文献、非文献材料。所有的这些材料经纬交错，织成了一张我们可以用于图像研究和文化阐释的网，透过它我们能够析出那个时代、那个文化语境中相对"形而上"的观念性的东西，在某种程度上，这些就构成了新苏美尔时期带有其独特文化特质的"美学"（权且用这个词）精神。而材料的网子结得越细密，我们所能够析出的东西也就越精准。从这个角度来说，其实艺术史研究和历史研究一样，都强调对史料的全面、准确、系统的把握，虽有路径之别，却是殊途同归的。

Q：您能向我们介绍一下美索不达米亚现在大概的研究状况吗？文字破译方面我们能否抱有较高的期望呢？

A："美索不达米亚"（Mesopotamia）这个词来源于希腊语，就是指两河（幼发拉底河和底格里斯河）之间这一块，直接对应的主要就是现在伊拉克周边地区，是个比较小的地理和文化范畴。相对来说，"近东研究"的范畴稍大，它可以把伊朗、叙利亚，包括西北的土耳其，甚至于西南的埃及都囊括进来，在某种程度上可以泛指以两河流域文明为核心，辐射到整个地中海周边的古典文明地带。关于近东研究的学术史，说起来就话长了。学科的建立一般以楔形文字的破解为标志，在时间点上比商博良破解埃及象形文字稍晚，是19世纪50年代以罗林森为代表的一群亚述学家作出的集体贡献。

我自己进入广义上的"近东研究"这个领域其实是从埃及学开始的，后来去美国读博士才转到古代两河艺术史方向。从埃及到两河，感觉好像从一条缓缓流淌的小溪，急转直入一个水流湍急的河谷，两种文明给人的直观感受太不同了！两河这一块相比于埃及，一个特别重要的不同在于它的"变点"太多了。比方说从苏美尔时期到阿卡德时期，到后来的巴比伦、亚述时期，同一片地理区域内引领文化方向的族群在变，语言在变，政治体系在变，信仰观念也在变，其间还有周边部族的进入或撤出，自身文明的坚守或重塑等一系列的问题，常常让人觉得眼花缭乱，难以把握。我一开始进入古代两河流域研究的时候，觉得光记这些时期、遗址、王名、神名就一头雾水了，花了好一段时间才把基本的东西理顺。但是慢慢进入后就会发现，它里边有一些非常坚挺的文化元素，延绵千年而不绝。我想如果古埃及文明给人的观感是"以不变应万变"，那古代两河文明其实是"万变不离其宗"。

关于两河文明的研究，如果从19世纪中期楔形文字破解算起，到现在总共不到两个世纪的时间。这是一个从一开始就对考古发掘依赖极大的学科，与埃及不同，两河文明地表遗存相对较少，所以基本上算是一锹一锹从泥土里挖出来的古文明。过去的两百年，我们见证了一个未知的世界在我们面前焕然展开的过程，近东的考古史说是传奇史一点儿都不过分，里面充满了英雄式的探险和戏剧性的情节。不过进入20世纪末，特别是21世纪以来，我们也见证了已知的神迹在我们眼前轰然崩塌、幻化成灰的过程，伴随而来的是很多历史秘密永远隐去。我们亲历了这样一个奇幻的时代，ISIS一个炸弹下去，巴米扬大佛就化为齑粉，再一个炸弹下去，尼姆鲁德的亚述宫殿就沦为瓦砾。很多东西我们还来不及细细端详，它就烟消云散了，这种幻灭感在我们的时代，我这个学科中感受是特别强烈的。从你这个问题的提出，我能看出青年人对未知领域的欣喜和期待，这特别好。但是现实也要接受和面对，说实话这是一个很沉重的话题。

我觉得就"近东研究"现状来说，中国由于处在一个初创和发展的阶段，所以一切还是欣欣然的状态。但是放眼世界，真实的状况是，这个学科、这个行业在全球范围内萎缩得其实蛮厉害的，并不像之前那么繁荣。当然，西方在近东研究方面的学术积淀已经很深厚了，无论在资料上还是研究基础上，我们国内至少还需要几代人的努力才有可能迎头赶上。一个东西，你了解得越多，你未知的领域就越大，就像画一个知识圈一样，对吧？所以总是没有一个尽头。

Q：听闻您带艺术学院的同学去看了故宫的"爱琴遗珍"展，向同学们介绍了如何从局部感受整体的美，您能向我们介绍一下吗？

A："爱琴遗珍"，我们要重点讲一下，这是这个课里面一个好玩的地方。因为我之前也有了解，咱们所有的"通识核心课"都要搞一个这样的沙龙，我都讲了一学期的课了，我再给同学讲一次，其实也没什么意义，所以我就想出来这样一个活动。其实看什么展览并不重要，最关键的是要走出教室和图书馆，离开电脑屏幕，"带着眼睛去旅行"，真正地调动感官去"看"、去"想"。其实这是艺术史研究方法论中最核心的路径，却也是常常被我们忽视的路径。因为在信息时代，大家对着电脑、手机就可以接收各种各样的信息，包括图像信息，而越是这样的时代，我们就越应该强调让学生回归到看原物，看实物，否则我们接收到的只是一个幻影般的存在。我之前在课堂上和小伙伴们开玩笑说，你们这一代学生"听课"的最大共性就是真的只用"听"，一人抱一台笔记本，上课的时候对着屏幕，没有必要绝不抬头。其实上艺术史课所要求的状态和这恰恰是相反的，基本上只需要带着眼睛来。我导师一代的艺术史专业的老先生习惯于使用幻灯机教学，上课的时候就把屋子里的灯都关掉，窗帘拉严，黑漆漆的像电影院一样，学生基本没办法记笔记。当然，幻灯机也不能用文字，就是将两张幻灯图片同时放出进行对比。这是他们一代人的学习和教学方式，这种方式的好处就是强制学生投入目光。后来进入数字时代，我的老师上课也会使用PPT，不过她的PPT中基本也就是图片。她总提示我们不要在PPT中加入太多不必要的文字信息，这样听者的"目光"必然从图像转移到文字，甚至会造成一种信息干扰。艺术史的课堂，学生信息接收的"端口"应该是眼睛，信息由眼睛进入，经由老师的讲述，进入他们的脑子里，这跟其他的学科都不一样。当然这是我的导师那一代学者的信念，不过对我的影响还是很大的。我觉得这是艺术史的"入口性"的问题，也是一个基本学科路径的问题。

在现代社会，能最直接介入艺术品原物观看的场所就是博物馆了。博物馆教学其实算是西方艺术史课程的惯常传统，我在哈佛大学读艺术史的时候，印象中上的几乎每门专业课都有一个相关的 field trip，通常方式就是老师带着大家去博物馆看展，所以上课的那几年，一个学期总要去一次大都会艺术博物馆，波士顿美术馆就去得更多了。进入艺术史专业研究后你会发现，这是一个特别强调"手"和"眼"共同投入的学科。除了"看"，有条件的话能"摸"当然更好啦。

举个例子，我的导师 Winter 教授之前在哈佛常年给艺术史专业本科一年级学生开设的一门课程叫作"Cylinder Seals"，就是带学生了解、学习两河"滚印"上的图像和相关文化。这门课程限制选课人数，每次只有大约十名学生可以选，但是有幸选上课的学生就可以跟着老师观看、阅读，甚至"使用"滚印，而这些滚印都是我们从哈佛大学博物馆的馆藏中精挑细选出来、最精彩最有代表性的。老师退休前最后一次开设这门课时，我是她的助教。学生们在一次操作课上拿着距今几千年的印章，以两河先人的方式在陶泥上滚下印文时各种兴奋的表情，至今仍令我动容。我当时就在想，哈佛的这些学生们真是太幸福了！当然，现在中国大学里的教学资源和教学条件也越来越好，虽然在两河文明这部分，国内能够见到的实物还非常有限，但是带学生到博物馆看展这样的教学活动，学校和学院都是非常支持的！

回到"爱琴遗珍"这次观展活动，这个展览是比较特别的，虽然在材料相关性上与我们这门课的直接联系并不是很大，但我选择带大家去看这个展，是因为它体现了上古艺术史研究常常要面对的一些特殊的困境——比如我们看到的常常是残片，我们要做的工作很多时候是从残片里边发现原貌、复现整体。从一件小物切入一个大历史已经很有挑战了，如果所知所得的仅仅是这个小物的一个更小的局部，我们又该如何？在这种情况下进行艺术史的研究会不会是一个注定悲哀的结局？有时候这种非常狭窄的入口是很考验学生的兴趣点的,但是它确有其动人之处。带学生看展的时候,我跟他们说了一些比较感性的话——你看到展览里展出的各种各样残缺的人像和物件,以某一种姿态呈现在我们面前,但中间其实经历了许多时空的偶然和历史的机缘。你想想,它们在不同时期不同地域的不同作坊里被创造出来,装进商船,因公元前1世纪的一次海难事故长眠水下,到了20世纪,又经历了两个时代的水下考古才得以复见天日,它们所呈现出来的其实已经不仅是"物"的本身,还有它们所经历的商贸史、文化史和考古史。它们就像一颗被历史偶然聚合的琥珀,经历了所有的这些挣扎和努力,在今天北京的故宫里面和我们遇见。文化上、历史上的这些异质性被消化、安放在了一个"共时同境"的关系里,你看着它,它看着你,这种感觉是非常奇妙的,也很难得。

可能你们现在还没有对艺术史产生这样的感受。我记得很多年前我大概像你们这么大的时候读米兰·昆德拉的书,里面有一个比喻特别打动我:托马斯形容他看到特蕾莎时,就像在床榻之侧偶得一个草篮里顺水漂来的孩子,他怎么能任由她再次漂向狂暴汹涌的江涛?这是一种特别奇妙的机缘,是生命中不能承受之轻。其实我常常觉得我们今天在博物馆里见到的这些留传千年的文物(碎片)也像是汹涌的历史中顺流漂来的孩子,它们经历千难万难后呈现在你面前,你不伸手去抓住它,尽己所能地保护它、了解它,它可能就永远消失在狂暴汹涌的江涛里了。这是我们文化中所不能承受之轻。

所以那天我跟学生说,当你看到那个孩子的手的时候,当你想要去伸手触碰它的时候,有可能这个东西会改变你一生的走向。对我来讲,最早陷入这样一个古代研究的圈里,其实完全没有任何"理想"或者"预谋",就是因为某一次上某一个课,喜欢某位老师,用心写了某篇文章,然后一步一步仿佛宿命般走到今天。不过有一点和少年时代是没什么变化的,就是好奇心,特别想去追索这些神秘的"流婴"背后的一些真相。

我觉得艺术史这种从"碎片"入手的研究,打个不一定恰当的比方,就有点像西游故事里那个碎掉的"琉璃盏"。原来它是完整的,但是在某种情境之下,它被打碎了。你可以单纯地将它作为碎片来欣赏、观看，也可以像《悟空传》里面的沙和尚那样，一辈子都为寻找、拼合碎片而努力。不过无论是完整的还是残缺的，我们都要意识到它构成了一种历史的存在，它的历史价值与完整性和它的收藏价值无关，从这个角度去认识它，了解它，阅读它，才是艺术史的方法。埃及神话中也有一个关于打碎、拼合与重生的故事——女神伊西斯从整个埃及的大地上找到、集齐丈夫奥西里斯被恶神肢解的尸体，将其拼合完整并做成一个木乃伊，于是奥西里斯才得以复苏并获得永恒的生命。其实我觉得这也是一种文化的隐喻，为我们每个奋斗在上古领域的"沙和尚"找到了工作的意义。

Q：中国古代、基督教和美索不达米亚文明中都有捏泥造人的故事，这与人和大地的联系是密切相关的，您能给我们讲一下美索不达米亚文明中人和土地以及人和神之间的联系吗？

A：古代两河的创世神话里，人的确是神用泥捏的，也的确体现了人和大地的密切联系——在农耕文明发源的两河地区，首先是人和人赖以生存的一种最普通又最重要的自然资源之间的密切联系。两河地区整体上自然资源特别贫乏，尤其是苏美尔文明萌生之地，南部美索不达米亚地区，幼发拉底河和底格里斯河冲击形成的平原地带，淤积层非常厚，一方面土地肥沃适合耕种，另一方面矿产、植被等自然资源都非常贫乏。我在哈佛大学上两河考古导论课时，老师作为课程开场白的几句话给我的印象非常深刻："苏美尔人除了泥土、芦苇和水几乎一无所有！"但也就是用这三种基本元素，他们创造了人类最早最伟大的文明。泥土，恰恰是这种文明依托和呈现的一种基本形态，比如泥板文书，又如泥砖塔庙。从这个意义上其实不难理解为什么在两河的创世神话里，人也是神用泥土捏就的。

那么神用泥土来做人又是为什么呢？创世神话 *Enuma Elish* 里说得很清楚，就是为了伺候神，作为神的仆役为神所用。但是我想强调的是神话文本里面一个很有意思的细节：虽然神用来造人的泥土很普通，但是用来和泥的液体却不普通，必须来自神的血脉！最终为造人献出血脉肌体的是一位叫作 Kingu 的神。我觉得这个神的角色在西方的创世神话里，有点咱们盘古的感觉（名字也很像）——他的血肉铸成了一个新的文明肌体，在这个意义上，人和神是血脉相连的。

所以两河文明的观念里，"人"的概念是特别值得关注的。一方面人是卑微的、速朽的，就像吉尔伽美什，即便俊美无俦、英勇无敌，并且拥有三分之二神的血统，还是无法获得所求的永生；另一方面人又是高贵的、充满尊严的，还是以吉尔伽美什为例，他获得女神的垂爱又拒绝了女神的求爱，他虽求长生而不得，但最终通过丰功伟绩让自己名垂青史，以不朽之名达到了永生之命。这种既渺小又坚韧的人性的尊严感在两河的神话中体现得非常明显。

Q：我们中国是没有像西方那样的雕塑的，同样我们中国也没有发展出西方式的宗教，我想问一下西方的雕塑和宗教有什么关联吗？

A：你这个问题本身其实是有很多商榷的空间的，我们暂时放下不论，单从"雕塑"的角度来说说。跟宗教相关的雕塑，其实只是一类雕塑，古代美索不达米亚有很多类的雕塑。当然，大部分的雕塑做出来，在某种程度上都具有一定的信仰意义。我没有用"宗教"这个词，因为作为一种体系性的信仰，宗教是一个很复杂的概念，首先怎么定义宗教，就是一个大问题。

"塑造"这件事情在两河是有着很深的含义的。刚才我们说过两河没有"艺术"这个词，但是其实也不能完全说没有"艺术"的对应物，因为两河的确有着类似于"工艺"或者是"塑形"这类与艺术相关的概念的。这要说起来话就长了，可能要从神话体系中的智慧之神恩基（Enki）说起。他是两河观念中生命的源泉、地下甜水（Apsu）的守护神，同时也是人类文明的司掌者。由于在两河的观念里，万物皆以水赋形，所以掌管文明之水的恩基自然成了一位"塑形"之神，或者在某种程度上可以理解为"艺术"之神。塑形造像这件事情对古代两河的人来讲特别重要，他们不仅给神塑形，也给人造像。这些"像"在阿卡德语中有个专门的词叫作 salmu，我们可以在不同的语境中把它翻译成雕像、画像、肖像等，但是这个词的本义就是"相似物"（likeness），与中文的"像"似有共通之处。

这些作为神或人本尊"相似物"的"像"，在两河的传统中都是"functional images"，是功能和意义的载体。就比如说我们刚刚提到的新苏美尔时期的统治者古迪亚，他给自己造了很多像，大大小小，或坐或立，存世的就有二十多尊，每一尊都是为某种特殊的用意建造，是一种观念的承托,也是其王权的一种物化体现。

作为研究者来讲,我们对待这些"像"的态度与两河先人必定是不同的。在我们眼中,这些"像"更多是观看和研究的客体,而并非承载功能与含义的媒介(至少这些功能与含义不直接"施动"于我们)。换句话说,时移世异,在历史的长河中我们已经遗失了去理解这些"像"的具体语境。但是也正因为如此,当我们从事研究的时候,就更要考虑它们的文化原境问题——毕竟两河的先人在创造某个像的时候并不是把它当成单纯的一个像、一个物件、一个客体、一个对象来看待的,它可能是要被放到神庙里用于供奉朝拜的,或者是深埋于地下作奠基献礼之用的……如何在研究中,在不丧失客观视角的情况下,重构图与物本身的多重语境,复原它的含义和功能,都是很重要的。我觉得就"塑像"这件事情来讲,这是一个尤其复杂的问题。

Q:研究古文明是一件很艰苦的事情,但是古文明又是非常吸引人的。作为外行人,我们应该怎样去了解像美索不达米亚文明这样的古文明呢?

A:其实面对看似深不可测的古文明,我们都应该带着上面说的两河的人在神面前的渺小又坚韧的尊严感。前面聊了那么久,其实对于美索不达米亚,对于所谓的"古文明",我说得够多了,这里就稍微谈谈我们怎么从"艺术史"的视角了解或者看待古文明吧。

我自己是从历史学专业转入艺术史研究的,之前的一些同学好友见面有时候会半开玩笑地说,你现在也是"艺术圈"人士。对,直观感受上,"艺术"相关的专业相较于历史的"厚重",的确显得比较"轻盈",另外可能"艺术"这个词因为涵盖面很广,有时候也会给人门槛比较低、入口比较大的印象。其实我想说这是一件好事儿,也是这个专业最有趣的地方。面对一个艺术作品,每个人都会有所见、所思、所得,任何人都可以有话说。可能是研究性的话,也可能是评论性的话,有的是是非判断的话,有的是价值判断的话,都不一样。即使我女儿——几岁的孩子——看到英国国家博物馆某件两河艺术里面她完全不了解历史语境的藏品,她也会说,妈妈,我喜欢这个,不喜欢那个,这个好看,那个不好看。这些东西她是有基本判断的。所以我觉得这个好处就在于,凡是有兴趣的人,都不用特别见外地称自己为"外行人",

都可以进去。

　　但是一旦进去之后，也即你真的想进行某一种艺术史研究的话，它又是专业性非常强的。它有自己独特的方法论建构，但同时作为交叉学科，又在各个方向、各个层面与其他学科相连。在真正进行研究的时候，你光看到它还不够，你还要想，你究竟怎样研究它。比方说，你是直接从它的外在形式入手，来进行所谓的"风格"层面的探讨，还是说想讨论这个形式背后的一些文化涵义。所以欢迎小伙伴们都来学我们艺术史！不仅仅是上我这一门课，了解一些古代"艺术"——美索不达米亚的有趣的图和物，如果有更深入的兴趣，也希望大家多尝试了解我们"艺术史"学科。其实我一直在课堂上强调，我希望通过这些材料的引入，让同学们知道，这些图和物在两河的文化语境中是什么，有着怎样的存在状态，为什么以某种特定的方式呈现，可以或者应该被怎样观看和阅读，我们又能通过怎样的路径来接近、了解它们，从而通过它们——就像一扇窗户一样——来窥视到其身后更广博的历史文化。从这个意义上讲，我们的教室就像时光机，或者说，每件远古的"艺术品"都是一个时光机，乘着它可以回到人类久远的故乡，这是多么美妙的一件事！

博雅 GE 微访谈
兴来忽开卷，重与细论文[①]

吴晓东

Q：在之前的微访谈中，您已经介绍了一些自己对于通识教育的理解，如对文科来说，需要触碰、解读经典；您也提及需要在通识教育实践中逐步发现更多有待解决的具体问题。除了主讲的"中国现代文学经典选讲"，您还在另一门通识核心课程"大学国文"中负责过部分内容。请问，在您近两年的通识教育实践中，是否有一些新的发现和思考呢？

A：因为"大学国文"课程我每学期只在其中讲四次，讲不了太多的内容，所以我觉得开设了两度的全校重点通识课程——也就是这学期讲的"中国现代文学经典选讲"——可能给了我更多的时间来思考通识教育这个话题。上一次接受"通识联播"微访谈差不多是两年前，两年后再度思考这个话题，我觉得首先可能还是要解决读什么的问题，也就是说经典教育的首要问题还是要让同学们知道什么是最好的东西，一定要先从最好的、经典的作品读起。所以"中国现代文学经典选讲"这门课也是想和同学们一起触碰一下现代的中国文学经典，目的是让同学们了解什么是现代文学经典、现代文学经典的意义，以及应该读哪些现代文学经典。

我这两年间关于通识教育的核心感受，可以概括为两个关键词，第一个是"读"，第二个是"悟"。所谓的"读"，想强调的是读经典的方式，应该精读、重读，还有细读、慢读。精读就不用说了，重读在某种

[①] 课程名称：中国现代文学经典选讲；受访者所在院系：中国语言文学系；访谈时间：2018年11月。

意义上也是读经典的一条必经之路。就像卡尔维诺所说,"经典是那些你经常听人说'我正在重读'而不是'我正在读'的书",换句话说,真正的经典是必须要重读的。比如《红楼梦》,一个"红粉"可能会在一生中读上几十遍,仅浮光掠影地读上一遍是很难深入领悟《红楼梦》的博大精深的。再就是细读和慢读。经典一定不能读快了,你只有细读和慢读才能真正地去感受、去琢磨、去思索,这就是"悟"的过程,从而才能把对经典的感受化为自己悟性的一个部分,化成自己的审美感知的一个部分,或者说最后真正积淀到自己的审美结构和情感结构中,才能使一部经典的价值真正化为你自己的血肉。只有采取这样的读法,经典才真正对你起作用。所以我在两年之后想强调的就是这两个关键词,一个是"读",一个是"悟",而读的目的其实是悟。

Q:"中国现代文学经典选讲"这门课程选课的学生达 180 名之多,其中 77 名来自中文系,但很多同学并非现代文学专业,会从事现代文学研究的选课生也只是寥寥数人。此外,选课学生专业背景迥异。请问,您认为中文专业的本科生应该如何对待中文系内部的"通识教育"——语言、文学和文献三方向的小专业[①]?作为现代文学研究者,中文系的语言、文献专业带给您什么样的启发?您希望非现代文学专业的学生如何对待这门课程?

A:关于中文系内部的通识教育,这个问题提得很好。我没想到有 70 多位中文系的同学选我这门课。大约是在 2002 年,中文系的学生进了北大之后,本科前两年不分具体专业,这跟我当年进北大读本科的时候不同。我进北大的时候,专业方向是在高考填志愿时就要决定的,我填报的是"中国文学"。所以还没进北大中文系,我就知道我要学的是文学专业,入校后才知道中文系还有汉语言专业和古典文献学专业。虽然我们文学专业的学生在大一时也要学古代汉语、现代汉语,但是语言与文献专业的更专门的课程我们一般也就不会去选修,比如"文字学""音韵学""训诂学"这些课程。所以我觉得当年我们文学专业的大部分同学在这些方面的知识多多少少都有些欠缺,比如我自己没有学过

[①] 北大中文系本科细分为中国文学、汉语言、古典文献学、应用语言学(中文信息处理)、汉语言文学(留学生)五个专业,可以归为语言、文学、文献三个专业方向。——编者注

"中国古代典籍概要"这门课,对中国古书的了解就有所不足。有文献专业的老师拿古典文献的一些知识来考我,我就觉得我在这方面比较无知。可以说,当年中文系的本科生各专业之间还是存在壁垒的。但现在进了中文系,前两年不分专业,文学、语言、文献专业的很多基础课,本科生都要上,我觉得对于打通中文系三个专业方向的学科隔膜,在中文系内部营造所谓的"内部的通识教育"学习机制,实际上是特别有帮助的。像我最后选择的研究方向是现代文学,其实这个学科就并非是和古代文学、传统文化相脱离的,甚至可以说现代文学是在古代文学的滋养中生成的。至于语言学,我们都说文学的载体是语言,文学是以语言为媒介的,所以语言学专业知识对文学研究,比如对我们这些现代文学专业的学者深入了解语言的魅力,进而揭示文学的魅力,也同样是必要的。所以我觉得现在的中文系本科生学科体制的设置打通了三个专业的壁垒,是一个特别好的举措。

接下来回答你的第三个问题:"希望非现代文学专业的学生如何对待这门课程?"因为选这门课的同学大部分还是来自非中文系的本科生,涉及很多院系,而这门课作为通识核心课设计的初衷本来就是给非文学专业的同学开的课,希望有助于非中文系的同学了解和体悟什么是中国现代文学经典,以及现代文学经典中所蕴含的现代人的思想、情感和审美感受,从感知现代经典的角度来对待这门课。所以这门课的目的之一就是希望其他院系的同学进一步了解现代文学经典的魅力,了解现代文学经典的重要性,因此这是一门普及性的通识课程。即使涉及文学的专业术语、专业知识,也尽量从普及性和通识性的意义上进行传授,力求让其他专业的同学既感受到文学本身的魅力,也多多少少获得一些看待文学作品和文学经典的专业眼光。

Q:您在春季学期开设有中文系专业课"中国现代文学史"。在上一次的微访谈中,您提到文学史的授课思路侧重把握和呈现历史脉络、文学规律和作品延承性等,而把作品选读的思路带到了"中国现代文学经典选讲"这门课上。您希望通过经典选讲,让大家把现代小说经典理解为认知20世纪乃至21世纪人类生存境况的重要途径,并通过这些文学经典理解中国自己的20世纪的文化传统。一部分现代文学作品似乎非常适合"消遣"地泛读,但"触碰"层面之外的、对作品的深度理解

和阐释，在获得对当下和传统的自觉认知时又是不可或缺的。那么初学者在日常阅读中，对于感性阅读和学术性阅读这两种方式应该如何取舍？感悟和联想应该如何取舍？

A：你的这个问题触及文学阅读中感悟和联想的重要性，感性阅读和学术性阅读的差异性以及关联性的话题。首先我想谈的是，感性阅读是一切文学阅读的出发点，但其实也是归宿。一切文学阅读的前提、途径甚至是归宿点其实都是感性的，必须涵容情感内涵以及审美态度，因为文学区别于其他学科领域的本体的规定性，其实就是感性和审美性，是文学作品中所蕴含的感觉方式、情感结构和审美意识。所以，即使是消遣性的阅读也必须是以感性阅读为前提与指归的。但如果阅读只是消遣性的阅读，或者说所有的阅读方式都是所谓泛读，那么文学作品中内在的丰富的情感结构和思想内涵，就很难化为一个人的心理、情感和认知结构的组成部分。所以经典阅读中，深度阅读包括学术性阅读也是必需的。就像我刚才提到的，读作品必须要细读，要深入体会。而所谓学术性阅读，对非文学专业的读者来说，就是在精读作品之外，还要读一些关于经典的研究性著作和分析性文本。因为经典的文学作品也造就了同样经典的研究著述，有时候关于经典的研究著述甚至和经典的文学作品一样有名，或者说同样重要，同样可以启发心智。经典是必须被阐释的，而经典的阐释者也同样参与了对经典的塑造和经典产生影响的过程。

举一个经典的例子。《哈姆雷特》和《堂吉诃德》，这两部非常经典的西方作品，关于它的经典解释之一就是俄罗斯文学家屠格涅夫作出的阐释。多少年来，文学史家一直津津乐道一个有些神奇的史实，这就是屠格涅夫在1860年写的《哈姆雷特与堂吉诃德》一文中曾经指出的：世界文学史上堪称最伟大的两部经典著作，莎士比亚的不朽悲剧《哈姆雷特》的第一版与塞万提斯的传世小说《堂吉诃德》的上集"是同一年出现的，同是在17世纪初叶"。这个偶然的时间巧合在屠格涅夫那里被赋予了特殊的文学意义："我感到《堂吉诃德》与《哈姆雷特》的同时出现是值得注意的。我觉得，这两个典型体现着人类天性中的两个根本对立的特性，就是人类天性赖以旋转的轴的两极。我觉得，所有的人或多或少地属于这两个典型中的一个，几乎每一个人都或者接近堂吉诃德，或者接近哈姆雷特。"屠格涅夫的观点既揭示了哈姆雷特与堂吉诃德这两个文学典型对人类理解自己的天性的意义，同时也启发我们去进一步理解什么是文学经典所应该具有的魅力和品质。一个反映着人性的基本层面的文学经典形象，其重要特征是多重阐释性，屠格涅夫充当的就是这样的阐释者。而屠格涅夫的这一阐释其实也同样深刻地影响了后人对于这两部作品的理解。所以学术性阅读就是通过对这些经典作品的研究性著作的阅读，加强自己的学术性认知或专业性体认，这样才能加深自己对文学经典的真正理解和体悟。所以感性阅读是前提，学术性阅读是对经典理解的深化，两者应该是缺一不可的。一般的读者可能更倾向于感性阅读，如果没有时间和精力，可能不大有兴趣尝试学术性阅读，这也是可以理解的。但即使是感性阅读，也应该加强精读、细读的环节。如果在这个过程中，抽出点时间，辅以一些学术性或研究性的著述，可能对经典的体悟会有非常大的帮助。

Q：您在《废名·桥》（2011）的《序言》中指出，希望借废名小说《桥》的个案探讨"寻求一条把文本的审美化微观分析与文化诗学的总体视野相结合的途径"，"形式诗学最终必然要导向文化诗学"。在具体的阅读过程中，如何从"感悟"到达"审美化微观分析"？如果说微观诗学范畴的提炼，可以源自文本并得到微观诗学的具体支持，那么"文化诗学的总体视野"应该如何培养？把文学经典作为理解社会、历史的一个领域，是需要由微观阅读进入社会、历史的整体视野，还是在具备整体视野的前提下，借由经典阅读进行反观与反思？抑或两者兼之？

A：这个话题与上一个话题有延续性。从阅读的角度来说，感性阅读是达至审美化分析的重要前提。只有通过对作品的感悟，或者说通过悟性的参与，最终才可能达至一种审美化的分析。如果试图对作品进行审美化分析，可能多多少少还需要一些专业的诗学训练或者说文学理论训练。当然，一提到诗学训练或者说文学理论训练，对以文学为志业之外的读者来说好像特别"高大上"或者专业性特别强，但实际上并非如此。文学理论的训练和修养并不一定非常专业化，如王国维美学理论中的某些范畴，如《人间词话》中的"境界说"，关于"隔与不隔"的审美标准，其实很多人在中学语文的学习阶段就已经了解了。很多中学语文老师都把王国维的美学范畴和思想灌注到文学解读和鉴赏的过程之中，所以王国维美学理论已经进入了中学生的审美认知结构，成为普及性的文学理论常识。这样的一些理论性分析或者审美性表达，对于深入认知经典是很必要的。

　　但关于"文化诗学的总体视野"应该如何培养的话题可能就涉及一些比较专业的文学理论，背后有一种需要经过专业训练才能够达至的对文学进行整体研究的思路。这是一种从微观阅读的角度出发，最后把文学放入社会和历史的整体视野中进行观照的思路，即把文学理解为文本审美形式与时代以及文化的整体结构彼此互动的产物，这就是"文化诗学"所处理的文学研究课题。笼统地说，"文化诗学"倾向于认为：文学文本并不是一个作家闭门造车就可以创造出来的孤立的产物，而是作家经由自己所身处的时代、历史语境，濡染了时代的审美风尚，也同时受到了一个时代的审美机制的制约的产物，甚至要兼及出版、消费、读者阅读等一系列综合因素。而你所提及的"需要由微观阅读进入社会、历史的整体视野，还是在具备整体视野的前提下，借由经典阅读进行反观与反思"，"抑或两者兼之"的思路，我觉得在某种意义上近乎所谓的"阐释的循环"的过程。所谓"阐释的循环"，是说我们对一部作品的整体观照是要建立在对作品的每一个细部的理解或者微观分析的基础之上的；但是观照一个作品的局部细节，则又需要你有一个整体的眼光，这就是所谓的"阐释的循环"，描述的其实是文本阐释所必经的整体与细部之间的一个循环往复的过程，在这样一个从整体到细部再从细部返回整体的一次次循环阐释和循环理解的过程中，阐释者才能获得对文本的整体和细部的充分理解。"阐释的循环"涉及的是整体和细部之间的"阐释的悖论"关系，因为如果没有整体观照，又如何理解细部呢？但是如果不通过对细部的理解又如何达至一个整体的认知？表面上这是个悖论，但实际上就是在这个循环往复的阐释过程中，我们才能对整体和细部都达到一种真切的认知和把握，因此本质上是一种辩证关系。这可能就是你所提及的微观阅读与整体视野之间的关系。

　　Q：**在被经典化之后，文学作品的形式和审美性很容易给人以温柔的安慰，而背后的原因常常又是初学者所习焉不察的。未经过系统训练**

的本科生，应该如何逐步练习"阐释"的能力，把作品中的"好"说出来？"阐释"是否会有再创作的性质或危险，使得"文本消失于阐释之外"？

A：这个问题也特别好。尤其是"温柔的安慰"的措辞，我觉得特别给人以一种"温柔的安慰"。因为它让人的心灵感到温暖和柔软，可能这恰恰是文学的功能所在。真正好的文学作品，它的情感形态、它的审美内涵，的确会使人的心灵感到温暖，进而感到柔软，从而也有助于个体和群体，甚至一个时代减少戾气，减少乖张，达到和谐之美。而当今社会好像乖张和戾气越来越严重，在某种意义上可能跟文学的缺位有关。

你提到了阐释是否会有再创作的性质或者危险，会不会通过阐释恰恰使"文本消失于阐释之外"，这个问题也特别有洞见。我觉得真正的阐释是解释文本的内在结构和内在意蕴的必经之路。尤其是经典文本，它的复杂性和丰富性，必须经由阐释才能揭示出来。而真正的经典也是不断地存活在后人的阐释和再阐释的过程中的，这样经典才能获得当下性，进而不断获得活力。一部真正意义上的经典，经得起后人的不断阐释，而且不断与后世进行对话，它的丰富性在任何一个时代都能被发掘出来。当然这里需要排除的是所谓的过度阐释，你所谓的阐释可能具有再创作的性质，或者说使"文本消失于阐释之外"的危险，可能就是来源于过度阐释，或者说脱离文本的阐释。假如有些阐释是经典文本中所没有的东西，或者是不太贴近经典文本的，就会把后人自己的主观意愿过多地强加在经典文本之中。这就涉及阐释的限度问题，任何阐释都是存有它的限度的。

至于如何逐步练习阐释能力，我想强调的还是要多读经典文本，然后再读一读文学经典的"经典阐释者"们是如何阐释经典的，这样往往就可以在经典的既有阐释中学到阐释的能力。也就是说，阐释的能力也有待于在阐释中获得。

文学研究的方法和视野

Q：您在上次的访谈中提及，研究方向的选择曾经很受师长钱理群老师的影响，"钱老师认为现代文学可以上溯到古代文学，下沿到当代文学，其所处的时代更加波澜壮阔。在这个意义上，现代文学的研究充满了可能性"。您在课程讲授和著作中也常常提到现代文学作品中可与古典文学对照的细节，比如语言、形式的审美分析或对比。然而，现代文学研究的主要资源和方法看似偏向西方，研究者应该如何看待古代文学传统？

A：这也是个很好的问题。你判断"现代文学研究的主要资源和方法看似偏向西方"，这可能和现代文学这个历史时段的特殊性有关。首先，支撑现代文学的是所谓的现代性，现代性当然主要是西方先行获得的，西方在现代性的追求上是走在前面的。其次，现代的大部分作家，现代文学中的很多作品，也受到了西方的影响。相当一部分现代作家都是留学的"海归"，他们的读书生涯、认知方式和对文学的理解当然也深受西方的影响。再次，现代文学研究的既有范式和经典方法很多也是从西方借鉴而来的。在这个意义上，现代文学研究的资源和方法偏向西方具有历史的必然性。

但另一方面，我觉得你比较强调如何看待古代文学传统，这也是现代文学研究者所必须重视的。其实，一个国家的传统文化资源构成的才是真正的内生性的血脉，这种"内生性的血脉"构成的是一个文明自己造血的机制。如果没有自己的文化传统来为自己的文明造血，那只能从外部输血，而从外部输血只能解决一时之困，不可能解决永远的生存问题。所以在这个意义上，传统文学资源是维系我们自己生存的血脉般的养分，所以是非常重要的。

最后我想强调的是观照现代文学或现代文化的双重坐标，只有建立了双重坐标才能生成更为合理的观照眼光。西方影响如果被看成是横坐标的话，那么传统构成的就是纵坐标，而纵横坐标的交汇点就是现代文化。正是这种纵横双重文化视野，最终塑造了它的现代文化交叉点，也就是现代文学生成的历史语境，这也是观照现代文学的一个最合理的方式。从这个意义上来看，包括鲁迅这样的最重要的现代作家，其实对中国古代文化和传统是知之甚深的。比如中国古代小说史的研究就肇始于鲁迅，鲁迅可以说创造了古代小说史的一种研究范式。很多现代作家身上都有深厚的古代文学的积淀，而且这种积淀是从小就灌输到自己的基因和血脉中的。所以很多现代作家反而要故意忽视或轻慢自己身上固有的文化遗产，比如鲁迅就说不要读中国书，其实正是因为传统文化是他与生俱来的积淀，所以才刻意在现代文化的历史背景中强调外来的影响和刺激的重要性，但背后仍然是一种古代和西方双重视野的辩证观。

Q：关于西方文学及理论的学习，有无后学可以借鉴的门径、经验以及建议？作品阅读和理论积累应该如何相互促进？

A：理论和经典文学作品之间也需要建立一个彼此互读的或者说参照性阅读的模式和习惯。我想继续强调的是，读西方经典文学作品的同时，最好也读一读西方的学者、理论家的阐释性或批评性的著作。一个不错的例子是《论卡夫卡》。就我个人的阅读经验来说，当年我在读了卡夫卡的《变形计》《城堡》之类的作品之后，觉得很难理解，不太容易进入卡夫卡的文学的以及哲学的世界。但当时出版了社科院叶廷芳先生编的《论卡夫卡》，收录的都是西方理论家和批评家大半个世纪以来关于卡夫卡的经典论述。读了之后，我对西方的现代派作品乃至西方整个现代派得以生成的文化背景，甚至是西方文学理论，都有了一定的了悟，同时也了解了一些分析作品的方法。《论卡夫卡》这样的研究著作，其影响是综合性的。所以《论卡夫卡》这类著作当年对我们这一代人理解卡夫卡，以及理解西方现代派文学和文化，起到了非常大的作用。

另一方面，也可以同时读上一两部深入浅出的西方文学理论著作。即使是非文学专业的读者，我觉得也是应该去读一些的。而且越是非文学专业的读者，读了这样的文学理论著作之后，可能对文学越有兴趣，越能激发出对文学的热情。我推荐三部对非专业的同学也算得上深入浅出的文学理论著作，第一部是米勒的《文学死了吗》，译者是北大中文系比较文学专业的秦立彦老师，文笔非常好。第二部是英国著名文学理论家伊格尔顿的一本通俗理论读物《文学阅读指南》，里面有很多深入浅出的例证，比如还讨论了哈利·波特，也赶了个时髦。第三部是卡勒的《文学理论》。这三本都不算特别高深，门槛不是特别高，无论是对文学专业的同学，还是非文学专业的同学，我觉得都会有帮助。

Q：作为研究者，对于持续关注的问题或作家作品（比如废名），随着时间推移也许会产生异于从前的看法，那么如何化解这种"缝隙"

（比如写作或补订前作）？或者说，随着研究方向的转移，一些心里的矛盾或隐忧是否会暂且耽搁下来？

A：这个话题也很有意思。其实一个研究者的研究，多少也类似于作家的创作。我们经常看到一个作家"悔其少作"，然后大面积修改自己当年的作品。现代作家中这个现象非常普遍。但是很多现代作家修改作品都有一些政治性原因，修改作品中那些不太符合新时代的意识形态的内容，这造成了现代文学作品很多个版本之间的差异问题。当然研究这些版本差异，研究一个作家是如何修改自己的作品的，也是一个专门的研究领域。但我个人觉得任何创作都有其时代性、历史性和阶段性，一个时代的创作也好，研究也罢，既然是特定时代的产物，能够不改就最好不改。当然也有些研究者对自己以前的成果不大满意，但后来也不大去问津，多半是因为自己的研究兴趣有所转移，所以即使旧作中留有遗憾，也往往让它作为遗憾存留于自己的研究史中。

我个人觉得金庸可能是个例外。金庸的作品经过几次大的改动，因为他的作品最早是在报纸上连载的，连载过程中有时欠缺一点整体的设计和规划。所以现在我们能读到的三联书店出的《金庸作品集》那个版本，其实是金庸几次修改后的定本。而在金庸修改的过程中，无论是小说结构、人物塑造还是语言表述，都有个不断完善、臻于完美的过程。我觉得这样的经典作品可能需要这样逐步完善的过程。

Q：我还想延续上一个问题发问：以"挽歌"情怀来理解废名的《桥》，能否照顾到小说中的所有细节？"'女儿美'只有被观看才能成立"的视角，这是否涉及"美有没有自足性"的问题？

A：用"挽歌"情怀来理解废名的《桥》，肯定不能照顾到小说中的所有细节。为什么提出"挽歌"作为观照《桥》的总体视野呢？这是因为，我试图为《桥》寻找一种总体性的审美动机，或者说追问的是废名写《桥》时其审美动力以及文化动力是什么。我认为只能用"挽歌"情怀来进行阐释和理解，也就是说，废名试图为现代性冲击下的乡土文明唱一首挽歌。这是他写作《桥》背后的某种审美情怀。而这种总体性的观照总是有它固有的局限的，这一种宏观概括肯定不足以兼顾到小说中的所有细节，这一点肯定是毫无疑问的。但是如果对《桥》这样的一个"乌托邦"式的或者说"田园牧歌"式的小说，缺乏这样一种从审美动机和文化动力的角度进行的观照，好像又有所欠缺，所以我当时找到的是和"牧歌"范畴相对应的"挽歌"情怀。而"挽歌"实际上是"传统遭受现代性冲击"这样一个转型期文化所固有的文化视野，就像苏联作家帕乌斯托夫斯基的《金蔷薇》所阐释的，俄罗斯的作家在从近代向现代转型，即从旧俄罗斯时代向社会主义时代或者说苏联时代转型的过程中，同样普泛地蕴含着挽歌情绪。

至于"'女儿美'只有被观看才能成立"的视角是否涉及"美有没有自足性"的问题，应该说背后肯定涉及美的主观性和客观性之争，事关美学的一个最具本体论的问题。这个问题无论是在西方美学史中，还是在中国现当代美学史中，都是众说纷纭。这个话题我自己显然没有能力介入，但是，就《桥》中所展现出来的作为一个审美主义者的男主人公小林形象而言，《桥》中的女儿之美恰恰是在他审美的目光中才得以生成。当然，《桥》中的女儿之美的客观性肯定是存在的，但如果一种客观之美始终没有审美主体去进行观照，那么它对于人是有意义的吗？"审美"这一字眼中有个"审"字在里面，是谁在"审"？当然是一个人在审。或者说，既然是一个主体在观照某种客观的美，那么这种客观的美也必然内涵着某种主观性。这就像最近几年人们越来越喜欢用量子力学的眼光来观看世界，强调的是观看的主体会影响到客体的存在方式，这就是"薛定谔的猫"这个著名范畴中所隐含的一种观察状态。对象的存在状态在某种意义上是决定于观察者的。那么在《桥》中，女儿之美只有被小林观看好像才能映入我们的审美视野，在这个意义上，我想强调的就是观看主体的重要性。我想说，《桥》中其实生成了一个审美的观照者，这种观照者的形象贯穿《桥》这部小说始终。当然这种理解肯定有片面之处，但是可能反而会揭示出《桥》中审美意蕴的一些比较深刻的面向。

Q：如何看待沈从文笔下的"湘西"和"中国"之间的关联？"湘西"仅仅是一个乌托邦式的牧歌神话吗？两者之间是理想与现实的简单对立关系吗？沈从文是想借助"湘西"和什么对话呢？

A：这个问题也很深刻。首先是沈从文笔下的"湘西"和"中国"之间的关联问题。"湘西"是"中国"的一部分，当然"湘西"也是"中国"有独异性的一部分。借助于"湘西"，我们可以丰富对"中国"

这个话题的体认。因为在"五四"启蒙主义的话语背景下,"中国"的形象被视为一个有待启蒙的、要进行国民性反思的形象。这可能就是以鲁迅作品为代表的一系列小说,比如《阿Q正传》所塑造出来的某种中国形象。假如一个外国人想借助小说来了解中国,他从《阿Q正传》中所看到的就是这样一个需要改造国民性的形象。"五四"时期的这种改造国民性的中国形象有其历史合理性,但可能也会掩盖中国文化传统中那些本来应该比较美好的东西。沈从文恰恰在对"边城世界"的"田园牧歌"式的观照中发现了这样的存在。当然,我们不能说这样美好的东西是湘西所固有的。我们也只能说它们是沈从文发现的,甚至是发明出来的,这就像刚才回答那个"女儿之美只有在小林的观照中才能生成"的问题一样。湘西真的就是固有的田园牧歌吗?其实我们看沈从文写的《湘行散记》《从文自传》等作品,我们还是能够发现一个更真实的湘西,它并非全然美好。但是沈从文是有意把湘西写成一个田园牧歌神话,他试图传达关于中国乡土的某种田园牧歌的属性。在这个意义上,湘西作为中国传统文化的某种表征,就和鲁迅式的对乡土的理解构成了某种参照。所以,湘西的意义也许从这个角度去理解才能体现出它独特的价值。沈从文虽然想把湘西作为一个乌托邦式的牧歌神话来进行写照,但是他毕竟是一个忠于自己的感受和自己的现实认知的现代作家。他其实也看到了自己的牧歌世界的乌托邦属性,或者说幻象的、虚假的属性,所以他其实也揭示出田园牧歌背后某种真实的甚至严酷的现实。

而沈从文到底想借助"湘西"跟什么进行对话呢?一是和现代启蒙主义的主流文化进行对话;二是和都市文化进行对话。沈从文一再强调城市和乡村的分野,强调城市和乡村背后的文化内涵和文化属性的差异性,试图用湘西所代表的乡土文化的质朴、单纯来反衬城市的堕落甚至是庸俗这样一些属性,这是沈从文用湘西和主流文化、都市文化进行对话的主导意图。此外,其背后可能还有一种文化对话,就是用湘西中的少数民族文化,比如苗族文化、土家族文化,来和当时占主导地位的汉族文化进行对话。但我个人认为,这些对话关系可能不是一种对立的关系,也不是一种对抗的关系,而是一种互补的关系,彼此之间建立的是一个互相参照的世界。在这种互相参照的过程中,湘西和沈从文意图对话的世界之间才能各自彰显丰富性和复杂性。抗日战争爆发后，沈从文则一再强调只有把湘西看成是中国的湘西，才不会犯错误。这就和后来有些研究者一直强调沈从文以湘西对抗中国，强调湘西的自治性这类判断之间有所差异。沈从文自己一直没有想把湘西从中国割裂出去，他一直把湘西看成中国的一体性的存在。

个人治学经历

Q：文科的学习中，上课、阅读和写作占据了很大一部分。请问您是否可以分享一些大学时听课、阅读（比如读书会、个人阅读等不同形式）和写作的经验？

A：在我读本科的过程中，我个人觉得阅读、写作和上课大概各占我三分之一的时间或者精力。

首先说上课。我觉得可以把当年读书阶段上的课分为几种类型。第一种是真正能够启蒙自己的专业意识以及心智的课程，或者说能够真正启蒙文学性和文学感受，甚至对心智都会产生影响的课程。这样的课程不会很多，因为得遇到真正的好老师，或者说遇到让你感到敬仰和崇拜的老师。我个人在大二的第一个学期遇上的两位老师，钱理群老师和洪子诚老师，就属于这样的老师。这类课程在你大学阶段能遇到几门就已经相当幸运了。第二种课程，是那些你能通过课程的引领，自己去学习研究方法、训练自己的写作能力的课程。这类课引领你自己进入一个研究领域，培养专业问题的意识。最后的成果是一篇下功夫写的论文，这样的论文写作甚至会花费你半个学期的时间和精力，不亚于做一篇毕业论文，是真正花功夫的。通过这样一门课，你就差不多形成了自己的学术自觉或者说初入门径了。我在大二下学期上过一门名为"朦胧诗研究"的选修课程，通过这门课程进入了当时大家还不太了解的以北岛、顾城、舒婷为代表的朦胧诗领域，最后写成一篇期末论文——《走向冬天——北岛的心灵历程》，后来投稿给《读书》杂志，发表了出来。第三种课程，当然就是和自己的专业设置相关的各类课程，求的是知识积累和框架的完整性。比如"中国古代文学史"，古代文学毕竟是构成自己的知识视野和知识结构的重要组成部分。第四种可能就是对学分很重要的课程。这类课程如果你能花很少的时间，比如一周的时间或者几天的时间写出一篇出色的期末作业，照样能拿到九十多分，我觉得是最有效率的，有一些课程是需要这样上的。但这也需要技巧，就是少花精力，得到高分。

本科阶段最重要的训练是建立属于自己的阅读结构，以及参与一些老师比如钱理群老师组织的读书会。所谓读书会，其实就是海阔天空地聊天，从中反而更能够潜移默化地感受什么是大学、什么是学问、什么是研究。而这部分对我的影响是更关键的，甚至说是有决定性作用的。今天我个人觉得，读书会是让一个同学迅速地或者说全方位地进入专业状态、激发专业热情、形成专业意识和眼光的一种极好的方式。所以这一两年中文系在读书会上加大了投入，好像一共有三十几个读书会，都是老师带着学生来阅读。

如何养成一种具有常规性的，或者说可持续发展的写作状态，我觉得更加重要。这就要求自己在听课与读书的过程中有意识地形成一些属于自己的独特的问题意识，这一点非常重要。我在大一时听课几乎没入门，老师说一句就在笔记本上记一句，完全没有自己的思考能力，也就无法形成专业自觉和问题意识。但是从大二开始，在听课的过程中，我慢慢地就有自己的想法了，笔记本上记下的就不仅仅是老师讲课的内容了，而是老师的某一句精彩的发挥、某一个话题或者是关于某一部作品的分析，所激发出的我自己的联想和思考。或者说我顺着老师的话题或问题，生成了属于自己的问题意识。接下来自己所有的期末论文，包括学年论文的写作，基本上都是从这些问题意识中生成的。读书也是如此，读得多了，就会发现自己的读书笔记里充满了自己的联想和感受，很多都会生成有生长性的问题空间，这些问题空间最后就成为自己写作的重要源泉。如果没有这样的问题意识，那么自己未来的写作，无论是课程论文的写作还是毕业论文的写作，都无法生成属于自己的话题和问题意识空间。所以写作状态跟自己在听课和阅读过程中的独立思考和生成的问题意识是密切相关的。

最后我想强调的是，每个学期一定要认认真真地写出一篇成型的论文。写作这样一篇真正下功夫的课程论文，远远比你每门课都平均花费精力和时间，最后每门课的论文都是两三千字就搞定，要好得多。一个学期有一门课的作业应该写上一万字，写得特别充分和深入。当然，这也要花上大量的时间，不过这样的写作，收获往往是最大的。因为通过这样一篇论文的写作，也许你就入了门，你的学问就会达到一定层次。就像爬山，通过这样的写作你可以抵达山顶。如果你每篇论文的写作都停留在半山腰，虽然也能看到一定的风光，但是就很难"一览众山小"。

Q：请问您是否可以分享作为人文学者的日常生活？家庭对个人在学术道路上的支持有怎样的作用？如何对待学术研究中的枯燥部分？

A：我觉得人文学者的日常生活应该说大都乏善可陈吧。因为人文学者的恒常状态是一个人安静地阅读、思考和写作，肯定都是没有什么戏剧性可言的。如果一个人文学者突然间轰轰烈烈地成了网红，我觉得肯定是非常态的。

家庭对个人在学术道路上的支持我觉得很重要。比如我父亲就一直关注我的研究。每次我出了一本书，父亲都比我本人还要高兴。虽然也许寄给他之后他也不怎么看，或者也看不大懂（尽管我父亲是中学语文教师出身的），但是他那种热望的目光永远是我个人写作或者学术研究的动力之所在。当然，如果在你的学术生涯或教育生涯中有一个伴侣是同行，彼此之间就有可能砥砺前行。

至于学术研究中的枯燥部分该如何对待的问题，我觉得只要研究的对象是自己喜欢的，通常就不会感到枯燥。当然有的时候一些必须做的研究也会在自己的兴趣之外，这就要学习把这一类的研究转化为你自己的兴趣。只要有了兴趣，就不会感到枯燥。如果你的一生都要从事学术研究，就需要善于把枯燥化为乐趣。

Q：阅读曾经作为主流消遣出现在读书人的日常生活中，而图像、影像、音频等媒介的壮大，虽有其自身的意义和自足性，却也难免会动摇文学阅读尤其是纸质书刊阅读在这一方面的地位。那么，在今天，我们应该如何"消遣"，才能拥有良好的文学趣味和人文素养？

A：在当今这个时代，消遣意义上的轻松愉悦的阅读也还是需要的。当然，从消遣的意义上看，网络时代让人放松身心的方式越来越多。比如我自己就喜欢在电脑上看西班牙的足球甲级联赛，看梅西踢球，我就觉得很放松、很享受，这是我自己的一种消遣方式。

但是如果你既想消遣，又想要获得文学趣味，或者说从中培养人文的素养，我觉得那就不简单了。那就仍然回到我们"经典阅读"这个话题，我觉得还是要选择一些经过时间检验的中外文学经典来进行阅读，只有这样，才能达到我们的目的。这不意味着经典阅读就不消遣。虽然经典阅读相对来说可能需要以更严肃的态度来对待，但是我们同样会在阅读过程中获得消遣式的体验。比如我近几年重读了几遍刘慈欣的《三体》。一方面，我觉得《三体》已然成为未来不可多得的经典，我们从中可以思索很多重大问题；另一方面，读《三体》也称得上最愉悦的消遣。再如我最近读了夏目漱石的《我是猫》，从中也同样得到了经典所带来的愉悦与消遣。所以我觉得最好的阅读仍然是经典阅读。很多好的经典是很有可读性的，它会把所谓的消遣和严肃的功能统一在一起，既使你的身心放松，获得所谓的"悦读"的状态，同时也能让你收获很好的文学趣味和人文素养，可以说是一举多得的。

看电影当然是更好的消遣方式。我个人特别喜欢看电影，去电影院里看，也在自己家里的电脑或者电视上看。今天看电影的途径真是特别丰富，而我们读本科的时候，想看一部西方电影史上的经典之作，那真是要费很多的力气。找到一个资源太难了，有时候要跑小西天的电影资料馆，很多人挤在一个小屋子里看一部电影，真是艰难困苦。（如今当然不会再去小西天看电影了，除非想怀旧。）而在今天网络这么发达的时代，绝大部分电影都可以看到，所以我觉得通过电影培养自己的审美趣味和艺术感受，也是一个特别好的方式，这跟文学经典阅读是并行不悖的。当然电影经典的"阅读"同样需要你自己有一个细读、慢读和再阐释的过程。在这个意义上，电影经典和文学经典可以说是大体一致的。

博雅 GE 微访谈
北大人文启蒙课[①]

王风、陆胤

作为大学启蒙课的大学国文

Q：在目前学科越来越专业化的背景下，您如何定位"大学国文"这门课程？您认为这门课程应该如何与中学教育中的语文课区别开来？

王风（以下简称"王"）：其实"大学国文"课程有很长的历史，民国时期这门课程就已经开设了。当时开这门课，是因为大学对于中学的语文教育有意见：一方面觉得中学的教学可能存在一些问题；另一方面觉得中学的语文知识不足以支持学生在大学接受的专业教育。所以就有了"大一国文"课程。

中华人民共和国成立后，有一段时间没有设置这样的课程。2000年左右，北大开了一门"大学语文"。当时的北大校长是一位核物理学家，他发现他们专业的学生写论文，有时连语法都有问题，所以就设置了这门课，理科生必修。我猜测，校长的主张是比较偏于语言规范和论文写作的训练。当然这门课交给中文系之后，并没有完全按照这个路向发展，因为"大学语文"的内容可以涉及很多方面，比如文学、语言、写作、思想、文化，等等，有很多的老师来教这门课，每位老师授课的方向都不太一样。

过几年北大换了校长，"大学语文"就渐渐不那么受重视了。各个院系的需求和想法不一样，有的觉得有用，有的觉得简直浪费时间。到最后，这门课变成一门普通的全校通选课，基本起给一些同学凑学分的

[①] 课程名称：大学国文；受访者所在院系：中国语言文学系；访谈时间：2019年12月11日。

作用。近十年又有机缘,再度变成全校性必修课,改名叫"大学国文"。当然不管是民国时期还是现在,"大学国文"相对于各个院系的专业课程而言,必然是边缘的。

如果说到怎样定位这门课,我估计每位任课老师的想法都不一样。就我个人来说,我认为首先应该给同学们提供和高中语文教育不一样的视角,而且应该致力于培养同学们自己的阅读习惯。我的思考有两点:一方面,中学的语文课对作品的解读,有很多其实是有些问题的。具体的姑且不说,要求统一的理解和一致的答案,这本身就是最大的问题。另一方面,中学教育中的语文课程承担了太多的任务:文学审美,语言训练,还有意识形态规范,等等。因为有高考的要求,所有方面都往统一化的方向训练,以至到了僵硬的地步。而文学作品的性质,恰恰是诉诸个体的体验和思考的,这在中学语文教育中总体上是不存在的。

这些判断,是我设计"大学国文"课程计划时基本的出发点。同样的一个作家、一部作品,相对于以前所被灌输的,我希望让同学们听到一些新的东西,甚至因为自己的阅读,可以不同意我的看法,保留自己的独特感受。

陆胤(以下简称"陆"):我是这学期才第一次教"大学国文"。第一节课,我会和同学们解释一下"大学国文"是什么意思。首先解释,"大学"是什么?怎么理解"大学"?中国古典讲"大学",不同于现代人所理解的大学,而西欧大学也存在从强调人文性到以科学为中心的近代转型。虽然"大学国文"是由中文系开展教学的,但不能局限于纯文学或者说纯语文的内容,我认为它应该是在广泛意义上培养人文素养的一门课程。

从历史上回溯,"国文"这门课程是晚清出现的。当时教育主导者在重新设计教学体制时,把"文"和"国"联系了起来。"国文"是一门近代学科,是近代国家观念的产物。我们今天讲"大学国文"这门课时,里面"国"的意思已经不言而喻了,可为什么还叫"大学国文",而不像以前那样叫"大学语文"?其中的一个目的是让大家有所区分,认识到这门课同中小学的"语文"不一样。

我观察了一下,来上"大学国文"课的同学,一半以上是大一新生,这门课可能是他进入大学以来接触到的为数不多的人文课程之一,我想这是一个重要的契机。以我自己在北大念书的经验来看，我大一刚入学的时候，还没有文学的课。那时中文系大一有门必修课"中国古代史"，是历史学系的刘浦江老师（现已故去）来上的。浦江老师上课非常用心，讲了很多课本以外的见识，让我知道大学的学问应该是怎样的。

在大一刚入学的阶段，同学们可能正需要这样一门启蒙型课程，把中学所接受的，一些关于文学乃至整个人文（文史哲）的理解，重新调整一下。不是说前面的理解不对，而是说可以有更宽泛的，或者说更精确的理解。像"大学国文"这样的课，很有可能为同学们打开一个新的认知世界。

再者，来上课的同学基本不是学文科的，或者至少不是中文系的，这样一种素养的培养，我想更应该在专业之上，这能让他意识到一种"北大性"。北大各个院系学生的生活状态和学习诉求很不一样，但是我想北大人还是应该在专业之上有一种共性。至于如何找到这个"北大性"，"大学国文"之类的课程或许可以提供一些途径。关于什么是"北大性"，首先，兼容并包和挑战权威正是北大的特性所寄，因此是不可能以正向的、下定义的方式来理解"北大性"的，或许可以从反向的角度去理解。也就是说，"北大性"寄于北大人"不应去做"的事情当中。

"大学国文"大异于我们的专业课，例如王老师教授的中国现代文学课，我教授的古代文学专业课和选修课。虽然现在中文系许多本科同学将来也未必会从事学术工作，但我们至少还有这样一个期许，就是要从中挑选将来的学术研究苗子，所以中文系的专业课很多还是根据专业研究的需要来开设的。但说到面向全校同学的"大学国文"，我想更和一般人的生活有关，这里所说的生活不是指学术生活，而是指一种有涵养的日常生活。"专业的课程"和"涵养的课程"很不一样，首先表现在素材上，比如我研究的是古代文学最后一段——明清近代文学；但我在"大学国文"课上教的内容都是关于先秦两汉的，几乎可以说是"非先秦两汉之书不读"了。因为如果在"大学国文"课堂上讲文学史，把几千年的文学巨细无遗都讲下来，提供一个史的框架，那样可能意义不大。虽然从专业研究角度看，所有的文学史对象——无论是先秦两汉还是晚明晚清文学——都应该是平等的，但从人性或人格的涵养来讲，更多地给学生讲一些源头性的东西确实更有益。所以我会更在乎一些经典的作品，至少通过文本精读给大家呈现古人理解经典的状态，告诉大家不要以今律古。

Q：请问王老师，您觉得"大学国文"这门课和中文系专业课之间有什么区别呢？

王：肯定有非常大的不同。对于上"大学国文"课程的同学来说，各自的专业课程已经够他们忙的了，有不少同学还对"语文"有排斥。二十年前刚开"大学语文"时，一些同学很生气，说打小就讨厌语文，所以读了理科，好不容易考进北大，怎么还有"高四语文"？（笑）

得理解这种状况。实际上无论喜欢不喜欢，这门课在学生的课业安排中肯定是处于边缘位置的，他们的主要精力不可能在这上头。作为老师，我是安于这种状态的。我觉得根本没必要强调这门课多重要，学好了意义有多么非凡，要读多少作品，写多少作业。这一点用都没有。他们有大量专业课，有的可能一天到晚泡在实验室，甚至通宵达旦，好不容易回宿舍休息一下，你让他们苦读杜甫鲁迅，这怎么可能？用大量硬性要求去"逼"，也只能"收获"到他们的应付。况且，审美如果这么辛苦的话，那文学也就没什么意义了。所以我跟他们说，这门课的课后，要一些你们"茶余饭后"的时间。这样，同学们就会有相对自由的心态，形成比较宽松的氛围，反而能得到审美的感受和满足。这么说吧，如果这门课，无论课上课下，同学们都感觉并不那么苦恼，既增长见识又心情愉快，甚至觉得是他们大学单调生活很好的一种调剂，那就成功了。

文学是很有魅力的，每个人都可以有自己日常的阅读，在适当的时间、惬意的环境，选择投缘的作品，兴之所至地翻看，是有意思的事情。而我们的专业阅读不是这样，或者说不总是这样。专业阅读有时是很累人、很艰苦的，写得不好的、自己不喜欢的作品，也得去接触，你没有拒绝的权力。而且长期的专业训练也会异化正常的阅读感觉，使文学文本变成"操作"的对象。所以我对自己的研究生，都会要求他们每天抽一点儿时间，读些跟目前研究无关的东西，跟课题没有一丁点儿关系的"闲书"，就是为了让他们保持正常、自然的阅读感觉，来平衡专业阅读可能造成的扭曲。

"大学国文"课程不是为了培养专业的文学研究者,所以没必要把中文系那一套拿过来。我觉得有些老师可能没想清楚其中的差别。我上这门课的目的,一方面是将被应试教育伤害的作家找回来。应试教育里流传一个说法:"一怕文言文,二怕写作文,三怕周树人。"那么我讲讲鲁迅,如果你发现他不是原来印象中那样,读他会有收获,那就达到目的了。另一方面是帮同学建立理解的自主性。我讲我的理解,这肯定跟过去的标准答案不一样,而且你还可以有你自己的看法,可以讨论,可以保留。如此,文学阅读就不会是一件被强迫的事情。由此,同学们可进入正常的阅读状态,至少比中文系的同学"正常"。(笑)如果还不喜欢,这些作品也可以再放一放,也许以后哪天就被拿起来读了。实在没有缘分也不要紧,至少你知道它。

文学通识教育与文学专业教育

Q:陈平原老师曾经分析和检讨过在现代中国,"文学史"被选择为文学教育的主要形式这个现象。请问两位老师,在对本专业以外的学生进行文学教育时,有没有采取不同于"文学史"的其他教学思路?您是如何设计区别于文学专业教育的"大学国文"的教学方案的?中文系为本课程编辑出版了通识教材《大学国文选本》,您在教学过程中又是如何利用这本教材的?

陆:要回答这个问题,当然要了解"文学史"是怎么教的,"文学史"的功能是什么。我自己的理解是,"文学史"需要讲一个完整的故事,或者说给学习者一个完整的框架,它提供了一个文类发展和"代变"的叙事,一种文类什么时候兴起,什么时候衰落,"一代有一代之文学"。这些内容是站在专业训练的角度,期望为中文系学生将来的专业研究打下基础,中小学教育不会讲这些框架性的内容,需要大学中文系来补一下。但是,"大学国文"这门课不能讲成袖珍版的文学史,首先时间上不允许,文学之外还有语言学、文献学的内容。其次,我前面说过,它应该是一门涵养性的课程,如果过分强调知识性的话,可能学生考完以后就完全忘记了,所以目前还是围绕文本来讲的,并且我基本上还是以教材所选的篇目为中心。我不想完全脱离教材。为什么?一方面，脱离教材的话，离同学们过去接受的语文教育经验太远，同学们可能一下子接受不了；另一方面，这种选本的形式，恰恰是中国古典诗文教养比较常用的方式：对选文进行圈点、批评、阐释、分章析句，正是古人细读文本的形式。这样的授课思路，是从我们的专业课退回半步，也是从中学的语文课前进半步。

但说退半步，绝不是说把我们的授课标准降低，或者说是把我们专业课上比较"初阶"的东西讲给外专业同学。"大学国文"不是这样的一门课，我们要有另外一套讲法。来上这门课的同学大都非常聪明，某些同学的素养可能比我们本专业的一些同学还要好，所以要在另一个角度提供他们所需要的文学教育。

Q：您可以举几个具体的例子，来阐释您所说的另一个角度吗？

陆：首先是选材。我刚才提到，我自己是研究明清近代文学的，我们《大学国文选本》当中也有明清文学的材料，比如一些小说戏曲，但是这部分的讲授我会稍微简略一点。因为相对来说，这部分文学是同学们比较熟悉的，或者说，相较而言，是在他们的知识背景之内的。而先秦两汉的经书、子书、史书，或者中国古典的诗文传统，同学们会感到相对陌生。所以我上课会比较强调这部分内容。特别是中国古人所谓"文章"（包括古文和骈文），受现代文类观念（诗歌、小说、戏剧）的挤压，学生可能接触得更少，所以我倾向于多选这部分课文来进行分析。当然这也是从课程的实际操作来考虑的，其实讲小说并不容易，特别是长篇章回小说，而一首诗或者一篇短篇的文章，在课堂上讲授是比较容易操作的。

另一方面，我会结合一些背景知识，给学生一种新的"文学"理解。比如说我上周的课刚讲了《诗经》当中的《豳风·七月》。中小学的语文课可能会说，《诗经》是我国最早的诗歌总集，也就是从诗歌或者说纯文学的角度来理解《诗经》。而我会告诉学生，先秦两汉时代对于《诗经》的理解和我们现在不太一样：在汉人的知识体系当中，《诗经》属于"六艺"，即经学体系，它和后起的"诗赋"在分类上是有区别的。在具体分析《七月》的时候，我首先讲的是天文历法的问题，展示关于"三正"的一些背景性知识。这样就会让学生发现，"文学"并不是一个封闭的领域，并非只能从审美的、纯文学的角度来理解；它是和日常知识——我们在日常生活中的经验,以及我们对于天地万物的观察充分结合在一起的。我想,这样讲可能会使学生对一些耳熟能详的素材有更加丰满的理解。也就是说,同学们接触到的材料是比较熟悉的,但是我可能会用另外一种讲法来讲,把他们熟悉的东西陌生化。

Q:那么王老师是怎么看待这个问题的?您又是如何运用教材的呢?

王:首先,当然不可能把这门课上成"文学史",其实我对中文系的专业课程设置也有一些看法,我觉得文学史已经变得过于庞大了,快成了怪物。许多学生在作品阅读量还不够,甚至基本没怎么读的情况下,就通过文学史课程接受了很多已有的成见。在我看来,文学史课程可以有,但只是帮学生建立一个大致的时空性的框架就可以了,然后学生们需要上大量的专书课。这个不去说它了。

"大学国文"更没必要讲文学史。但我会花大概一节课或者半节课时间,给学生稍微谈一点背景性的、框架性的知识。例如,现代文学和古代文学的性质有何不同;教育体制与知识谱系转化的问题;作为文本载体的报刊的问题;文学观念的产生与作家写作姿态变化的问题;翻译与书写形式变化的问题;等等。然后再讲作品。这样,就有一个背景性的框架,同学们能对阅读对象有所定位,也就是知道作品是在什么样的时空环境中产生的,这对理解与体贴文本有好处。

具体作品的讲授,实际上也讲不了多少。这门课上我所讲授的作品,从策略上说,主要是依据阅读难度来选择的,不完全是依据重要程度。我会告诉同学们,鲁迅、老舍和沈从文都很重要,但是老舍、沈从文的小说,你们可以自己去阅读,和我讨论。鲁迅我讲的是《野草》——鲁迅的作品本来就有难度,而《野草》是鲁迅作品中最难的。我让同学们事先阅读,上课时问他们"读得懂读不懂",没有一个同学说读得懂。不过他们都很好奇,这究竟讲的是什么?因为没读懂,大家就有兴趣想弄清究竟,听后也会有"噢,是这样"的满足感。通过我的解读,他们至少感觉到,原来这么奇特的文字,也是有可能讲通读懂的,鲁迅的想法和表达还这么特别,蛮有意思。我跟同学们说,古代的杜甫、现代的鲁迅,都是中国最顶尖的作家,语言精简劲健,文体千变万化,不是你们原先感觉的只有一副苦呵呵的模样。如此他们就不会觉得鲁迅可怕甚至可恨了,这么难的文本都可以读通,那鲁迅的其他文本不就容易多了吗?以后肯定会有一部分同学自己去读鲁迅的。课堂的讲授非常有限,主要是要让同学们自己愿意找书读。

"大学国文"教材的选文,阅读难度不大的,我都让他们自己读。课上讲的只是课文中有难度且重要的,我自己另外选了不少。鲁迅之外,比如周作人、废名,现代诗中的卞之琳、穆旦,等等。另外还有老舍的《茶馆》,这个好懂,但《茶馆》是一部非常特殊的话剧,全世界没有这样的话剧。我会讲剧本、讲舞台、讲其中的差异和变化,道理是什么。当然最后一节课,有时间的话,我一般会把教材中没有讲到的作品,每篇几分钟作一个串讲,告诉他们我觉得可以注意的方面。这也算是尊重教材吧。

Q:如果有同学向您提出要求,说非常好奇某一部分的内容,希望您讲一讲,您会为同学们讲一下他们感兴趣的内容吗?

王: 确实经常有这样的事。我会跟他们交换看法,讨论几句。如果他们有新鲜的观点,我会在课上用三五分钟作个介绍和回应,算是对话。但不可能更改计划。比如很多同学对张爱玲有兴趣,如果他们提出讲张爱玲作品的要求,我会稍微谈谈我的意见。其实张爱玲的作品他们都读过,他们提出这样的要求不是因为他们读不懂——年轻人对张爱玲都很有感觉;他们只是因为喜欢这个作家,想了解一下老师的看法。所以不需要多花时间。

Q:那么陆老师是如何处理统一的教材和您自主讲课之间的关系的?对于学生的要求,您会不会尽量满足他们?

陆: 教材选的内容还是挺多的,按照教材来讲也是讲不完的。教材的编选就是想让老师们有挑选授课题材的余地,但实际上我们也讲到教材以外去了——我从教材里面挑了文本,参证其他相关的内容。比如讲《汉书·艺文志》的《诸子略》,就不可能不补充讲司马谈的《论六家要旨》,这是非常自然的。

在教材里编入《豳风·七月》的那位老师曾谈过,之所以要选这篇,是因为它是讲农事的。现在许多学生缺少农村生活的经历,这篇课文能给他们带来一些新的视野。在选材的时候,老师们会抱持一些关怀,这一点不容抹杀;当然,即使围绕课文讲授,也可以添加进许多其他内容。

我讲到戏曲、小说时，可能就不一定完全围绕教材来讲。因为我感觉以往文学史或作品选讲到戏曲、小说的时候有一个弊端，就是过分强调故事情节、人物形象等内容层面的问题，而不太谈形式、体制。大家可能会到北京大学百周年纪念讲堂看一场昆曲演出，但如果不了解昆曲表演的行当、唱腔，不了解从杂剧、南戏，直至明代以来的传奇，它们的体制是怎样的，那么欣赏起来就有困难，而这些内容应该是"大学国文"这门课程可以提供的，对于同学们将来进入艺术欣赏领域，会是非常重要的基础。我们的教材按照内容把作品分成好多专题，比如"千古情爱""山水田园"，但是我更强调文体和形式，这样学生将来进入更宽的阅读领域时，就掌握了一张地图，从而更容易进入和接受不同的体式。

至于同学们想要听某一部分内容这个问题，好像没有同学提出过这样"正面"的要求，但是有一个"反面"的要求。在最初的教学大纲里，我列了韩愈的《原道》，就有学生表示非常反对，因为他以往在课外阅读过这篇文章，觉得韩愈是非常狭隘的；因为他对佛教和道教比较同情，看到韩愈的文章指斥佛老，在思想上不太能接受。但我会跟他解释：首先我们还是从文章形式上来讲韩愈的这篇古文；其次，要理解其在思想史上的位置——从汉唐经学到宋明理学，《原道》是一个重要的转变标志。有特殊要求的同学不多，我想如果有同学要求特别强烈的话，我还是会相对作出一些回应。

Q：通过一学期或者几个学期的教学实践，您认为"大学国文"课程是否实现了预期的目标？从事通识课程教学，有没有不同于从事专业课程教学的特殊的"教学相长"感受？

王：从"大学语文"到"大学国文"，我上过很多次，也很多年了。这门课的预期目标其实一直在变。而且由于有很多老师在上，设计都不太一样。那么这是好事还是坏事？我认为是好事。因为多元化会带给学生不一样的收获。如果抱着严格遵循教材这样一种心态，这门课的效果肯定不会好。现在硬性规定越来越多，像是防着老师偷懒，我觉得搞不好会弄糟。这门课其实需要的不是各种要求，而是一些场合，让老师们交流看法，介绍各自的教法，以及对这门课的理解，以求互相启发和汲取经验。

就我的教学来说，原先预期的目标都是可以达到的。首先是不要变成"高四语文"，如果学生排斥这门课，那要求再多也没用；其次，尽量不要让他们觉得是额外的负担，负担带来的就是应付，学生们不觉得是负担，就有基础自然地接受文学；最后，希望有一部分同学能够喜欢上文学阅读，这是可以做到并且做到了的。当然，不可能每个人都如此，有不少学生选课就是来凑学分的，不管什么课都难以完全避免这种情况，但他们多少总是听课了，我觉得这样就可以了。

至于"教学相长"，那没多少，这种课很难有这种经验。如果是专业课，尤其是研究生的专业课，多少会有一些。不过，我以为不要老是强调"教学相长"，重要的是老师尽量做好自己。通常来说，上课需要备课，与进行研究不一样，会思考到平常不太接触的问题，这是开课的好处。讲课的过程，也会触发一些新的思考。与学生讨论，也会听到一些新的见解。这些会对自己有促进，但都有限。如果一个老师因为上课"长"得特别多，那我认为这门课的基础有问题，它根本不应该开。

"大学国文"我会有意讲得比较开放，常"开小差"，这是课的性质决定的。课程中其实我也很希望跟学生多些交流。文学涉及生活的方方面面，天文地理、动物植物、民俗、心理等。来上课的学生各个专业都有，我讲到有关内容时，特别希望跟有关专业的学生请教。比如讲到文学中的"梅"，我会谈它在传统的文化生活中起什么样的作用。然后我会问，蜡梅和梅花是一种植物还是两种？陆游的《咏梅》写的是蜡梅还是梅花？毛泽东写的同题作品，写的是蜡梅还是梅花？……我希望有学生物的同学来讲几句，但即使课堂上问有没有学这个专业的，大家也都不吭声。这是普遍的情况，东方的学生和欧美的不一样，不愿意开口，不愿意"表现"。北大学生都挺自负的，大部分学生上课都抱着这样的心态："你讲吧，我倒要看看你能折腾出什么名堂。"（笑）这是优点也是缺点。

其实要说起来，倒也有不少让我意外的，可以算是收获。这主要来自作业中有些同学的文学感觉。比如十几年前，我讲完鲁迅和周作人，就让同学作些阅读，写点东西。这门课我从来都是要求大家撒开写，千万别弄成八股。有位同学交上来的作业，其中说到鲁迅好比黛玉，周作人好比妙玉。我愣了一下乐了，这比喻有种奇特的妥当，一般人很难这么联想。很多同学有不错的文学感觉，这门课得让他们保持和深化。如果不注意，可能反过来会戕杀他们的文学感觉，一定不能走到这个方向。

Q：在这学期的教学过程中，陆老师有没有感到和预期不一样的地方？

陆：其实教学中有一些自己感受到挫折的地方。我布置了两次作业，一次是回答一个问题，另一次是写一首诗。其中写诗的题目，一个班我让同学们模仿屈原《离骚》，写一首《二十自叙诗》，回顾自己二十年来的人生经历，模仿骚体、古体、格律诗或现代白话诗体都可以；另一个班布置的是，模仿前面提到的《豳风·七月》，以"燕园十二月令"为主题，写一写北大每个月不同的人情风物。这种比较文学化的题目，大家完成的效果都不错。

但是在此之前，我布置了一个问答的作业。当时我讲到《汉书·艺文志·诸子略序》，讲到诸子百家，就让同学们从九流十家当中选自己最倾心的一家，然后谈一下理由。我在讲《诸子略》时，介绍了很多关于学术史的内容，而这些内容可能跟同学们通过中学历史教材或者一些课外阅读获得的印象不太一样。比如说对于道家，大家原有的知识，可能更多是那种自然逍遥的印象，但是回到《汉书·艺文志》所理解的道家，会看到汉人强调所谓"君人南面之术"，也就是把道家理解为一种政治统治术甚至权术。当然，每家学说可能都存在这种古今之间或者古代各个时期之间的理解偏差。但综观同学们提交的作业，他们对于各家的理解，好像还是对古人不够同情，或者说缺乏一种历史的眼光。最受欢迎的是法家，理由往往是"法家适合现代社会"。当然，我不是说法家不好，只是从这件事中我感觉到需要调整自己的教学方式，思考如何把自己讲的内容和同学们所熟悉的那套知识对接，然后慢慢地把他们引导到一个新的领域，帮助他们打开新的认知模式。我想这是接下来需要自己思考和重新备课的地方。

Q：您认为教授"大学国文"这门课程和教授专业课，有没有什么不一样的感受？教授"大学国文"课程对您教专业课会有什么帮助吗？

陆：我前面好像回答过类似问题了。两类课程的不同，是作为涵养的课程和作为研究基础课程的区别。我在两边的课上举过同样一个例子，晚清时曾国藩讲：有"看"和"读"两种读书方式，二者截然不同，不可偏废。所谓"看"就是不出声地读书、大量地浏览，接近我们今天专业的、研究的状态。我们上专业课，第一节课都会给同学们列参考书，中文的、外文的、古人的、今人的，就是要让学生有比较丰厚的涉猎，然后再来谈，学生们才能真正做出来一些新的东西。但是曾国藩说还有另外一种读书，就是"读"，他所理解的"读"，是必须读出声音。曾国藩说，"读"宜精、宜熟，但是不宜多。真正作为自己涵养的、让自己一辈子受用的就那么几部书，但这样的书要反复地涵泳和回味。

我以"读"的方式讲的文本很少，那么多课文，我重点讲的也就四五篇。但是我希望经由我讲过的这些课文，同学们可以通过反复的涵泳，找到自己真正喜欢的、可以让自己安身立命守得住的书。我想，"大学国文"课如果能让同学们找到这样一本书，某种程度上课程的目标就达到了。

语言文学的"用处"

Q：对于文学专业以外的学生，您期待他们从"大学国文"这门课程中得到哪些收益？

王：这一代年轻人的生活压力非常大，包括现在的学习生活、以后的工作生活。我当学生那个时候，大学生活相对轻松，也相当自由，没有现在各种各样的合理不合理的要求。一方面，要求高了，知识训练多了，是一种进步。但另一方面可能也会产生一些问题，一个是安排自己学习和工作的灵活度下降了，人的知识结构和思考方式在趋同；另一个是绷得太紧了，基本没有办法稍微停顿一下，给自己一个思想的空间，一个安排、安置自己的空间，生活变成了疲于奔命的状态。

所以我想让这门课稍微起点提供思想空间、安置空间的功能，面对文学专业以外的学生，我觉得他们不必正襟危坐、亦步亦趋，不妨稍微保持些距离，取一种观赏或者欣赏的态度，进而感觉、碰触文学的美。我希望听我课的同学，至少有一部分，以后出了学校，有了职业、有了家庭，在漫长的人生中，在日复一日的工作之余，在繁琐忙乱的状态下，能有这么一个文学阅读的选择。工作之余，打开一本书，觉得这是一天当中属于自己的难得的时光。日常生活需要些"无益之事"，这关乎人生的质量。有的人喜欢音乐，有的人喜欢书画；有的人听戏看电影，有的人踢球打牌。如果学生因为这门课，能够时不时读点书，那对我而言就是最大的成功了。

当然，读书总会"有得"，不可能完全"无益"。文学的核心是"人"的问题，文学阅读，可以接触古人，接触他人，接触你不了解的生活、跟你不一样的想法，等等。这样会得到感悟，会对世间多些理解和同情。因而，"大学国文"应该达到这样的目标：一方面，松动学生原有固化的、对于文学的刻板的理解；另一方面，提供更深的一些解读，让文学成为学生可能的朋友。

Q：陆老师认为呢？

陆：这方面我想说的基本上王老师都涉及了，例如他提到课程"慢"的问题，我们确实希望把"大学国文"上成一门慢课，而不是像我们上专业课那样，有一个大纲，至少有一个大概的想法，一定要赶着去上完，有时，戛然而止也是挺好的状态。另一方面，"大学国文"能帮助大家训练出一种对表达的敏感，这也是非常重要的。现在我接触到的一些同学，在文字表达上有时非常粗糙，比如他给老师写一封信，可能是没有任何格式、跟短信一样的。这不一定是不尊敬，却完全看不到人情。有时候请人帮忙做海报，活动的关键信息（时间、地点、嘉宾姓名）都可能出错——当然，可能大家都太忙了，来不及计较细节。而在日常交谈或网络舆论当中，又往往夸一个人可以上天，贬一个人要他入地。在这个信息爆炸的时代，非夸张不能动人耳目，却也会带来认知上的偏差。所以说表达是我们这个时代的大问题，有必要训练"表达的敏感"：一是表达要精确、全面，尽量避免诬枉、遮蔽或夸大；二是要契合表达者的原意。孔子说"辞达而已矣"，其实"辞达"谈何容易，受制于思维能力、语文能力和情绪控制的能力，我们想说的话和说出来的话常常有差池；在精确和契合的基础上，从接受者的角度，能否有一种美的，或者说让人容易接受的表达，这是进一步的要求。严复讲的"信、达、雅"三要件，我想不仅仅是翻译的标准，也是日常表达当中我们应当注意的问题。

我在分析一些具体文本时，会经常提示同学们，如果某部分换一个字，效果会不会更好。比如说欧阳修《相州昼锦堂记》开头一句，传说原来是"仕宦至将相，富贵归故乡"，但后来改成了"仕宦而至将相，富贵而归故乡"，加上两个"而"字。"而"字有什么意义呢？完全是虚词，好像并没有实质的意义，但据说欧阳修非常郑重，一定要改。我们需要去体会这些细腻的东西。文章不仅仅是表达准确、把自己的意思说到了就行，更重要的是要把意思背后想要传达的气象写出来。这可能是更高的境界，但至少这样一种意识，或许也是能够从我们这门课上获得的。

你前面提到"教学相长"的问题，我想"大学国文"这样的大课对于教师确实会有很多刺激，它会让你去重新思考文学的去处。面对"文学到底有什么用"这样的问题，我们对本专业学生能够提供一种简便的解释，就是所谓"无用之用"，但这样的解释我觉得很多时候还是在逃避。还是要想一下，我们所从事的职业，它究竟能有什么用处？这个"用处"可能比世俗理解的、功利的用处要更高一些，但我们还是应该以一种可让常人理解的方式，讲出文学研究的意义和文学的好处。我想，这是我们这门课有时需要顺带谈一下的内容。

王：我们对外语的重视程度要远远超过母语，这真是放在全世界都难以碰到的奇怪事情。语言文字是一个民族或一个国家的文化渊薮，长远来说是终极的竞争力。这是当代中国的大问题，不过现在也无从说起。而且这还不只是能力的退化，更是对语言本身缺乏尊重。有些年轻作家，甚至觉得写错字是无所谓的事，只要把意思和想法表达出来就可以了。殊不知语言能力很大程度上就是思考能力，语言的精密和思考的缜密是直接相关的，对文字还是应该要有点"洁癖"。就"大学国文"而言，也有锻炼语言能力的目标，文学审美本身也能引导学生热爱我们的语言文字。

Q：陆老师会指出同学们在语言规范方面所犯的错误吗？

陆：也没有刻意去指出。毕竟同学是来跟我谈事情的，我还是要优先和他把事情解决了。同时这与媒介的转变有关系，比如前些年还写邮件，现在就是一条微信发过来。而微信是不是需要一定的文体？有没有约定俗成的礼仪？例如表情如何使用，其实还没有定论。能够看到旧有的那套文字规范在慢慢被人忘记，而一种新的规范正在生成，比如微信中微笑的表情，是不能乱发的，因为据说是"呵呵"的意思，实际上带点讽刺……颜文字（emoji）也是一种文字，我认为我们也不必特别悲观，因为人际交往必然需要某种秩序或人情礼仪，只不过不同时代表达的方式会有差别。不过，我有时候觉得，过去中国人对于书信体例、口头接应、人物称谓那么多讲究，但好像一下子都消失了，没有一种新的形式延续下来，确实有点可惜。

古与今

Q：接下来的问题就是针对两位老师个人了。第一个问题是给王老师提的：我们在您的官网主页调查您的研究方向时，得知您精于古琴艺术，古琴史、古琴器也是您的研究方向之一。请问您开展古琴研究的契机是什么？您在这方面有什么独特的心得？

王：我学琴很早了。当时不像现在，满大街都是学古琴的。1994年我回北京，参加古琴研究会的活动，一屋子来了三十多人，主持的老先生告诉我，北京三分之二弹古琴的都在这里了。现在北大弹古琴的肯定都不止这个数。

后来有位朋友要办个关于古琴史的会议，要我参加。大概因为我在北大当老师，觉得我一定很有研究。我说我一点都没研究，他死活不相信，说不可能。这样我只好想办法写一篇。写着写着发现，中国的艺术史研究非常弱，许多最重要的问题都没搞清。所以古琴史研究，现在就变成我每年都要做一点的工作。

古琴鉴定是跟郑珉中先生学琴时捎带的。古琴鉴定体系就是他创立的，而他的文章我读得非常熟，这样他也愿意跟我聊。有人送老琴来，他会打电话召我去看，这样慢慢就懂了。后来郑先生编《故宫古琴》，故宫方面也借调我去，协助郑先生工作。这几年他年纪太大了，我就代为鉴定。半年前他去世，以后就只能我来了。

可以跟今天话题挂钩的，就是我现在处理的，不管古琴史还是古琴器，都是比较专门而且难度很大的重要问题。但那属于艺术学和考古学、博物馆学，跟文学离了十万八千里。当年也就是自己感兴趣，喜欢就学，完全没有想着要进行研究，更没有规划着以后如何如何。上"大学国文"这门课的同学，都不是中文专业的，对文学未必有兴趣，也更谈不上志向。但我觉得重要的是对于知识的态度，不应该过于功利。对于不懂的东西，求知的心态是最重要的，"好奇心"是一种素质，跟专业不专业没有关系。有遇事总想去了解的状态，不管做什么，都会更容易实现自己的限度。何况，知识多样一些，不管做什么总有帮助，古人所谓"艺多不压身"，在安排好轻重缓急的前提下，多知道些东西总是好的。维持这样一种心态，就会有个好的人生。能否做出成绩，完全可以先不去想。

再说了，人生很难讲的，或许某一天你会改变道路，做的并不是跟你专业相关的事，可能跟文学有关呢，可能当一个学者或一个作家。谁敢说一定不会如此。事实上，因为上过我的"大学国文"，而对文学发生兴趣、最终转到中文系的学生，加起来大概也不少了。

Q：我们还有一点比较感兴趣的是，您当初是为什么单对古琴产生兴趣呢？

王：也是碰巧。小时候在收音机里听过古琴演奏，觉得声音很特别。后来我大学毕业后回家乡工作，碰到了一位古琴家。当时没人学古琴，好不容易看到有人要学，老先生挺高兴，根本连学费都没收。所以就是个机缘。如果没有这个机缘，现在也就不会弄这个了。但也许会碰到另一个东西呢，那也很好吧。就像一生会遇到那么多人，擦肩而过的无数，没有遇到这一个，也会遇到另外一个。

Q：下个问题是提给陆老师的：您是如何看待清代文学和现代文学之间的关系的？如果您为同学们推荐两种近代文学作品，会选择哪两种？

陆：你提到了多个概念：清代、近代、现代，这里面有很多纠缠，暂且不说。我自己的专业研究，主要是清代较后一段的文学，也就是所谓"近代文学"。但刚才也提到了，我的"大学国文"课其实主要讲的是古代文学的前半段，这一方面受制于教材，另一方面也是出于我自己的设计，就是偏向讲授原典性的作品。我自己看书也有这样的区分。我最近搬家整理书架，发现自己的书大都分布在两块：一块是我自己的研究范围，就是宋元以后的书；另一块就是十三经注疏、《诸子集成》这一类，大致截止到汉代，而中古时期的著作就较少。我一直在想，在晚周和晚清这两端之间，也就是古典的起点和终点之间，是不是隐隐存在一些共性？

最近大家都在讲"古典学"，有些先生认为中国古典学限定于先秦两汉，不能往后延太多。实际上，作为一种学科策略，中国古典学可以包容很多东西，但如果要找出特点，并同西方的古典学概念（古希腊、古罗马）相对应，限定于先秦两汉不无道理。在这样的背景下，如何为包括清代文学在内的近古文学找到自己的立足点，是个非常重要的问题。

我想指出，对于古典的阐释，或者说关于古典许多知识的固定，是在清代才得以较好地完成的。在学术史上，清人以考据学著称，清人对经学和小学的研究，奠定了我们今天对于古代文献的许多基本理解。清代不仅在古典研究上是个特别重要的时代，在文学方面，各体文学在清代都得到发展。大众所熟知的还只是其中一部分，比如小说戏曲的发展，出现了《红楼梦》《儒林外史》《桃花扇》《长生殿》这样一些巅峰级别的作品。清代其他文类（诗、词、古文、骈文以及诗文、小说、戏曲的评点和理论批评）的成就也值得关注。更不用说从古代文学经典的收集、传播、接受来讲，像《全唐诗》这样的大型总集，《古唐诗合解》《唐诗三百首》等流播广泛的普及性选本，《古文辞类纂》《经史百家杂钞》等经典文章选本，都是在清代完成的，也深刻影响到后世文学教育乃至现代语文教科书的编选。我们今人对古代文学的理解，很多经过了清人的筛选；我们现在的许多文学常识，是通过清人凝聚起来的。清代包括近代，充当了古典和现代之间的中介角色。

而"近代文学"又是清代的后半段，有时候加上民初，除了中国古典传统的内在转化，西学的因素越来越突出，进而在起源于西方近代"分科之学"的框架下，重新编排了中国固有的学术材料。后来又有以日本为中介接受新思想、新词汇、新文体的所谓"东学"。所以，"古今东西之间"，是近代学术和文学最突出的特点，近代成为晚周以后又一个"道术为天下裂"的时代。然而，推荐近代文学作品却不容易。近代文学的一大问题，就是没有充分经典化，说哪部书是"近代文学经典"，往往得不到普遍的承认。我之前接受另一个访谈时，推荐了两本书，一是章学诚的《文史通义》，二是姚鼐的《古文辞类纂》。这两部书都是清乾隆时期的著作，不能算是近代的作品，可能也不太适合中文专业以外的同学阅读。但我想章学诚和姚鼐这两个作（编）者的个性比较值得关注：他们在才性上或许都不是第一流的，更不入当时学术的主流，但是他们能够依据自家性情，找到一条能够充分发挥自己才能的道路。他们创立的学术路径，在近现代学术史、文学史上产生了很大影响，这是我较为看重的。

中文专业之外的同学，我想可以关注一下梁启超的作品，看一看梁氏的《清代学术概论》和丁文江、赵丰田编的《梁启超年谱长编》。梁启超讲清代学术史，尽管在具体的论说上早已被超越，却自有他不为时间磨灭的长处。《清代学术概论》是能让读者很投入地读下去的学术著作，要做到这一点很不容易。梁启超说他的写作特点是"笔锋常带情感"，似乎不是一种学术写作的规范方式，却成为一种风格。他的著作能够转移人的性情。胡适说他早年读了梁启超的《论中国学术思想变迁之大势》，才知道在四书五经之外还有"学术思想"。至于《梁启超年谱长编》，其实不仅是关于梁启超的，有兴趣了解清末民初这个大时代的同学都可一看。梁启超曾说一个人物伟大与否，不仅在于他的人格本身，还寄于他身上"关系的伟大"。其实这也是说他自己。梁氏一生涉猎政治、学术、文化多个领域，其兴趣之繁、交游之广、触角之密，使他成为近代中国许多"伟大关系"的绾结者。特别是这部年谱长编收录梁氏与时人的大量通信，与谱录的史事相错综，表现出近代许多大人物的语气神情，带来一种奇妙的"临场感"。在我看来，它是研究近代史、近代文学的最佳入门书。

通识教育应该如何进行

Q：下一个问题是，您如何看待当下的通识教育？又如何看待部分同学认为通识教育"用处不大"的看法呢？

王：今天中国的高等教育，还受到1952年院系调整后的苏联模式的影响，这是很难改变的，因为我们的老师，我们老师的老师，都是从这样的系统中生产出来的。这个模式的特点，就是专业分得很细，而且一开始就安排进这个狭窄的领域中。从功利的角度来看，效率比较高，现在学什么以后就做什么，不浪费。不过，这对创造力的养成是种损害。创造力需要宽广的基础，以及独立的人格。现在我们出不了大学者，原因就在这里。

当然这个问题早被注意到了，所以这十几二十年，我们的高等教育正在有意识地转化。不过我们现在所谓的通识教育，无非是将不同学科的一些概论性课程，拼盘式地凑在一起。依我看没什么用。要我说的话，很多国外大学都规定，所有学生必须读多少本具有人类永恒价值的著作，从《理想国》《圣经》到《堂吉诃德》《物种起源》，甚至《一九八四》《第二十二条军规》。我倒觉得可以先学学这个，当然要有我们自己的经典，从《论语》《道德经》到《梦溪笔谈》《红楼梦》，甚至《天演论》《呐喊》。先读书再说，其实这个就是"通识"。这些可能也会有人觉得"用处不大"，但同学们还这么年轻，一天到晚算计着有用没用，那也就没什么好说的了。

具体到各专业的同学，我建议可以追溯一下各自的学科史，看看自己的学科是怎么来的，以及中国的这些学科是如何建立起来的；看看第一代第二代学者，他们的经历、他们的修养、他们的思考，以及他们的知识构成、他们的学术设计是怎样的；等等。本着各自的专业去追溯，会有很好的启发，尤其再跟自己对照。

北大作为一所顶尖的大学，有志向的同学应当有意识、有能力进行自我设计。既要重视专业，又要考虑如何"组合"自己的知识构成。我说的不是双学位之类的，是指从自我出发，长远地形塑自己。这需要前人的榜样，更需要自己的智慧。只专注于自己的专业领域，按别人给定的模式走，"用处"当然最看得见摸得着，做得越来越精，但也会越做越窄、越做越小。创造和变革，一定需要有广阔的背景。山越高，"底座"一定越大。直上直下，堆不了多少。

Q：陆老师是怎么看的？

陆：现在各个大学都在推行通识教育，这样的过程中难免存在一些误解。比如"通识教育"这一说法，有时又把它翻译成"博雅教育"，这种译法可能会带来一些误会，比如：这是不是一种很精英、很专深、很渊博的教育？我想，这就和通识教育的本意有些偏差了。通识教育应该是一种很普遍的教育，用中国古人的话说，即"成人之学""守约之学"，它应该立足于让"人"去"完成"其天性的禀赋。

另一方面，许多人把通识教育理解成中小学的素质教育。我们知道，二十多年来讲素质教育，本意是要给孩子减轻负担，结果却可能带来了更大的负担。现在大学里同学们都需要选很多通选课、大类平台课，选课、转系都更自由了，却也带来了更多的负担，甚至是更多的担忧和计算。同学们每时每刻都要计算学分，考虑所谓"水课"和"虐课"之间如何平衡，从而获得最佳收益，每个人都变成了理性的"经济人"，这反而违背了通识教育的初衷。所以我想可能现在需要澄清"通识教育"这个概念，而通识教育应该怎样来教，则是一个更根本的问题，学很多不同学科的基础性课程，可能不一定是通识教育的最合适方案。

借镜国内外通识教育学院的模式，我想其中一条比较正确的路子可能还是围绕文本来进行。借用前举曾国藩的说法来讲，通识教育应当跟近代以来专业的、田野的、搜集尽量多材料并平等看待一切材料的"看"的学问区别开来，通识教育应该是一种"读"的学问。它所面对和处理的材料不必那么多，而应该是经过历史别择的、值得反复阅读的少量文本。在面对和处理文本的过程中，很多时候也可以感受到做人的道理。毕竟现在的学生甚至包括我们一些老师，许多人的社会经验是非常狭窄的，许多经验的来源可能就是书本。朱熹讲"虚心涵泳，切己体察"，切己——把书读到自己身上，也是和人接触的一种预演和训练。读书和做人很多时候是可以结合在一起的。所以，在我看来，以文本为中心，是通识教育的一种比较可行的方式。

Q：但您刚才提到的问题是确实存在的，比如一些同学会觉得自己的爱好就在一个领域之内，学习其他领域的专业课，还要费尽心思计算学分，反而对专业学习是不利的。您怎样看待这样的认识？

陆：这确实也是种困境。跨学科或者多学科的教育，在分科设系的大学里怎么来做呢？无非还是开课。除此之外，似乎没有其他更有效的方式。以前有些地方也举办过读书班、经典会读等活动，但有很大难度：一般来说，大家总有很多功利的计算，没有学分的激励，来参加活动并真切投入其中的学生就会越来越少。这也是现实的制度上的难处。

我们或许要在现实困难之外找到一些"空隙"，让学习变得更加自发和有趣。其实现在线上线下有很多读书小组，大家聚在一起，相互督促，定期"打卡"，比较细致地会读一些经典。在读的过程中，可以围绕作品来讨论，也可以延伸到另外一些话题，甚至交流一些日常生活的经验，把书本和生活结合在一起。我想这是一种比较良性的读书人的（不一定是研究者的）生活方式，就是把读书当成一种生活中的快乐。

二、课程大纲

课程大纲
古代小说名著导读[①]

刘勇强

教师介绍

刘勇强,北京大学中国语言文学系教授。著有《西游记论要》《奇特的精神漫游——〈西游记〉新说》《幻想的魅力》《中国神话与小说》《中国古代小说史叙论》《话本小说叙论》等及古代小说相关论文数十篇,并出版过《红楼梦》评注本。同时参与了北京大学"985"重点项目《中华文明史》《中国文学作品选》等工作,主编普通高校中文学科基础教材《古代文化经典选读》、高中语文必修课教材《语文》第四册及选修课教材《中国文化经典研读》。

课程简介

本课程着重介绍《三国演义》《水浒传》《西游记》《金瓶梅》"三言二拍"《聊斋志异》《儒林外史》《红楼梦》等古代小说经典名著。这些名著既代表了中国古代文言小说、话本小说和章回小说等最重要的小说体式,具有历久弥新的艺术感染力;又以其不拘一格的叙事与描写,展现了小说家对人生体验的深刻把握;而其中丰富的精神底蕴,则折射出中国古代文化、政治、社会等各个方面的演进过程。本课程将结合不同名著的特点,突出评述这些作品的思想内涵与艺术价值,同时讨论其在当代文化生活与建设中的作用,从而提高选修者的文学鉴赏能力,增进对传统文化的认识。

[①] 开课院系:中国语言文学系。

课程大纲

第一讲 古代小说发展概况
一、"小说"的"小"与"说"
二、历史变迁与多样化的体式

【阅读书目】

1. 吴组缃：《关于我国古代小说的发展和理论》，载《吴组缃文选》，北京大学出版社，2010。

第二讲 《三国演义》：政治文化的庶民观照
一、思想倾向与悲剧意味
二、忠义、智慧与奸诈的较量

【阅读书目】

1. 参考书目相关章节
2. 《三国演义》第一回《宴桃园豪杰三结义　斩黄巾英雄首立功》、第二十五回《屯土山关公约三事　救白马曹操解重围》、第四十一回《刘玄德携民渡江　赵子龙单骑救主》

第三讲 《三国演义》：历史小说的"虚"与"实"
一、宏大叙事下的"虚"与"实"
二、艺术虚构的原则与效果

【阅读书目】

1. 参考书目相关章节
2. 《三国演义》第四十三回《诸葛亮舌战群儒　鲁子敬力排众议》、第四十四回《孔明用智激周瑜　孙权决计破曹操》、第九十五回《马谡拒谏失街亭　武侯弹琴退仲达》

第四讲 《水浒传》：草莽社会的道德原则
一、"替天行道"的含义
二、血腥、暴力描写的理解与评论

【阅读书目】

1. 参考书目相关章节
2. 《水浒传》第七回《花和尚倒拔垂杨柳　豹子头误入白虎堂》、

第八回《林教头刺配沧州道　鲁智深大闹野猪林》、第九回《柴进门招天下客　林冲棒打洪教头》、第十回《林教头风雪山神庙　陆虞候火烧草料场》

第五讲 《西游记》：孙悟空形象与大闹天宫的文化内涵

一、猴形象的由来

二、大闹天宫的多重寓意

三、孙悟空形象的自我意识

【阅读书目】

1. 参考书目相关章节

2. 林庚：《〈西游记〉漫话》，北京出版社，2011。

3.《西游记》第一回《灵根育孕源流出　心性修持大道生》、第二回《悟彻菩提真妙理　断魔归本合元神》、第三回《四海千山皆拱伏　九幽十类尽除名》、第四回《官封弼马心何足　名注齐天意未宁》、第五回《乱蟠桃大圣偷丹　反天宫诸神捉怪》、第六回《观音赴会问原因　小圣施威降大圣》、第七回《八卦炉中逃大圣　五行山下定心猿》

第六讲 《西游记》的艺术特色

一、奇幻描写

二、谐谑风格

三、语言成就

【阅读书目】

1. 参考书目相关章节

2.《西游记》第二十三回《三藏不忘本　四圣试禅心》、第二十七回《尸魔三戏唐三藏　圣僧恨逐美猴王》、第五十七回《真行者落伽山诉苦　假猴王水帘洞誊文》、第五十八回《二心搅乱大乾坤　一体难修真寂灭》

第七讲 《金瓶梅》：市井社会的真实写照

一、作为题材的"家庭"

二、西门庆及其他人物形象分析

【阅读书目】

1. 参考书目相关章节

2.《金瓶梅》第九回《西门庆计娶潘金莲　武都头误打李外传》、第七十回《西门庆工完升级　群僚庭参朱太尉》

第八讲　"三言二拍"："嘉惠里耳"的经典品格

一、冯梦龙的小说观念

二、名篇举隅

【阅读书目】

1. 参考书目相关章节

2. 谭正璧编《三言两拍资料》（上海古籍出版社，1980）中与课程讲授作品相关的资料

3.《喻世明言》第一卷《蒋兴哥重会珍珠衫》、《警世通言》第二十卷《计押番金鳗产祸》、《醒世恒言》第二十六卷《薛录事鱼服证仙》

第九讲　"三言二拍"："无奇之奇"的艺术追求

一、小说"奇"史与凌濛初对"奇"的理解

二、名篇举隅

【阅读书目】

1. 参考书目相关章节

2. 谭正璧编《三言两拍资料》（上海古籍出版社，1980）中与课程讲授作品相关的资料

3.《拍案惊奇》卷一《转运汉遇巧洞庭红　波斯胡指破鼍龙壳》、《二刻拍案惊奇》卷三十七《叠居奇程客得助　三救厄海神显灵》

第十讲　《聊斋志异》：蒲松龄关注的社会问题及其立场

一、蒲松龄的生平与创作

二、《聊斋志异》的题材类型

【阅读书目】

1. 参考书目相关章节

2. 袁世硕、徐仲伟：《蒲松龄评传》，南京大学出版社，2011。

3.《聊斋志异》之《自序》《叶生》《贾奉雉》《司文郎》《王子安》《镜听》《促织》《席方平》

第十一讲 《聊斋志异》：文言小说的艺术顶峰

一、"用传奇法而以志怪"

二、文言的叙事功能

【阅读书目】

1.《聊斋志异》之《婴宁》《阿宝》《连城》《公孙九娘》《狐谐》《荷花三娘子》《石清虚》

第十二讲 《儒林外史》：儒林命运的历史反思

一、吴敬梓的生平与《儒林外史》的题材特点

二、士人形象的种种面相

【阅读书目】

1. 参考书目相关章节

2. 吴组缃：《〈儒林外史〉的思想与艺术》，载《吴组缃文选》，北京大学出版社，2010。

3.《儒林外史》第一回《说楔子敷陈大义　借名流隐括全文》、第二回《王孝廉村学识同科　周蒙师暮年登上第》、第三回《周学道校士拔真才　胡屠户行凶闹捷报》

第十三讲 《儒林外史》：讽刺的立场与手法

一、古代小说的讽刺手法与吴敬梓的心态

二、《儒林外史》的讽刺描写

【阅读书目】

1.《儒林外史》第十三回《蘧駪夫求贤问业　马纯上仗义疏财》、第十四回《蘧公孙书坊送良友　马秀才山洞遇神仙》、第三十二回《杜少卿平居豪举　娄焕文临去遗言》、第三十三回《杜少卿夫妇游山　迟衡山朋友议礼》、第四十八回《徽州府烈妇殉夫　泰伯祠遗贤感旧》

第十四讲 《红楼梦》：美人黄土的哀思

一、"怀金悼玉"的人物描写

二、"美人黄土"思想的文化意蕴

【阅读书目】

1. 参考书目相关章节

2.《红楼梦》第一回《甄士隐梦幻识通灵　贾雨村风尘怀闺秀》、

第二回《贾夫人仙逝扬州城　冷子兴演说荣国府》、第五回《游幻境指迷十二钗　饮仙醪曲演红楼梦》

第十五讲 《红楼梦》：精致化的叙事艺术
一、"细按则深有趣味"
二、心理描写与抒情意味

【阅读书目】

1. 吴组缃：《谈〈红楼梦〉里几个陪衬人物的安排》，载《吴组缃文选》，北京大学出版社，2010。

2.《红楼梦》第二十回《王熙凤正言弹妒意　林黛玉俏语谑娇音》、第二十七回《滴翠亭杨妃戏彩蝶　埋香冢飞燕泣残红》、第九十七回《林黛玉焚稿断痴情　薛宝钗出闺成大礼》、第一百五回《锦衣军查抄宁国府　骢马使弹劾平安州》

第十六讲　总结：中国古代小说的传统与当代意义
一、从情节类型的演变看古代小说历史传承
二、古代小说在当代的传播

课程参考书目

1. 鲁迅：《中国小说史略》，载《鲁迅全集（第九卷）》，人民文学出版社，2005。

2. 夏志清：《中国古典小说》，江苏文艺出版社，2008。

3. 石昌渝：《中国小说源流论》，生活·读书·新知三联书店，2015。

4. 刘勇强：《中国古代小说史叙论》，北京大学出版社，2007。

课程大纲
唐宋诗词名篇精读[①]

张鸣

教师介绍

张鸣，北京大学中国语言文学系教授。曾任北京大学中文系古代文学教研室主任、中文系副系主任等职。主要从事中国古代文学史教学与研究，讲授"中国文学史（宋元）""宋诗研究""唐宋词选讲""苏轼研究""宋代作家研究""宋元文学史专题研讨"等课程。曾被评为北京大学第四届"最受学生爱戴的教师"；主讲课程"中国文学史（宋元）"被评为国家级精品课程。有《宋诗选》《辛弃疾》及《简明中国文学史》（下，合著）等著作。

课程简介

本课程在唐宋诗词范围内选择重要诗人词人的代表作、历代公认传诵不衰的经典名篇和具有某方面特色的一般佳作，以知人论世和场景还原的方法对作品作精细解读和艺术赏析。分析作品所体现的人生观、自然观、历史观、社会观、亲友观、爱情观等内容；讨论作品所体现的人格力量和道德情操；分析艺术风格和写作特点，重点探讨作品创造性、想象力的表现。通过课堂讲授和阅读指导，提升选课同学对中国古典诗词的认知、鉴赏和分析能力，并培养优雅的文学趣味。课程大致分为唐宋诗歌和唐宋词两个板块，一个学期讲授一个板块。

[①] 开课院系：中国语言文学系。

课程大纲[①]

第一讲　绪论

讲授内容：唐宋词概略（词源；词体；词风；词史）

【讲授作品】

敦煌曲子词《浣溪沙》（卷却诗书上钓船）

张志和《渔歌子》（西塞山前白鹭飞）

温庭筠《菩萨蛮》（水精帘里颇黎枕）

晏殊《浣溪沙》（一曲新词酒一杯）

柳永《浪淘沙慢》（梦觉、透窗风一线）

苏轼《江城子·密州出猎》（老夫聊发少年狂）

秦观《浣溪沙》（漠漠轻寒上小楼）

周邦彦《兰陵王·柳》（柳阴直）

辛弃疾《贺新郎·同父见和再用韵答之》（老大那堪说）

【参考阅读文献】

欧阳炯《花间集序》

陈世修《阳春集序》

李清照《词论》

晏几道《小山词自序》

吴熊和：《唐宋词通论》，浙江古籍出版社，1985，第一章、第二章、第四章。

缪钺：《论词》，载《诗词散论》，上海古籍出版社，1982。

第二讲　闺情与恋情

【讲授作品八首】

敦煌曲子词《送征衣》（今世共你如鱼水）

温庭筠《菩萨蛮》（小山重叠金明灭）

温庭筠《菩萨蛮》（宝函钿雀金鸂鶒）

冯延巳《鹊踏枝》（庭院深深深几许）

柳永《蝶恋花》（伫倚危楼风细细）

[①] 此为"唐宋词"板块课程大纲。——编者注

柳永《定风波》（自春来惨绿愁红）

晏几道《临江仙》（梦后楼台高锁）

李清照《凤凰台上忆吹箫》（香冷金猊）

【参考阅读文献】

叶嘉莹：《温庭筠词概说》，载《迦陵论词丛稿》，上海古籍出版社，1980。

杨海明：《柳永〈定风波〉赏析》，载袁行霈主编《历代名篇赏析集成（下）》，中国文联出版公司，1988。

张燕瑾、杨锺贤：《晏几道〈临江仙〉赏析》，载袁行霈主编《历代名篇赏析集成（下）》，中国文联出版公司，1988。

第三讲　离别与相思

【讲授作品八首】

韦庄《浣溪沙》（夜夜相思更漏残）

牛希济《生查子》（春山烟欲收）

柳永《雨霖铃》（寒蝉凄切）

晏几道《虞美人》（疏梅月下歌金缕）

秦观《满庭芳》（山抹微云）

辛弃疾《贺新郎·别茂嘉十二弟》（绿树听鹈鴂）

姜夔《长亭怨慢》（渐吹尽枝头香絮）

吴文英《风入松》（听风听雨过清明）

【参考阅读文献】

詹安泰：《柳永〈雨霖铃〉赏析》，载袁行霈主编《历代名篇赏析集成（下）》，中国文联出版公司，1988。

赵齐平：《"羁旅行役"的杰出之作——柳永〈雨霖铃〉词的艺术特色》，载人民文学出版社编辑部编《唐宋词鉴赏集》，人民文学出版社，1983。

张鸣：《说晏几道〈虞美人〉词》，载《文史知识》编辑部编《名家讲宋词》，中华书局，2013。

张鸣：《辛弃疾〈贺新郎·别茂嘉十二弟〉赏析》，载袁行霈主编《历代名篇赏析集成（下）》，中国文联出版公司，1988。

朱德才：《吴文英〈风入松〉赏析》，载袁行霈主编《历代名篇赏析集成（下）》，中国文联出版公司，1988。

第四讲　写景

【讲授作品八首】

敦煌曲子词《浣溪沙》（五两竿头风欲平）

张志和《渔歌子》（西塞山前白鹭飞）

苏轼《西江月》（照野弥弥浅浪）

苏轼《水调歌头·快哉亭作》（落日绣帘卷）

周邦彦《满庭芳》（风老莺雏）

张孝祥《念奴娇·过洞庭》（洞庭青草近中秋）

辛弃疾《沁园春》（叠嶂西驰）

姜夔《念奴娇》（闹红一舸）

【参考阅读文献】

潘旭澜：《妙通造化——读张志和〈渔歌子〉》，载人民文学出版社编辑部编《唐宋词鉴赏集》，人民文学出版社，1983。

胡念贻：《肝胆皆冰雪，表里俱澄澈——读张孝祥〈念奴娇·过洞庭〉》，载人民文学出版社编辑部编《唐宋词鉴赏集》，人民文学出版社，1983。

第五讲　咏物

【讲授作品八首】

敦煌曲子词《鹊踏枝》（叵耐灵鹊多瞒语）

苏轼《卜算子·黄州定慧院寓居作》（缺月挂疏桐）

苏轼《水龙吟·次韵章质夫杨花词》（似花还似非花）

周邦彦《六丑·蔷薇谢后作》（正单衣试酒）

姜夔《暗香》（旧时月色）

姜夔《疏影》（苔枝缀玉）

王沂孙《眉妩·新月》（渐新痕悬柳）

张炎《解连环·孤雁》（楚江空晚）

【参考阅读文献】

吴小如：《苏轼〈卜算子〉赏析》，载袁行霈主编《历代名篇赏析集成（下）》，中国文联出版公司，1988。

袁行霈:《周邦彦〈六丑·蔷薇谢后作〉赏析》,载袁行霈主编《历代名篇赏析集成(下)》,中国文联出版公司,1988。

袁行霈:《姜夔〈暗香〉赏析》,载袁行霈主编《历代名篇赏析集成(下)》,中国文联出版公司,1988。

袁行霈:《姜夔〈疏影〉赏析》,载袁行霈主编《历代名篇赏析集成(下)》,中国文联出版公司,1988。

翼谋:《白石〈暗香〉〈疏影〉新解》,《文学遗产》1992年第3期;又载刘扬忠选编《名家解读宋词》,山东人民出版社,1999。

第六讲　歌舞与歌妓
【讲授作品八首】

毛熙震《后庭花》(轻盈舞伎含芳艳)

晏殊《山亭柳·赠歌者》(家住西秦)

柳永《玉山枕》(骤雨新霁)

晏几道《鹧鸪天》(小令尊前见玉箫)

晏几道《鹧鸪天》(彩袖殷勤捧玉钟)

苏轼《满庭芳·佳人》(香叆雕盘)

朱敦儒《鹧鸪天》(唱得梨园绝代声)

陈允平《思佳客》(一曲清歌酒一钟)

【参考阅读文献】

金千秋编:《全宋词中的乐舞资料》,人民音乐出版社,1990。

林冠夫:《以相逢抒别恨——读晏几道〈鹧鸪天〉》,载人民文学出版社编辑部编《唐宋词鉴赏集》,人民文学出版社,1983。

臧克家:《晏几道〈鹧鸪天〉名句别解》,载《文史知识》编辑部编《名家讲宋词》,中华书局,2013。

吴小如:《晏几道〈鹧鸪天〉赏析》,载袁行霈主编《历代名篇赏析集成(下)》,中国文联出版公司,1988。

第七讲　闲愁
【讲授作品八首】

冯延巳《鹊踏枝》(谁道闲情抛掷久)

晏殊《浣溪沙》(一曲新词酒一杯)

张先《天仙子》（水调数声持酒听）
秦观《八六子》（倚危亭）
贺铸《青玉案》（凌波不过横塘路）
李清照《声声慢》（寻寻觅觅）
辛弃疾《摸鱼儿》（更能消几番风雨）
吴文英《高阳台》（修竹凝妆）

【参考阅读文献】

叶嘉莹：《大晏词的欣赏》，载《迦陵论词丛稿》，上海古籍出版社，1980。

陶尔夫：《张先〈天仙子〉赏析》，载袁行霈主编《历代名篇赏析集成（下）》，中国文联出版公司，1988。

沈祖棻：《贺铸〈青玉案〉赏析》，载袁行霈主编《历代名篇赏析集成（下）》，中国文联出版公司，1988。

吴小如：《李清照〈声声慢〉赏析》，载袁行霈主编《历代名篇赏析集成（下）》，中国文联出版公司，1988。

夏承焘、吴无闻：《辛弃疾〈摸鱼儿〉赏析》，载袁行霈主编《历代名篇赏析集成（下）》，中国文联出版公司，1988。

第八讲　咏怀

【讲授作品八首】

柳永《鹤冲天》（黄金榜上）
苏轼《沁园春·赴密州早行马上寄子由》（孤馆灯青）
苏轼《定风波》（莫听穿林打叶声）
苏轼《永遇乐》（明月如霜）
李清照《渔家傲》（天接云涛连晓雾）
辛弃疾《贺新郎》（甚矣吾衰矣）
叶梦得《水调歌头》（秋色渐将晚）
蒋捷《贺新郎·兵后寓吴》（深阁帘垂绣）

【参考阅读文献】

沈天佑：《苏轼〈定风波〉赏析》，载袁行霈主编《历代名篇赏析集成（下）》，中国文联出版公司，1988。

夏承焘、施议对:《苏东坡的〈沁园春〉词》,载人民文学出版社编辑部编《唐宋词鉴赏集》,人民文学出版社,1983。

吴小如:《辛弃疾〈贺新郎〉赏析》,载袁行霈主编《历代名篇赏析集成(下)》,中国文联出版公司,1988。

陶尔夫:《蒋捷〈贺新郎·兵后寓吴〉赏析》,载袁行霈主编《历代名篇赏析集成(下)》,中国文联出版公司,1988。

第九讲　登览与怀古
【讲授作品八首】

传李白《忆秦娥》(箫声咽)

王安石《桂枝香·金陵怀古》(登临送目)

苏轼《望江南·超然台作》(春未老)

苏轼《念奴娇·赤壁怀古》(大江东去)

周邦彦《西河·金陵怀古》(佳丽地)

辛弃疾《水龙吟·登建康赏心亭》(楚天千里清秋)

辛弃疾《水龙吟·过南剑双溪楼》(举头西北浮云)

吴文英《八声甘州·陪庚幕诸公游灵岩》(渺空烟四远)

【参考阅读文献】

袁行霈:《古都长安的历史画面——李白〈忆秦娥〉赏析》,载人民文学出版社编辑部编《唐宋词鉴赏集》,人民文学出版社,1983。

陈祥耀:《谈苏轼的〈念奴娇·赤壁怀古〉》,载人民文学出版社编辑部编《唐宋词鉴赏集》,人民文学出版社,1983。

胡念贻:《辛弃疾〈水龙吟·登建康赏心亭〉赏析》,载袁行霈主编《历代名篇赏析集成(下)》,中国文联出版公司,1988。

吴熊和:《吴文英〈八声甘州·陪庚幕诸公游灵岩〉赏析》,载袁行霈主编《历代名篇赏析集成(下)》,中国文联出版公司,1988。

第十讲　都市与乡村
【讲授作品八首】

柳永《望海潮》(东南形胜)

柳永《迎新春》(嶰管变青律)

柳永《抛球乐》(晓来天气浓淡)

姜夔《扬州慢》（淮左名都）
苏轼《浣溪沙·徐门石潭谢雨道上作》（旋抹红妆看使君）
苏轼《江城子》（梦中了了醉中醒）
辛弃疾《西江月·夜行黄沙道中》（明月别枝惊鹊）
辛弃疾《清平乐·检校山园书所见》（连云松竹）

【参考阅读文献】

周笃文：《湖山胜概　雏凤新声——读柳永的〈望海潮〉》，载人民文学出版社编辑部编《唐宋词鉴赏集》，人民文学出版社，1983。

唐圭璋、潘君昭：《姜夔〈扬州慢〉赏析》，载袁行霈主编《历代名篇赏析集成（下）》，中国文联出版公司，1988。

杨敏如：《辛弃疾〈西江月·夜行黄沙道中〉赏析》，载袁行霈主编《历代名篇赏析集成（下）》，中国文联出版公司，1988。

张鸣、黄君良、郭鹏编：《宋代都市文化与文学风景》，北京语言大学出版社，2013。

第十一讲　节序

【讲授作品八首】

张先《木兰花·乙卯吴兴寒食》（龙头舴艋吴儿竞）
苏轼《水调歌头》（明月几时有）
黄庭坚《鹧鸪天》（黄菊枝头生晓寒）
周邦彦《解语花·上元》（风消绛蜡）
李清照《醉花阴》（薄雾浓云愁永昼）
李清照《永遇乐》（落日熔金）
辛弃疾《青玉案·元夕》（东风夜放花千树）
辛弃疾《木兰花慢》（可怜今夕月）

【参考阅读文献】

袁行霈：《中秋之夜的美好祝愿——苏轼〈水调歌头〉赏析》，载人民文学出版社编辑部编《唐宋词鉴赏集》，人民文学出版社，1983。

郭锡良：《读书贵在知人解世——从苏轼〈水调歌头·明月几时有〉谈起》，载漆永祥主编《北大中文系第一课》，北京大学出版社，2013。

吴小如：《读周邦彦〈解语花·上元〉》，载人民文学出版社编辑部编《唐宋词鉴赏集》，人民文学出版社，1983。

沈祖棻：《李清照〈永遇乐〉赏析》，载袁行霈主编《历代名篇赏析集成（下）》，中国文联出版公司，1988。

第十二讲　羁旅
【讲授作品八首】

传李白《菩萨蛮》（平林漠漠烟如织）

温庭筠《更漏子》（背江楼）

范仲淹《苏幕遮》（碧云天）

柳永《八声甘州》（对潇潇暮雨洒江天）

柳永《夜半乐》（冻云黯淡天气）

柳永《倾杯》（鹜落霜洲）

秦观《踏莎行·郴州旅舍》（雾失楼台）

蒋捷《一剪梅·舟过吴江》（一片春愁待酒浇）

【参考阅读文献】

何满子：《李白〈菩萨蛮〉赏析》，载人民文学出版社编辑部编《唐宋词鉴赏集》，人民文学出版社，1983。

沈祖棻：《柳永〈八声甘州〉赏析》，载袁行霈主编《历代名篇赏析集成（下）》，中国文联出版公司，1988。

徐培均：《柳永〈倾杯〉赏析》，载袁行霈主编《历代名篇赏析集成（下）》，中国文联出版公司，1988。

陈祖美：《借眼前之景　抒不尽之情——秦观〈踏莎行〉简析》，《文史知识》1986年第11期；又载刘扬忠选编《名家解读宋词》，山东人民出版社，1999。

第十三讲　交游
【讲授作品八首】

欧阳修《朝中措·平山堂》（平山栏槛倚晴空）

苏轼《八声甘州·寄参寥子》（有情风万里卷潮来）

黄庭坚《念奴娇》（断虹霁雨）

陈与义《临江仙·夜登小阁忆洛中旧游》（忆昔午桥桥上饮）

张元干《贺新郎·送胡邦衡待制赴新州》（梦绕神州路）

辛弃疾《贺新郎》（把酒长亭说）

陈亮《水调歌头·送章德茂大卿使虏》（不见南师久）；

刘过《沁园春》（斗酒彘肩）

【参考阅读文献】

刘逸生：《张元干〈贺新郎·送胡邦衡待制赴新州〉赏析》，载袁行霈主编《历代名篇赏析集成（下）》，中国文联出版公司，1988。

刘扬忠：《陈亮〈水调歌头·送章德茂大卿使虏〉赏析》，载袁行霈主编《历代名篇赏析集成（下）》，中国文联出版公司，1988。

韩经太：《刘过〈沁园春〉赏析》，载袁行霈主编《历代名篇赏析集成（下）》，中国文联出版公司，1988。

第十四讲　联章组词

【讲授作品】

敦煌曲子词《南歌子》二首：（斜隐朱帘立）（自从君去后）

白居易《忆江南》三首：（江南好）（江南忆）（江南忆）

韦庄《菩萨蛮》五首：（红楼别夜堪惆怅）（人人尽说江南好）（如今却忆江南乐）（劝君今夜须沉醉）（洛阳城里春光好）

欧阳修《采桑子·西湖》十首（附《念语》）

秦观《调笑转踏》一套十首

【参考阅读文献】

朱金城、朱易安：《白居易〈忆江南〉（三首）赏析》，载人民文学出版社编辑部编《唐宋词鉴赏集》，人民文学出版社，1983。

张鸣：《宋代"转踏"歌舞与歌词》，载北京大学诗歌中心、北京大学中文系编《立雪集》，人民文学出版社，2005。

刘永济辑录《宋代歌舞剧曲录要　元人散曲选》，中华书局，2007。

第十五讲　"宋金十大曲"

【讲授内容】

一、"宋金十大曲"说法的来历

二、"宋金十大曲"作品篇目及文本

三、"宋金十大曲"作品内容和风格分析

【参考阅读文献】

1. 燕南芝庵：《唱论》，载中国戏曲研究院编《中国古典戏曲论著集成（一）》，中国戏剧出版社，1959。

2.《〈唱论〉注释》，载周贻白辑释《戏曲演唱论著辑释》，中国戏曲出版社，1962。

3. 张鸣：《宋金"十大曲（乐）"笺说》，《文学遗产》2004年第1期。

第十六讲　从宋代唱词听歌风习看创作的繁荣（课程辅助讲座，不占课时）

【讲授内容】

一、词的演唱形式（以唐宋为中心）

二、词的演唱传播特点

三、宋代唱词听歌活动的兴盛对歌词写作的影响

【参考阅读文献】

胡铨：《经筵玉音问答》，汤勤福、张丽点校，大象出版社，2008。

王兆鹏：《宋词的口头传播方式初探——以歌妓唱词为中心》，《文学遗产》2004年第6期。

张鸣：《宋代词的演唱形式考述》，《文学遗产》2010年第2期。

张鸣：《从胡铨〈经筵玉音问答〉看宋代宫廷唱词活动》，《中国文学学报》2010年12月创刊号。

参考书目

龙榆生编选：《唐宋名家词选》，上海古籍出版社，1980。

俞平伯编著：《唐宋词选释》，人民文学出版社，1979。

王兆鹏主编：《唐宋词汇评（唐五代卷）》，浙江教育出版社，2004。

吴熊和主编：《唐宋词汇评（两宋卷）》，浙江教育出版社，2004。

人民文学出版社编辑部编：《唐宋词鉴赏集》，人民文学出版社，1983。

袁行霈主编：《历代名篇赏析集成（下）》，中国文联出版公司，1988。

《文史知识》编辑部编：《名家讲宋词》，中华书局，2013。

刘扬忠选编：《名家解读宋词》，山东人民出版社，1999。

吴熊和：《唐宋词通论》，浙江古籍出版社，1985。

杨海明:《唐宋词史》,江苏古籍出版社,1987。

刘扬忠:《唐宋词流派史》,福建人民出版社,1999。

谢桃坊:《宋词辨》,上海古籍出版社,1999。

施议对:《词与音乐关系研究》,中国社会科学出版社,1985。

王兆鹏:《唐宋词史的还原与建构》,湖北人民出版社,2005。

李剑亮:《唐宋词与唐宋歌妓制度》,浙江大学出版社,1999。

沈松勤:《唐宋词社会文化学研究》,浙江大学出版社,2000。

叶嘉莹:《迦陵论词丛稿》,上海古籍出版社,1980。

袁行霈:《中国诗歌艺术研究》,北京大学出版社,1987。

张鸣、黄君良、郭鹏编:《宋代都市文化与文学风景》,北京语言大学出版社,2013。

课程大纲
国学经典讲论[①]

吴国武

教师介绍

吴国武，北京大学中国语言文学系、中国古文献研究中心副教授，兼在全国高等院校古籍整理研究工作委员会秘书处工作。毕业于北京大学中国语言文学系古典文献学专业，获文学博士学位。曾经赴美国、印度、日本、新加坡等国家和地区的重要学术单位进行访问和交流。研究领域涉及古典文献学、经学和古代思想文化，近年关注重点在先秦学术史、宋代经学和清代文献。开设课程有"《论语》选读""《四库全书总目》讲读""国学经典讲论""宋代学术概论"等。主持或主要参与多项国家社科基金、教育部研究项目。出版古籍整理著作如《书林清话（附书林馀话）》《三十郎盛政传钞清家点本〈论语集解〉》，专著如《经术与性理：北宋儒学转型考论》《两宋经学学术编年》等学术作品11部。发表学术论文有《〈保训〉"中"字及相关问题的再思考》《周秦诸子书多出于国史、家乘论》《宋代〈诗经〉著述丛考》《早期北京大学与传统经学的近代转型》等30多篇。荣获北京大学人文社会科学研究优秀成果奖、北京大学人文杰出青年学者奖等奖励。

[①] 开课院系：中国语言文学系。

课程简介

"国学经典讲论"课程是为了加强国学经典训练而开设的大学本科生基础课程。国学是我国传统学术文化的统称,而"四书五经"、《说文解字》《尔雅》《史记》《资治通鉴》《老子》《庄子》等古书则是传统中国经典中最为重要的部分。本课程以汉文古书和国学经典的形成发展为线索,以古书读法和经典训练为导向,以经、史、子、集四部经典及其学问为架构,讲授和讨论传统中国经典的文本形态、成书流传、内容结构、学术旨趣和文化影响。课程立足于文化传承创新,旨在通过文献学和学术史并重的专业训练,培养学生研读国学经典的综合能力,进而提高传统文化素养。

课程大纲

第一讲 经典、国学与中华文化

第一周(2学时)

【阅读文献】

1. 朱自清:《经典常谈》,北京出版社,2004,"序"第1–4页。

2. 张舜徽:《中国古代史籍校读法》,云南人民出版社,2004,第51–87页。

3. 章太炎:《国学讲演录》,华东师范大学出版社,1995。

4. 钱穆:《国学概论》,商务印书馆,1997。

第二讲 国学经典的形成和传布

第二周(2学时)"著于竹帛,谓之书"——汉文古书的形成和经典化

第三周(2学时)"读书贵得善本"——国学经典的传写和刻印

第四周(2学时)"凡读书最切要者,目录之学"——国学经典的分类系统

【阅读文献】

1. 裘锡圭:《文字学概要(修订本)》,商务印书馆,2013,第1–44页。

2. 钱存训：《书于竹帛：中国古代的文字记录》，上海书店出版社，2002。

3. 叶德辉：《书林清话（附书林馀话）》，吴国武、桂枭整理，华文出版社，2012，第1-46页。

4. 李零：《简帛古书与学术源流》，生活·读书·新知三联书店，2004，第115-152、193-224页。

5. 余嘉锡：《余嘉锡说文献学》，上海古籍出版社，2001，第5-29、125-156页。

第三讲　国学经典的文本细读

第五周（2学时）"由字以通其词，由词以通其道"——训诂和文法

第六周（2学时）"一时有一时之文体，一代有一代之通例"——文体和书例

【阅读文献】

1. 张舜徽：《中国古代史籍校读法》，云南人民出版社，2004，第1-50、146-195、215-245页。

2. 陆宗达：《训诂简论》，北京出版社，2002。

3. 俞樾等：《古书疑义举例五种》，中华书局，2005。

4. 余嘉锡：《余嘉锡说文献学》，上海古籍出版社，2001，第162-267页。

5. 章太炎：《小学略说》，载《国学讲演录》，华东师范大学出版社，1995。

第四讲　《诗经》《礼记》《论语》与传统经学

第七周（2学时）"不学诗，无以言"——《诗经》读法

第八周（2学时）"不学礼，无以立"——《礼记》读法

第九周、第十周（4学时）　两次课堂报告讨论（主题分别为《诗经》《礼记》）

第十一周（2学时）"我欲仁，斯仁至矣"——《论语》读法

【阅读文献】

1. 张舜徽：《四库提要叙讲疏》，云南人民出版社，2005，第1-38页。

2. 吕思勉:《经子解题》,华东师范大学出版社,1995,第1—15页。

3. 朱自清:《经典常谈》,北京出版社,2004,第11—56页。

4. 鲁惟一主编:《中国古代典籍导读》,李学勤等译,辽宁教育出版社,1997,第25—33、71—80、149—161、229—241、247—257、310—315、333—343、352—356、401—413、440—448、484—487页。

5. 章太炎:《经学略说》,载《国学讲演录》,华东师范大学出版社,1995。

6. 钱穆:《国学概论》,商务印书馆,1997,第1—28、80—121、163—317页。

7. 《诗经》,陈致、黎汉杰译注,中信出版社,2016。

8. 王云五主编:《礼记今注今译》,王梦鸥注译,新世界出版社,2011。

9. 钱穆:《论语新解》,生活·读书·新知三联书店,2005。

10. 吴国武:《〈经学常谈〉前言》,载屈守元:《经学常谈》,北京出版社,2014。

第五讲 《史记》与传统史学

第十二周(2学时)"究天人之际,通古今之变"——《史记》读法

【阅读文献】

1. 张舜徽:《四库提要叙讲疏》,云南人民出版社,2005,第41—81页。

2. 章太炎:《史学略说》,载《国学讲演录》,华东师范大学出版社,1995。

3. 朱自清:《经典常谈》,北京出版社,2004,第62—78页。

4. 鲁惟一主编:《中国古代典籍导读》,李学勤等译,辽宁教育出版社,1997,第430—439页。

5. 柴德赓:《史籍举要》,北京出版社,2011,第1—224页。

6. 来新夏主编:《史记选》,中华书局,2009。

第六讲 《老子》与先秦诸子学

第十三周(2学时)"尊道而贵德"——《老子》读法

【阅读文献】

1. 张舜徽:《四库提要叙讲疏》,云南人民出版社,2005,第82-127页。

2. 朱自清:《经典常谈》,北京出版社,2004,第79-92页。

3. 鲁惟一主编:《中国古代典籍导读》,李学勤等译,辽宁教育出版社,1997,第60-70、285-309页。

4. 吕思勉:《经子解题》,华东师范大学出版社,1995,第88-108页。

5. 钱穆:《国学概论》,商务印书馆,1997,第29-63、141-162页。

6.《老子今注今译(参照简帛本最新修订版)》,陈鼓应注译,商务印书馆,2016。

7. 章太炎:《子学略说》,载《国学讲演录》,华东师范大学出版社,1995。

第七讲 《韩愈集》与古代文章之学

第十四周(2小时)"文起八代之衰"——《韩愈集》读法

【阅读文献】

1. 张舜徽:《四库提要叙讲疏》,云南人民出版社,2005,第128-152页。

2. 朱自清:《经典常谈》,北京出版社,2004,第93-141页。

3. 金开诚、葛兆光:《古诗文要籍叙录》,中华书局,2005,第143-150、191-195、306-313、521-528页。

4. 钱伯城:《韩愈文集导读》,中国国际广播出版社,2009。

5. 章太炎:《文学略说》,载《国学讲演录》,华东师范大学出版社,1995。

第八讲 国学经典与现代文明

第十五周(2小时)

【阅读文献】

1. 钱穆:《国学概论》,商务印书馆,1997,第318-365页。

2. 钱穆:《中国思想通俗讲话》,生活·读书·新知三联书店,2002。

3. 吴国武:《以什么态度对待传统文化更重要——关于传统文化近三十年历程的几点思考》,《社会科学报》,2009年1月15日,第6版。

课程参考书目

【暂用教材】

章太炎:《国学讲演录》,华东师范大学出版社,1995。

朱自清:《经典常谈》,北京出版社,2004。

张舜徽:《中国古代史籍校读法》,云南人民出版社,2004。

鲁惟一主编:《中国古代典籍导读》,李学勤等译,辽宁教育出版社,1997。

【其他参考书】

钱穆:《国学概论》,商务印书馆,1997。

张舜徽:《四库提要叙讲疏》,云南人民出版社,2005。

裘锡圭:《文字学概要(修订本)》,商务印书馆,2013。

钱存训:《书于竹帛:中国古代的文字记录》,上海书店出版社,2002。

李零:《简帛古书与学术源流》,生活·读书·新知三联书店,2004。

余嘉锡:《余嘉锡说文献学》,上海古籍出版社,2001。

叶德辉:《书林清话(附书林馀话)》,吴国武、桂枭整理,华文出版社,2012。

范希曾编:《书目答问补正》,上海古籍出版社,1983。

陆宗达:《训诂简论》,北京出版社,2002。

俞樾等:《古书疑义举例五种》,中华书局,2005。

屈守元:《经学常谈》,北京出版社,2014。

《诗经》,陈致、黎汉杰译注,中信出版社,2016。

王云五主编:《礼记今注今译》,王梦鸥注译,新世界出版社,2011。

钱穆:《论语新解》,生活·读书·新知三联书店,2005。

吕思勉:《经子解题》,华东师范大学出版社,1995。

《老子今注今译(参照简帛本最新修订版)》,陈鼓应注译,商务印书馆,2016。

柴德赓:《史籍举要》,北京出版社,2011。
来新夏主编:《史记选》,中华书局,2009。
金开诚、葛兆光:《古诗文要籍叙录》,中华书局,2005。
钱伯城:《韩愈文集导读》,中国国际广播出版社,2009。
钱穆:《中国思想通俗讲话》,生活·读书·新知三联书店,2002。

课程大纲
中国现代文学经典选讲[①]

吴晓东

教师介绍

吴晓东，北京大学中国语言文学系教授、现代文学教研室主任，中国现代文学研究会副会长。1984年至1994年就读于北京大学中文系，获博士学位。1996年赴日本京都大学文学部担任共同研究者，1999年至2000年赴韩国梨花女子大学讲学，2003年至2005年赴日本神户大学讲学，2016年被聘为日本城西国际大学客座教授。2001年入选北京新世纪社科理论人才"百人工程"，2007年入选教育部"新世纪优秀人才支持计划"。2016年任北京大学人文特聘教授。著有《阳光与苦难》《象征主义与中国现代文学》《中国现代文学史》(合著)、《记忆的神话》《20世纪外国文学专题》《镜花水月的世界——废名〈桥〉的诗学研读》《从卡夫卡到昆德拉——20世纪的小说与小说家》《漫读经典》《文学的诗性之灯》《废名·桥》《二十世纪的诗心——中国新诗论集》《文学性的命运》《临水的纳蕤思——中国现代派诗歌的艺术母题》等。

课程简介

"中国现代文学经典选讲"选择1917年"五四"新文化运动到1949年中华人民共和国成立之间的中国现代文学经典作家的经典作品进行一个学期的讲授。教师在讲授与分析经典作品的同时，也会相应地

---

① 开课院系：中国语言文学系。

对作家的生平、创作的总体风格和作品的历史背景、审美情调以及思想内涵进行深入解析,在丰富选课同学文学视域的同时,提升同学们对中国现代文学经典的鉴赏、理解和认知能力,帮助同学们进一步感受和认识中国现代文化和历史,进而训练同学们分析文学作品的能力,最终培养出纯正的文学趣味和文学素养。

课程大纲

第一讲 现代中国文学经典的意义
【阅读书目】

1.温儒敏编著:《中国现代文学课程学习指导》,北京大学出版社,2001。

2.理查德·罗蒂:《筑就我们的国家——20世纪美国左派思想》,黄宗英译,生活·读书·新知三联书店,2006。

第二讲 鲁迅的《野草》
【阅读书目】

1.鲁迅:《野草》,载《鲁迅全集(第二卷)》,人民文学出版社,2005。

2.孙玉石:《〈野草〉二十四讲》,中信出版社,2014。

3.李欧梵:《铁屋中的呐喊》,尹慧珉译,岳麓书社,1999。

第三讲 周作人的散文
【阅读书目】

1.钱理群选编:《周作人散文》,浙江文艺出版社,2002。

2.钱理群:《话说周氏兄弟——北大演讲录》,九州出版社,2013。

第四讲、废名的小说《桥》
【阅读书目】

1.废名:《桥》,载王风编《废名集》,北京大学出版社,2009。

2.吴晓东:《镜花水月的世界——废名〈桥〉的诗学研读》,广西教育出版社,2003。

第五讲　丁西林的《压迫》

【阅读书目】

1. 丁西林:《西林独幕剧》,上海书店,1992。

2. 孙庆升:《丁西林及其他》,载《孙庆升文集(下)》,人民日报出版社,2014。

第六讲　胡适与《追悼志摩》

【阅读书目】

1. 胡适:《追悼志摩》,载《胡适文存》,黄山书社,1996。

2. 梁永安编:《徐志摩散文全编》,学林出版社,2010;或来凤仪编:《徐志摩散文全编》,浙江文艺出版社,1991。

第七讲　老舍与《骆驼祥子》

【阅读书目】

1. 老舍:《骆驼祥子》,人民文学出版社,1999。

2. 老舍:《我怎样写骆驼祥子》,载《老舍文集(第十五卷)》,人民文学出版社,1990。

3. 谢昭新:《老舍小说艺术心理研究》,北京十月文艺出版社,1994。

第八讲　卞之琳的诗

【阅读书目】

1. 卞之琳:《雕虫纪历》,人民文学出版社,1984。

2. 江弱水:《卞之琳诗艺研究》,安徽教育出版社,2000。

第九讲　沈从文的小说

【阅读书目】

1. 沈从文:《沈从文小说选(上、下)》,人民文学出版社,2004。

2. 金介甫:《沈从文传》,符家钦译,国际文化出版公司,2009。

3. 赵园主编:《沈从文名作欣赏》,中国和平出版社,2010。

第十讲　张爱玲的《传奇》

【阅读书目】

1. 张爱玲:《传奇》,人民文学出版社,1986。

2. 子通、亦清主编:《张爱玲评说六十年》,中国华侨出版社,2001。

3.黄修己主编:《张爱玲名作欣赏》,中国和平出版社,1996。

第十一讲　萧红的《呼兰河传》
【阅读书目】

1.《萧红散文全编》,浙江文艺出版社,1994。

2.林贤治:《漂泊者萧红》,人民文学出版社,2009。

第十二讲　钱锺书与《围城》
【阅读书目】

1.钱锺书:《围城》,人民文学出版社,2007。

2.杨绛:《记钱钟书与〈围城〉》,湖南人民出版社,1986。

3.王卫平:《东方睿智学人:钱锺书的独特个性与魅力》,河北教育出版社,1997。

教材或参考书

钱理群主编:《中国现当代文学名著导读》,北京大学出版社,2004。

课程大纲
艺术史[①]

朱青生

教师介绍

朱青生,北京大学历史学系教授、艺术史研究室主任。毕业于南京师范大学美术系(学士),中央美术学院美术史系外国美术史专业(硕士),海德堡大学美术史研究所(博士)。从事现代艺术创作,学术专业为汉代美术研究。现任北京大学视觉与图像研究中心主任、北京大学汉画研究所所长、《中国当代艺术年鉴》主编、中国网专栏作家。

课程简介

"艺术史"课程连续讲授十个专题,每个专题10—15讲,以此对世界艺术进行一次全面的梳理和呈现,揭示不同时代和不同文化中的艺术和艺术史的差异,培养学生基本的艺术素养。此课程不设先修课程,每年在秋季学期开设一次,讲授一个专题,首讲导论说明艺术史的基本概念并说明本学期内容在整个课程中的结构关系,末讲总结本学期内容的问题指向。

[①] 开课院系:历史学系。

课程大纲①

第一讲　导论

第二讲　世界的图景　Rietberg 展览巡礼　17 种"世界"以及其间的差异

第三讲　故宫　宫殿布置　江山一统　以龙座为圆心

第四讲　凡尔赛宫　中轴建构　朕即天下　中心所在　内部装饰与建筑构件　法式花园

第五讲　承泽园／"人文学苑"　读解《红楼梦》中的宗法制度在文学描述下完整的图景　世俗建筑　社会和理想

第六讲　雅典卫城　希腊的神庙　柱式　人间的完美和恰当的充分展现　人的尺度

第七讲　罗马 Nimes 水道　引水进入城市　城市的管理及管理理念　城市结构　帝国制度

第八讲　巴黎圣礼拜堂　庄严天国　信仰结构

第九讲　泰姬陵　天国的方向　清洁

第十讲　沂南汉墓　汉墓封闭的天地　仙境

第十一讲　金山寺　寺庙结构　净土　现世　禅堂

第十二讲　成德宫　韩国首尔／乌菲奇　佛罗伦萨　不同文化中的城市与山林

第十三讲　"大跃进"壁画／墨西哥壁画　公社图景　人民国度

第十四讲　纽约　中国改革开放　商业都会　算计秩序　信息城市规划幻想

第十五讲　结论

艺术史导论（节选）

今天我们开始讲艺术史。从今天开始，我要连续讲十个专题，每个专题讲 10—15 讲。

对我们来说，艺术史首先遇到的问题是——什么是艺术？什么是艺术史？第一个问题说起来非常复杂，因为如果我们知道什么是艺术，其

---

① 此为"秩序"专题课程大纲。——编者注

实就没有艺术；艺术如果是可以定义的，一定不再是艺术。因此"艺术是什么"的问题今天只能追问，但没有确切的、固定的答案。

什么是艺术史呢？艺术史又是对这样一个具有创造性和自我否定的活动进行不断地观察和研究的学问。如果我们能够把艺术史说得很清楚，它也就不再是关于那个无以定义的艺术的学问，所以艺术史是不构成科学的一门科学，是一个奇异的学问。如果研究对象真的没有确定性，当然也就没有了建立所谓"学科"的基础。然而，讲授艺术史，又不得不对其进行一个假设的定义，定义只是我们对艺术史的设想，事先将设想的框架交代清楚以后，大家就知道我怎么来安排这个课程。

艺术被看作是人类精神的一种活动，艺术史记录和解释艺术如何同人类的其他活动一起构成一种配置关系，而在不同的文化和不同的历史阶段，这样的配置有所不同。因此，世界不仅有一个艺术史，还有多种艺术史。2016年在北京召开了第34届世界艺术史大会，大会的主题就是 Terms，旨在讨论不同文化和不同时代的艺术和艺术史。由此进一步揭示和发现，不同的艺术的定义本身就对应着比较复杂的配置关系。我将要陈说的艺术，到底同哪些配置并列呢？

在此首先要清楚地告诉大家我所采取的办法，以便大家沿着一种方式进入理解，并且反对、批判，进而穿过和越过这种方式以获得自己的理解。如果在我们共同的讨论中，各人能获得自己的理解，这恰巧是艺术史这"不构成科学的一门科学"来开拓人的创造性和建造一种新的人性的目标之所归，因此艺术史课程并不是要教授给大家怎么来理解艺术，而是要通过对艺术的讲解，使大家建立对艺术的自我的理解，这便是构建一套方法的初衷。

对我来说，艺术史是一条通道，而不是对于艺术本身的历史陈述。它当然可以是对艺术本身的历史陈述！历史上有过很多的艺术现象和艺术作品，还有很多从事艺术工作的人，我们可以看古希腊，看汉朝，了解人类文明中最光辉、最灿烂的人工遗迹是如何被创造的，又是如何影响着人的。但是艺术史的功业不止如此。现在我们所讲的艺术史，实际上通向了更宽阔的方面，透过艺术这个活动，亦即人性中的一种不可或缺的配置，我们能够解释世界的本质和人的本性。

世界的本质和人的本性其实找不到根本，也不可能完全地被研究。

对于人类来说，本体是无尽的黑暗和永恒的沉寂，但会在不同的事物中间变现出来，呈现为形式，尤其是艺术。因其通达本性和本质，在艺术中变现出来的形式是如此灿烂、光辉而富有魅惑，故而使人关注此事。别事有人关心，有人忽视，而艺术极其容易吸引人，对这样的一个变现的结果，一个形式化的存在令人情为之动、心驰神往。经由对艺术讨论，作成艺术史学科来触及和揭示世界的本质和人的本性，无疑是很有意义的方式。如何"作成"？首先要求我们将所说的人性的形态作一些方向上的区分。

一般来说，人的整体具备人性。人性之意，即作为人，除去和其他生物和生命所分享的特性之外，一定具有一些不同于其他生物和生命的特性，而这些特性，过去的不同文化在不同的历史时期将其归结成"精神"。"精神"可以含蕴于个别肉身，可以飘摇于俗世之上。而人类的精神活动根植于人的本性的不同方面。人性的本质貌似一个整体，但是被人的有限而偶然的生命能力所意识和认知，显现出诸多后果。日常接触、历史所及，便是人生的精神所变现出来的可以被而且能够被意识和认知的结果，其中最重要的三大结果历来引人特别关注：一个是科学，一个是思想，还有一个就是艺术。有时人们会将它们放在一起陈说，乐意把一个人具有的多重因素的综合成绩，作为衡量其人格的高低程度和人的文化素养多少的标准，殊不知科学、思想和艺术本身有时并不相容，虽然归属于每一个人，人人都有人性从而在这三个结果中各擅其能，但是未必每一个个体都具备全部人性。如上所说，人性的全部是一个整体，既包含了科学，也包含了思想，还包含了艺术，但是在每一个个体身上，甚至在每一个时代的文化共同的集体身上，人只能"分有"其中的部分。没有一种文化可以呈现人性的全体，迄今为止的全部文明也没有将人性变现完毕。经常遇到的情况是，有些人在有些点上特别优秀，出于一种天赋，遭逢一种际遇，他/她的最终成果和结果显现得杰出而光耀。

讲授艺术史还是要把人性作为一个整体来作规划，这样才能够在解释局部问题时联系全体陈述，否则就无从说起，也挂漏太多。现在便来讨论此事，我将用100到150个题目条分缕析地分而论之。

"本性"到底是什么？对此本体问题有一确定，定作"无有的存在"。囿于篇幅，我们不在此论证。这个"无有的存在"说起来太长，僭造了一个字，上面是半个"无"，下面是半个"在"，这个字读音取"无有的存在"首字"无"之声母，末字"在"之韵母而读作"wài"，字典未收，只是代号，代号就是为了把复杂的东西标示出来。作如此标示，是想把本体问题悬置起来。在此次课程中，我们不讨论世界的本质和人的本性的问题，只讨论在艺术上这样一个虚无的"无有的存在"如何实现为我们的世界，以及人在其中的生活和生存。

艺术史是一条通道，是将艺术史的问题直指我们今天这样的一个世界和自我的生存是如何从一个"无有的存在"变现出来的，也就是解答"有生于无何以实现""有生于无何以完成"的问题。这个问题出自中国古代，但是古人对这个问题没有进行论证，只给出一个命令："有生于无"。怎么生？并没有非常清晰和严整的论证过程。我们不能回避论证，当然不知论证是否有效，也许我这十年的艺术史课程就是在论证这样一个道理。

艺术史十年规划

"我—我"："爱欲""生死"

"我—他"："区别""秩序""超脱"

"我—它"："环境""品类"

"我—祂"："神祇""圣所""无有"

爱欲

艺术作为生命本能的显现，会在情欲和色相中成为人的生命活动中意识最为强烈、快乐程度最为急迫、形式感最为美好的部分。

生死

艺术对于死亡恐惧和生命终结具有急切的关怀，并由此产生了长生和超越的种种想象和幻象，表达了对生命的留恋和对青春的贪求，也因其对死亡的自然规律的深切理解而产生了永恒和超越的设计和理想。

区别

艺术将人间的对立和差异作为自我呈现的动机和目标，这种构成人际关系中最根本冲突的因素通贯古今，同时也在艺术作品中得到了充分的展现和隐晦的表达。从个体到集体之间的竞争和超越以及对于凌驾和压迫自我的他者寻求公正与平等的诉求，也会诉诸艺术形式来显现人的荣辱状态。

秩序

艺术在人间的差异的状态之下建立着各种想象和社会的图景以建造一个理想的世界，并且将世界中的各种秩序设计为完美的状态，将人类的政治理想在细节上作了规划和程式化处理，试图以各种秩序为人际关系间的差异和社会矛盾找到一个解决的设想。

超脱

在人类之间的矛盾和竞争被部分解决和总体控制的秩序中，每个个体的特点和每个文化共同体的特殊需要受到统治和控制、检验和压迫。借助艺术，人们表达个性和自我的独立性，并希望通过艺术中的自由来弥补因政治、思想和知识中的规范和合法状态所带来的不自由。

环境

艺术将人的环境作为自我生存、依赖的对象，也作为自我观察所感受的对象，并用自然的方法将其加以保护和保存，或者用人为的方法对其进行改造和设计，由此将人的环境变成风景和虚幻现实。这个部分不包括政治结构和社会秩序的设计。

品类

艺术对于人类的生存和生活所依赖的物质对象有着极大的关注、审视和描摹的需要，从而将作为对象的事物变成了作为认识的事物和观看的形象，并且将其变成自我炫耀和精心收藏的对象。

神祇

艺术参与了对神圣的确定和归结，以对强大而超我的力量的对抗、征服、鄙视、顺从、谦卑、诌媚和供奉来完成人和神的关系，并为这样的力量制造了很多偶像与象征，最终将政治与宗教的终极理想呈现为完美的图画。

圣所

在神圣和理想设定之后，人们因为信仰而进行仪礼和法术，这类活动的场所因为神圣、庄严而呈现为奇异、华丽。

无有

艺术最终体现为人对自我的最高理想的超越和显现。

课程大纲
西方美术史①

丁 宁

教师介绍

丁宁,北京大学艺术学院教授,博士生导师,副系主任,兼任中国美术家协会理事、中国美术家协会理论委员会秘书长、中国北京国际美术双年展策划委员、国家社科基金艺术类项目评审委员、教育部高校艺术教育指导委员会委员和艺术硕士专业学位教学指导委员会委员。主要研究领域为美术学、艺术心理学。有专著《接受之维》《美术心理学》《绵延之维:走向艺术史哲学》《艺术的深度》,译著《传统与欲望:从大卫到德拉克罗瓦》《毕沙罗传——光荣的深处》《注视被忽视的事物:静物画四论》《媒体文化》等。

课程介绍

西方美术乃西方文明的重要组成部分,她的存在与发展见证了西方文明的价值取向和更迭,是物化形态与精神表达的一种创造性的融合,蕴涵了让后世感受和理会内中丰富而又鲜活的精神力量的价值。西方美术史十分迷人,尤其是其中的经典作品,常常令人倾倒,难以忘怀。"经典"(classical)一词源自拉丁文的"*classicus*",意为"第一流的"。大学生应该了解一点美术史,这是感受和理悟人类第一流的文化成果的重要途径。本课程专为大学素质教育开设,侧重介绍西方美术史经典作

---

① 开课院系:艺术学院。

品的人文内涵和艺术特点,培养学生读解西方美术杰作的能力,以此加深对欧洲文化的理悟,提升自己的审美趣味。

课程大纲

第一讲 绪论
艺术何为

形体创造

色彩魅力

线条流韵

从视觉艺术到视觉文化

【思考题】

1. 请你谈一谈对艺术的认识。
2. 举出若干幅(件)你觉得其中有最美形体的作品。
3. 例举线条最美的作品,并加以分析。
4. 色彩在艺术中有怎样的作用?请举例说明。
5. 你是如何看博物馆的文化意义的?

【阅读书目】

1. E. 潘诺夫斯基:《视觉艺术的含义》,傅志强译,辽宁人民出版社,1987,导言。

2. 大卫·卡里尔:《博物馆怀疑论:公共美术馆中的艺术展览史》,丁宁译,江苏美术出版社,2009,第4章。

3. 丁宁:《图像缤纷:视觉艺术的文化维度》,中国人民大学出版社,2005,"图像的文化阐释"。

【参考书目】

1. 约翰·伯格:《观看之道》,戴行钺译,广西师范大学出版社,2005。

2. 赫伯特·里德:《艺术的真谛》,王柯平译,中国人民大学出版社,2004。

3. 鲁道夫·阿恩海姆:《艺术与视知觉——视觉艺术心理学》,滕守尧、朱疆源译,中国社会科学出版社,1984。

4. 阿道夫·希尔德勃兰特:《造型艺术中的形式问题》,潘耀昌等译，中国人民大学出版社，2004。

5. 克莱夫·贝尔：《艺术》，薛华译，江苏教育出版社，2005。

6. 马尔科姆·巴纳德：《理解视觉文化的方法》，常宁生译，商务印书馆，2005。

第二讲　爱琴和古希腊美术的魅力

爱琴美术一瞥

古希腊建筑艺术

古希腊雕刻艺术

古希腊绘画艺术

【思考题】

1. 爱琴文化中的艺术有哪些代表作？

2. 请描述古希腊建筑的三种不同样式。

3. 古希腊雕塑的魅力是什么？

4. 请说明古希腊瓶画中的黑绘和红绘风格。

【阅读书目】

1. 尼采：《悲剧的诞生》，周国平译，生活·读书·新知三联书店，1986，译序。

2. 温克尔曼：《希腊人的艺术》，邵大箴译，广西师范大学出版社，2001，"论希腊人的艺术"。

3. Jerome Jordan Pollitt, *The Ancient View of Greek Art: Criticism, History, and Terminology*（Yale University Press, 1974）, Part I.2.

【参考书目】

1. Donald Preziosi and Louise Hitchcock, *Aegean Art and Architecture*（Oxford University Press, 1999）.

2. John Boardman, *Greek Sculpture: The Late Classical Period and Sculpture in Colonies and Overseas*（Thames and Hudson, 1995）.

3. John Griffiths Pedley, *Greek Art and Archaeology*（Prentice Hall, 2012）.

第三讲　伊特鲁里亚和古罗马美术的气度

伊特鲁里亚艺术一瞥

古罗马建筑艺术

古罗马雕刻艺术

古罗马绘画艺术

【思考题】

1. 伊特鲁里亚艺术的代表作是什么?

2. 简述古罗马艺术的特点。

3. 如何评价古罗马的建筑成就?

4. 古罗马雕塑有什么独特的贡献?

5. 古罗马绘画的艺术特色是什么?

【阅读书目】

1.Fred S. Kleine, *A History of Roman Art*(Wadsworth Publishing,2010),Introduction.

2. 维克霍夫:《罗马艺术:它的基本原理及其在早期基督教绘画中的运用》,陈平译,北京大学出版社,2010,第三章。

3.Ada Gabucci, *Ancient Rome*:*Art*, *Architecture and History*(The J. Paul Getty Museum, 2002), Chapter 3.

【参考书目】

1. 南希·H. 雷梅治、安德鲁·雷梅治:《罗马艺术:从罗慕路斯到君士坦丁》,郭长刚、王蕾译,广西师范大学出版社,2005。

2. Bernard Andreae, *The Art of Rome*(H. N. Abrams, 1977).

第四讲　中世纪美术的皈依

拜占庭艺术

罗马式艺术

哥特式艺术

【思考题】

1. 何谓拜占庭艺术?

2. 试结合具体的作品,比较罗马式艺术与以往的罗马艺术的差异。

3. 哥特式艺术有什么特点?

4. 为什么说中世纪的教堂建筑是伟大的艺术?

【阅读书目】

1. 埃米尔·马勒:《图像学:12世纪到18世纪的宗教艺术》,梅娜芳译，中国美术学院出版社，2008，第二章第一节。

2. 乔治·扎内奇：《西方中世纪艺术史》，陈平译，中国美术学院出版社，2006，第十章。

【参考书目】

1. 欧文·潘诺夫斯基：《哥特建筑与经院哲学：关于中世纪艺术、哲学、宗教之间对应关系的探讨》，吴家琦译，东南大学出版社，2013。

2. Otto Dumus, *Byzantine Art and the West*（New York University Press，1970）．

第五讲 佛罗伦萨画派的贡献——文艺复兴时期美术掠影之一

乔托的觉醒

马萨乔的启示

多纳泰洛的探索

波提切利的韵味

【思考题】

1. 结合具体的作品，谈一谈你对文艺复兴与中世纪的艺术差异的看法。

2. 乔托的艺术史意义在哪里？

3. 马萨乔的作品有什么开拓性意义？

4. 多纳泰洛的雕塑魅力是什么？

5. 如何评价波提切利的伟大成就？

【阅读书目】

1. 雅各布·布克哈特：《意大利文艺复兴时期的文化》，何新译，商务印书馆，2009，中译本序言。

2. 海因里希·沃尔夫林：《古典艺术——意大利文艺复兴艺术导论》，潘耀昌、陈平译，中国人民大学出版社，2004，第一部分第三章。

3. Frederick Hartt and David G. Wilkins, *History of Italian Renaissance Art*: *Painting*, *Sculpture*, *Architecture*（Prentice Hall，2011），Chapter 6.

【参考书目】

1. 朱利亚·玛利：《波提切利画传》，张春颖译，北京大学出版社，2011。

2. Loren Partridge, *Art of Renaissance Florence*, *1400—1600*（University

of California Press，2009）.

第六讲　大师的华彩——文艺复兴时期美术掠影之二

列奥纳多·达·芬奇的"纯正"

米开朗琪罗的"激越"

拉斐尔的"优雅"

【思考题】

1. 你如何理解达·芬奇的伟大？

2. 怎样欣赏《蒙娜·丽萨》？

3. 米开朗琪罗的艺术特色体现在哪里？

4. 结合具体作品谈一谈拉斐尔的魅力。

【阅读书目】

1. 米凯尔·列维:《文艺复兴盛期》，赵建平、李晓明译，重庆出版社，1990，第一章。

2. 列奥纳多·达·芬奇:《达·芬奇论绘画》，戴勉编译，广西师范大学出版社，2003，第二篇。

3. 米开朗基罗［米开朗琪罗］:《我，米开朗琪罗，雕刻家：一部书信体自传》，初枢昊译，上海人民出版社，2007，第43-85页。

【参考书目】

1. Cristina Acidini Luchinat et al., *The Medici，Michelangelo，and the Art of Late Renaissance Florence*（Yale University Press，2002）.

2. Linda Murray, *The High Renaissance and Mannerism：Italy，the North，and Spain，1500—1600*（Oxford University Press，1977）.

第七讲　威尼斯画派的绚丽——文艺复兴时期美术掠影之三

贝里尼的开创

乔尔乔内的建树

提香的追求

委罗内塞的快乐戏剧

丁托列托的视角

【思考题】

1. 结合具体的作品，就威尼斯画派在揭示人性化方面的贡献谈一谈你的体会。

2. 贝里尼的圣母形象与提香的圣母形象有什么不同？

3. 比较乔尔乔内和提香笔下的维纳斯形象的异同。

4. 谈一谈委罗内塞作品中的愉悦性的意义。

5. 丁托列托的特殊艺术魅力在哪里？

【阅读书目】

1. 乔治·瓦萨里:《著名画家、雕塑家、建筑家传（黑白插图版）》，刘明毅译，中国人民大学出版社，2005，"乔托""马萨乔""拉斐尔"。

2. 亚瑟·斯坦利·瑞格斯:《提香，他的辉煌和威尼斯时代》，尚垒译，北京大学出版社，2010，第六章。

3. Loren Partridge, *Art of Renaissance Venice*, 1400-1600（University of California Press, 2015）, Conclusion.

【参考书目】

1. David Rosand, *Painting in Sixteenth-Century Venice: Titian, Veronese, Tintoretto*（Cambridge University Press, 1997）.

2. Patricia Fortini Brown, *Private Lives in Renaissance Venice: Art, Architecture, and the Family*（Yale University Press, 2004）.

第八讲　北方的气质——文艺复兴时期的美术掠影之四

尼德兰文艺复兴美术

德国文艺复兴美术

法国文艺复兴美术

西班牙文艺复兴美术

英国文艺复兴美术

【思考题】

1. 请结合具体的作品，谈一谈尼德兰艺术的特征。

2. 描述一下德国肖像画的魅力。

3. 埃尔·格列柯的作品有什么特色？

4. 你如何理解北欧文艺复兴艺术中的意大利因素？

5. 谈一谈北欧艺术中的细节的迷人之处。

【阅读书目】

1. 奥托·本内施:《北方文艺复兴艺术：艺术与精神及知识运动的

关系》，戚印平、毛羽译，中国美术学院出版社，2001，第七章。

2. 克莱格·哈贝森：《艺术家之镜——历史背景下的北部欧洲文艺复兴》，陈颖译，中国建筑工业出版社，2010，结论。

【参考书目】

1. 德沃夏克：《作为精神史的美术史》，陈平译，北京大学出版社，2010。

2. James Snyder, *Northern Renaissance Art*: *Painting*, *Sculpture*, *the Graphic Arts, from 1350 to 1575*（Prentice Hall，2005）.

第九讲　巴洛克的力度

意大利的巴洛克艺术

西班牙的巴洛克艺术

法国的巴洛克绘画

北欧的巴洛克绘画

【思考题】

1. 选取一位重要的巴洛克画家或雕塑家，谈一谈他的艺术特色。

2. 选择一位你所喜爱的巴洛克时期的艺术家的作品，同时根据其所利用的文学资源进行叙述方面的比较分析。

3. 为什么说维米尔是独树一帜的艺术家？

【阅读书目】

1. 罗尔夫·托曼：《巴洛克艺术：人间剧场　艺术品的世界》，李建群、赵晖译，北京美术摄影出版社，2013，第二章。

2. Francis Haskell, *Patrons and Painters*: *A Study in the Relations Between Italian Art and Society in the Age of the Baroque*（Yale University Press，1980），Chapter 1.

【参考书目】

1. Suzanne Folds McCullagh and Kate Tierney Powell, *Capturing the Sublime*: *Italian Drawings of the Renaissance and Baroque*（Art Institute of Chicago，2012）.

2. Boudewijn Bakker, *Landscape and Religion from Van Eyck to Rembrandt,* trans. Diane Webb（Ashgate，2012）.

3. Robert Enggass and Jonathan Brown, *Italian and Spanish Art*, *1600—*

1750：*Sources and Documents*（Northwestern University Press，1992）.

第十讲　罗可可的情调
华托的优雅和伤感

布歇的风韵和影响

弗拉戈纳尔的情调和活力

罗可可时期的夏尔丹

意大利的罗可可艺术

【思考题】

1. 试以具体作品为例，比较罗可可与巴洛克艺术的差异。
2. 华托在艺术史中的意义是什么？
3. 谈一谈夏尔丹的静物画的魅力。

【阅读书目】

1. 温尼·海德·米奈：《巴洛克与洛可可：艺术与文化》，孙小金译，广西师范大学出版社，2004，第五章。

2. Jennifer Milam，*Fragonard's Playful Paintings：Visual Games in Rococo Art*（Manchester University Press，2006），Chapter 2.

【参考书目】

1. Nigel Aston，*Art and Religion in Eighteenth-Century Europe*（Reaktion，2009）.

第十一讲　新古典主义的圭臬
新古典主义的旗手大卫及其创作

新古典主义的中坚——安格尔及其创作

【思考题】

1. 比较一下大卫与安格尔的异同。
2. 请谈一谈新古典主义绘画的基本特点。
3. 能否用你对新古典主义文学的阅读经验谈一谈你对某一新古典主义画家的一件作品的体会？

【阅读书目】

1. 诺曼·布列逊：《传统与欲望：从大卫到德拉克罗瓦》，丁宁译，浙江摄影出版社，2003，第五章。

2. 曲培醇：《十九世纪欧洲艺术史》，丁宁、吴瑶、刘鹏等译，北京大学出版社，2014，第四章、第五章。

3. 乔舒亚·雷诺兹：《皇家美术学院十五讲》，代亭译，上海人民出版社，2007，第四讲。

【参考书目】

1. 威廉·荷加斯：《美的分析》，杨成寅译，人民美术出版社，1984。

2. Wend Graf Kalnein and Michael Levey, *Art and Architecture of the Eighteenth Century in France*（Penguin Group，1972）.

3. William Gaunt, *The Great Century of British Paintings*：*Hogarth to Turner*（Phaidon Press，1978）.

第十二讲 浪漫主义的风采

浪漫主义先驱——戈雅

法国浪漫主义绘画

法国浪漫主义雕塑

德国浪漫主义绘画

英国浪漫主义绘画

【思考题】

1. 试比较新古典主义与浪漫主义的差异。
2. 法国浪漫主义大师的成就体现在哪里？
3. 如何理解浪漫主义艺术中的"真实性"？

【阅读书目】

1. 罗伯特·罗森布卢姆：《现代绘画与北方浪漫主义传统》，刘云卿译，广西师范大学出版社，2003，卷一。

2. 夏尔·波德莱尔：《浪漫派的艺术》，郭宏安译，上海译文出版社，2009，"论泰奥菲尔·戈蒂耶"。

3. M.H. 艾布拉姆斯：《镜与灯：浪漫主义文论及批评传统》，郦稚牛、张照进、童庆生译，北京大学出版社，2004，第十章。

【参考书目】

1. 威廉·沃恩：《浪漫主义艺术》，李美蓉译，远流出版事业股份有限公司，1995。

2. Kenneth Clark, *The Romantic Rebellion*：*Romantic Versus Classic Art*（Harper Collins Publishers，1974）.

第十三讲　写实主义的菁华

法国写实绘画

英国写实绘画

俄罗斯巡回画派

【思考题】

1. 谈一谈不同国家的写实主义画家的特点。

2. 杰出的写实绘画是否就是对自然与现实的严格摹写？

3. 如何理解写实主义的题材范围？

【阅读书目】

1. 罗斯金：《透纳与拉斐尔前派》，李正子、潘雅楠译，金城出版社，2012，第1–54页。

2. Marcia Werner, *Pre-Raphaelite Painting and Nineteenth-Century Realism*（Cambridge University Press，2005），Chapter 9.

3. Linda Nochlin, *Realism：Style and Civilization*（Penguin Group，1971），Chapter 3.

【参考书目】

1. Lawrence R.Schehr, *Rendering French Realism*（Stanford University Press，1997）.

2. David Jackson, *The Wanderers and Critical Realism in Nineteenth Century Russian Painting*（Manchester University Press，2011）.

第十四讲　印象派的光影

法国的印象主义艺术家

法国以外的印象主义艺术家

印象派的伙伴、雕塑家罗丹及其弟子

后印象主义的追求

新印象主义的尝试

【思考题】

1. 请谈一谈印象主义绘画的基本特点。

2. 后印象主义画家的追求体现在什么地方？

3. 比较一下印象主义和新印象主义的异同。

【阅读书目】

1. T. J. 克拉克:《现代生活的画像:马奈及其追随者艺术中的巴黎》,沈语冰、诸葛沂译,江苏美术出版社,2013,导论。

2. 上海博物馆编:《三十二个展览:印象派全景》,北京大学出版社,2013,"莫奈:痴迷瞬间光色的艺术家"。

3. Meyer Schapiro, *Impressionism*: *Reflections and Perceptions*（George Braziller, 1997）, Chapter 1, Chapter 2.

【参考书目】

1. 杰弗里·迈耶斯:《印象派四重奏:马奈与摩里索,德加和卡萨特》,蒋虹译,广西师范大学出版社,2008。

2. Linda Nochlin, *Impressionism and Post-Impressionism*, *1874—1904*: *Sources and Documents*（Prentice Hall, 1966）。

第十五讲　现代主义的新意

立体主义与毕加索

野兽派和马蒂斯

表现主义和蒙克

维也纳分离派和克里姆特

未来派艺术一瞥

抽象艺术和抽象表现主义

达达主义的破坏

巴黎画派和莫迪里阿尼

超写实主义和达利

【思考题】

1. 试谈立体主义在现代主义艺术发展中的地位和意义。

2. 找一幅你所喜爱的野兽派的作品谈一谈其中的艺术特色。

3. 蒙克的作品力量来自哪里?

4. 克里姆特作品的魅力是什么?

5. 如何理解未来主义艺术?

6. 用你自己的语言谈一谈抽象艺术的特点是什么。

7. 莫迪里阿尼的画作的新意在哪里?

8. 达利的画如何把握?

9.亨利·摩尔的雕塑的美学特征有哪些?

【阅读书目】

1.约翰·拉塞尔:《现代艺术的意义》,陈世怀、常宁生译,江苏美术出版社,1996,第十二章。

2.迈耶·夏皮罗:《现代艺术:19与20世纪》,沈语冰、何海译,江苏凤凰美术出版社,2015,"塞尚的苹果:论静物画的意义"。

3.瓦·康定斯基:《论艺术的精神》,查立译,中国社会科学出版社,1987,第二篇。

【参考书目】

1.安德烈·布勒东:《超现实主义宣言》,袁俊生译,重庆大学出版社,2010。

2.马泰·卡林内斯库:《现代性的五副面孔:现代主义、先锋派、颓废、媚俗艺术、后现代主义》,顾爱彬、李瑞华译,译林出版社,2015。

3.罗伯特·戈德沃特:《现代艺术中的原始主义》,殷泓译,江苏美术出版社,1993。

4.汉斯·利希特:《达达艺术和反艺术:达达对二十世纪艺术的贡献》,吴玛悧译,艺术家出版社,1988。

5.卡巴内:《杜尚访谈录》,王瑞芸译,文化艺术出版社,1997。

6.马蒂斯:《马蒂斯论创作》,钱琮平译,人民美术出版社,1987。

7.沃尔夫-迪特尔·杜贝:《表现主义艺术家》,张言梦译,生活·读书·新知三联书店,2005。

教　材

丁宁:《西方美术史十五讲(第二版)》,北京大学出版社,2016。

课程大纲
欧洲文学选读[①]

Thomas Rendall

教师介绍

Thomas Rendall，斯坦福大学博士，中世纪英国文学和欧洲古典文学资深专家，曾任澳门大学人文学院院长，现任北京大学英语系教授。在北京大学外国语学院英语系主讲课程"欧洲文学选读""英国文学基石""欧洲文学专题研究""中世纪英国文学"。

课程简介

本课程共有两个目的：就文学研究而言，本课程旨在帮助同学们更好地理解和欣赏两部优美动人、影响深远的欧洲叙事长诗；就文化研究而言，本课程将为同学们介绍西方世界一些根本性的思想观念。为此，我们要品读两部作品。《埃涅阿斯纪》描述了一段走向崇高目标的旅程——要建立一个稳定的文明社会；它以一个体现着理性、责任和勇敢诸法则的英雄形象，反映出古希腊罗马的文明理想。《神曲》呈现的是另一段有着崇高目标的旅程——朝向神的视界；它所塑造的英雄追寻精神启蒙，卓越地展现了犹太—基督教观念。这两部作品所呈现的古典与基督教价值观，乃是现代欧美文化最重要的根源。

[①] 开课院系：外国语学院。

课程大纲

一、《埃涅阿斯纪》（重点阅读第 1—6 卷，同时也涉及第 12 卷中的部分选段）

第 1 周　课程简介与《埃涅阿斯纪》背景介绍
第 2 周　《埃涅阿斯纪》卷 1
第 3 周　《埃涅阿斯纪》卷 2
第 4 周　《埃涅阿斯纪》结束卷 2、开始卷 4
第 5 周　《埃涅阿斯纪》结束卷 4、开始卷 6
第 6 周　《埃涅阿斯纪》结束卷 6、卷 12

注：卷 3 与卷 5 在课堂上不作详细讨论，但学生们仍然需要阅读这一部分。

《埃涅阿斯纪》真可谓是一首古典而又现代的史诗。作为古典史诗的《埃涅阿斯纪》，具有奇妙的"他异性"（alterity），就其呈现出的价值取向而言，与现代西方文化并不一致，有趣的是，却与中国传统文化有异曲同工之妙。《埃涅阿斯纪》强调理性重于情感，强调共同体的需要优于个体的需要，并且蕴藏着强烈的反战思想，反对用压倒性的且残酷的暴力来解决一切问题。书中歌颂的最高社会理想是共同体（community），由法律管理的安详、稳固而秩序井然的社会；最崇高的个体行为则是虔敬（pietas），包含了对家庭、国家（亦体现在对其他人的公共责任）以及对神的责任（duty）。

《埃涅阿斯纪》同时也是一首现代的史诗。史诗的许多部分不仅很精妙，而且不可思议地具有现代性。这主要体现在以下几个方面。第一是对内心精神与情感状态、心理冲突及动机的分析。第二是对迂回、暗示甚至沉默等写作风格的运用——这使得我们必须"于字里行间阅读"（read between the lines）。第三是情节发展微妙而精简。第四是对当时价值观的态度——作品在颂扬的同时也提出了疑问。第五是主人公自身的性格特点，这同时也是《埃涅阿斯纪》现代性（modernity）最主要的体现。就像我们看到的那样，埃涅阿斯是一个复杂而多面的人物。首先，他并非生来完美的英雄，而是会犹豫、有弱点的英雄，他的英雄气概也是在不断发展中形成的。其次，不像阿喀琉斯或奥德修斯，埃涅阿斯并非个人主义者或"喜孤独者"（loner），而是人民的领袖——他几乎总是在人群的中心出现。最后，他更像是对同伴认真负责的公仆而非"恃强凌弱"者。在《伊利亚特》中，阿喀琉斯为个人荣誉与为友复仇而战；在《奥德赛》中，奥德修斯为返回故里而战。但埃涅阿斯却是为了一个更遥远、更公共、更宏伟的目标——建立城市、建构社会——而奋斗。就像现实所显示的那样，这恰恰使得埃涅阿斯更有感染力，更加有趣，也更加真实。

二、《神曲》（重点阅读《地狱》，同时也涉及《炼狱》和《天堂》中的部分选段）

第 7 周　《神曲》背景介绍、《地狱》1-4
第 8 周　《地狱》5-6
第 9 周　《地狱》7-9
第 10 周　《地狱》10-17（高潮）
第 11 周　《地狱》26、34
第 12 周　《炼狱》1-2、10-12
第 13 周　《炼狱》28-33
第 14 周　《天堂》1-2
第 15 周　课程总结与《天堂》30-33

《神曲》中的故事在两个层面上展开，一是对想象中"实际旅程"的描述，二是对滋生于内心的、精神的世界中的探索的刻画。诗作意义则可在三个维度上阐述——字面意义、故事寓意及书写意义。在字面意思（the literal level）上，《神曲》被想象为一场真正的、物理上的旅行，书中的活动与邂逅在旅行者身外的世界发生。

寓意（allegorical meaning）又可细分为精神、心理及共同体三个层次。作为个体精神救赎的旅程（a journey of individual spiritual salvation），但丁的长诗可以看作是个人精神的自传，呈现了自己精神上的失败、挣扎与最终觉悟的故事。在书中，地狱、炼狱与天堂之旅同时作为外在与内在的旅程而存在。人类在物理宇宙中离上帝越近，他们离自己的"自然状态"（natural place）也就越近，因而也就能享受到上帝精神之光与爱的更多恩泽。作为一段心理旅程（a psychological journey），一段深入故事讲述者自身个性的旅程，故事从地狱的混乱与失望开始，历经炼狱中连续的休养，最终达到了一种心理健康或者说是情感和谐愉悦的状态，这也便是天堂。此外，故事还作为一段共同旅程（a communal journey）而存在，这一主题通过两条引人注目的证据得到了突出的反映——一是书中没有真正"孤独"的人，就连地狱也是某种形式的共同体，哪怕它是以负面的形式存在的；二是与读者预想的恰恰相反，但丁喜爱的比阿特丽斯在最后并没有提到她对诗人的爱或她对他个人救赎的期望。

最后是书写意义上的旅程（a compositional journey）这一维度的意义。简单说来，《神曲》所描述的旅程的艰辛某种意义上即是作者在写作本书时无休止挣扎的反映。想象中从黑暗森林到天堂的旅程只用了一周的时间，但但丁在写作《神曲》的实际"旅程"中却至少走了十几年，其间伴随着他的是饥饿、寒冷与难以入眠的夜晚。但丁试图将无人见过的三个世界生动地描绘出来，因而频繁地抱怨自己实际能力的不足、写作技巧的欠缺及语言本身固有的缺陷，尤其是为《天堂》中所用词语的不达意而难过——在这里，他陷入了用人类语言有限的能力来描绘无限的困境。

参考书目

1. Publius Vergilius Maro, *The Aeneid*, trans. Robert Fitzgerald（Vintage, 1990）.

2. Dante Alighieri, *The Divine Comedy*, trans. Allen Mandelbaum（Bantam Classics, 1984）.

学生也应有一本完整版（而非"口袋本"或"专为学习者设计的"）、全英文、大学水平的字典。推荐：《韦氏大学词典》《韦氏新世界词典》《简明牛津词典》。一部具有相近容量的全英文电子词典亦可。

课程大纲
佛教艺术和考古：南亚与中国[①]

李崇峰

教师介绍

李崇峰，北京大学考古文博学院教授、博士生导师。研究方向为印度、中亚和中国佛教考古与佛教艺术。1995年以来，先后多次主持教育部、国家文物局和国家社科基金等的项目，多次应邀参加印度、巴基斯坦、美国、英国、意大利、德国、法国、瑞典、日本、韩国等国家举办的学术研讨会或发表演讲。

课程简介

作为与基督教和伊斯兰教并列的世界三大宗教之一，佛教广泛传播于亚洲的许多国家和地区，既对其政治、社会、文化和艺术传统产生过重大影响，也丰富了古代各族人民的精神生活。如中国从北魏开始，佛教即"助王政之禁律，益仁智之善性"（《魏书·释老志》）。唐代长安城分设若干"坊"，每坊几乎都设佛寺，负责对坊内百姓进行精神束缚。又，中土传统上称佛教为象（像）教；"'象教'，谓为形象以教人也"（六臣注《文选》）。因此，佛教雕塑与绘画是佛法传播的重要媒介或手段。

"佛教艺术和考古：南亚与中国"是为全校本科生开设的选修课，拟从考古与艺术学科交叉的角度解读南亚（包括中亚）与中国的佛教文

[①] 开课院系：考古文博学院。

化遗产。佛教考古的对象，主要包括地面佛寺遗址、石窟寺遗迹和佛教遗物；而佛教艺术史研究的重点，则偏重后两项，即石窟雕塑、壁画及单体造像。在教学过程中，教师主要从佛教考古角度讲授，兼及艺术史研究方法。

课程大纲

一般说来，传统文化包括世俗文化与宗教文化两大部分。为完善北京大学"通识教育与专业教育相结合"的本科教育体系，引导学生思考人生意义，把握人类文明及传统，我们以宗教文化为背景，开设这门通识教育核心课程，通过教师讲授和经典著作研读，与学生一道探讨源远流长的中国传统文化及其本源。

课程具体内容以时代为纲，拟从建筑、雕塑和绘画三重视角讲授天竺和中国佛教艺术的渊源与流变，打通南亚、中亚与中国三大地域的佛教文化，加深学生对文明传统的理解，使其具备跨文化的视野，认识问题背后的历史渊源，为其下一步的专业教育铺垫基础。

本课程内容分作四单元十八讲，教师讲授二十次，组织学生讨论两到三次。通常每周讲授一讲内容，部分章节会在讲授及讨论过程中有所调整。

第一单元　佛教起源与原始造像

第一讲　绪论

本讲向大家讲述佛教的产生、发展和原始佛教造像。同时介绍学习天竺与中国佛教艺术和考古的目的，并提示本课程的一些重点内容和考核要求。

第二单元　僧伽蓝渊源与流变

关于天竺的地面佛寺，通常使用"僧伽蓝"与"精舍"两个术语。"僧伽蓝，旧译云村，此应讹也。正言僧伽罗磨，此云众园也。"（玄应《众经音义》）"伽蓝"，应为 saṃghārāma 之略译或简称。僧伽蓝或伽蓝，原指僧众所居之园林，一般用来称僧人栖止之佛寺。至于精舍，"非以舍之精妙名为精舍，由有精练行者之所居，故谓之精舍也"（慧苑《新译大方广佛华严经音义》引《艺文类聚》），即佛寺之别称，但其原语不一。

第二讲　天竺精舍营造

释迦牟尼接受竹林精舍（Veḷuvanārāma）作为比丘栖身之处，是早期佛教寺院制度史上的一个转折点，它对于地面佛寺（僧伽蓝）在公元前6世纪的创立，起到了极大的推动作用。佛像出现后，曾被广泛安置于精舍或僧伽蓝之中，迄今所见各种大型佛教造像多出其遗址。

第三讲　罽宾僧伽蓝类型

法国学者沙畹认为古印度佛教圣地有二：一在辛头河流域，一在恒河流域。中夏巡礼之僧俗多先历辛头，后赴恒河；有不少巡礼之人，如宋云、惠生之徒者，且不远赴中印度，而以弗楼沙国或呾叉尸罗（Takṣaçila）为终点也。迦湿弥罗与弗楼沙、竺刹尸罗（呾叉尸罗）、犍陀卫（乾陀罗）及乌苌等地，应为中国史书所记之罽宾。

魏晋南北朝时期，"罽宾多出圣达"（《出三藏记集》），当时中土与罽宾的往还非常频繁。作为供养礼忏和栖止禅修的中心，《法显传》所记僧伽蓝与《洛阳伽蓝记》所述塔寺的布局如何？

第四讲　北朝伽蓝布局

中国的佛教寺院制度传自印度，以供奉舍利的浮图（塔）为中心建置。魏晋南北朝时期，尽管塔通常含有佛寺之意，汉文史料中也多有建塔即建寺的记载，但北魏杨衒之记录洛阳地面佛寺时还是采用了外来术语"伽蓝"。

迄今国内发现的地面佛寺，以云冈石窟西部冈上发掘出土的寺址为最早，应是天竺僧伽蓝在内地营造的最初尝试。稍后兴建的洛阳永宁寺，在这种布局的基础上进一步发展，堪称中国境内第一座汉化佛寺。

第五讲　隋唐佛寺之汉化

除"舍宅为寺"外，辟地新建的独立型地面佛寺，由于少受或不受固有地物限制，在规划设计上可以充分体现佛教经律及信徒各种宗教行为的需求，受到了"四众"和供养者的青睐，是南北朝后期以降流行的形式。

迄隋唐，各地盛行营造多院落式大型佛教寺院，尤其是唐代"国家大寺"，规模宏大，布局复杂。如长安城内大庄严寺占据一坊之地，"复殿重廊，连甍比栋，幽房秘宇"，除中心佛塔外还包括众多别院，应是完全汉化了的僧伽蓝。

第一、二单元内容讨论
第三单元　石窟寺起源与发展

作为早期僧人禅观和信徒供养、礼忏之处，石窟寺既是对一般地面佛寺的模仿，也可视作同时期砖木结构或泥笆草庐之寺的石化形式，这点在印度石窟群中表现得颇为显著。

第六讲　天竺石窟类型

根据洞窟形制和使用性质的不同，印度的佛教石窟可以大体分作僧众栖止禅修生活用窟和信徒供养礼忏佛事用窟两类；前者以僧坊窟（lēṇa）为主，后者主要指塔庙窟（chētiyaghara）。至于石窟寺与地面佛寺之关系，我们主要讲述一下 lēṇa 与 vihāra 和 chētiyaghara 与 stūpa 的关系。

第七讲　阿旃陀——印度石窟寺之典范

阿旃陀（Ajaṇtā，一译阿姜塔）石窟，开凿于印度马哈拉施特拉邦奥兰伽巴德市东北 106 公里处的新月形溪谷崖壁。唐代高僧玄奘 637 年前后游历此地，称之"阿折罗伽蓝"，并在《大唐西域记》中作了较详细的记录。

阿旃陀石窟，是集建筑、雕刻、绘画三者为一体的佛教艺术。鉴于其卓越的文化遗产价值，阿旃陀已于 1983 年被联合国教科文组织列入世界遗产名录。

第八讲　巴米扬石窟年代

巴米扬（Bāmiyān）石窟，开凿在阿富汗喀布尔市西北230公里的兴都库什山脉西段巴米扬溪谷的北侧崖壁上。公元628年（或630年），玄奘游历梵衍那国（巴米扬）并在《大唐西域记》中记述了两大立佛及巨型"涅槃卧像"。这应是现存有关巴米扬石窟的最早记载。

从洞窟形制和残存壁画推断，巴米扬石窟以佛殿窟为主，与天竺早期流行的以塔庙窟为中心有别，反映出当地在佛教信仰上已发生了变化。巴米扬石窟最著名者是前述两大立佛，分别编号为第155窟和第620窟，它们是断定巴米扬石窟年代的重要遗迹。

第九讲　克孜尔中心柱窟图像志

古龟兹的佛教石窟寺，以克孜尔石窟位置重要，类型齐备，内容丰富，延续长久，堪称代表。根据洞窟形制及性质，克孜尔石窟主要分作四种类型，即中心柱窟、大像窟、僧坊窟和方形窟。

中心柱窟（包括大像窟）应是早期信徒进行供养礼忏、从事佛事活动的主要场所。鉴于窟内塑像与壁画的经营位置相对固定，克孜尔中心柱窟似有统一的圣像设计（iconological scheme）或规范的图像志（Iconography）。

第十讲　云冈石窟——汉化石窟寺之创举

作为新疆以东最大的石窟群，"武州山石窟寺"（云冈石窟）是当时统治北中国的北魏皇室集中全国人力、物力及技艺在平城创建的。虽然云冈石窟受到了早于它的凉州石窟的影响，但在窟龛形制、造像组合及形象特征等方面都有自己的特点，且呈现出一系列汉化趋势。

平城是北魏的政治、经济和文化中心，故而，武州山石窟寺所创造和不断发展的新样式，即"云冈模式"，很自然地成为北魏版图内各地兴建石窟寺所参考的典型。

第十一讲　龙门石窟唐代窟龛分期

唐太宗贞观十五年（641年），魏王李泰为生母长孙皇后在宾阳南洞雕造佛像，是李唐皇室在龙门开窟造像之始。龙门石窟的标志性造像——大卢舍那像龛，是"大唐高宗天皇大帝之所建"，"皇后武氏助脂粉钱"完成。武周时期，皇室、显贵在龙门的开窟造像活动达到鼎盛。龙门石窟唐代窟龛约占现存全部窟龛总数的三分之二，是研究唐代政治、宗教、文化、艺术以及社会生活诸方面珍贵的实物材料。

第十二讲　印度石窟中国化

虽然佛教艺术起源于天竺，但它后来不断向外传播。每传至一地，便与当地的文化传统相结合。结果，一种具有该民族特征的新风格或新样式随之产生。这种现象明显地反映在石窟寺的演化上。

印度摩诃剌侘的塔庙、僧坊及方形窟，乃世界佛教石雕建筑之原型；古龟兹境内的石窟，可以看作是摩诃剌侘与中原北方佛教石窟的媒介形式；而中原北方石窟寺，则是中国化了的印度石雕建筑。这三大地域里石雕建筑的兴凿历史，在一定程度上可以看作是佛教石窟寺发展史的缩影。

第三单元　内容讨论
第四单元　雕塑、绘画与技法

宿白在《〈大金西京武州山重修大石窟寺碑〉的发现与研究》写道："考虑石窟的类型，一般要包括：一、石窟形制；二、主要形象和形象组合（布局与题材）；三、纹饰与器物；四、艺术造型与技法。"（《中国石窟寺研究》，文物出版社，1996，第107页）

第十三讲　犍陀罗与秣菟罗

在探讨佛像起源和佛教艺术的研究中，犍陀罗艺术（Gandhāran art）与秣菟罗艺术（Mathurā art）是常常会遇到的两个术语。它们既是两种不同的艺术流派（school），又代表了两种截然不同的艺术样式（style），皆因地而命名。两地雕造的佛像，主要用于安置同时期的地面佛寺。

第十四讲　《画经》与《造像量度经》

天竺绘画与雕塑一直重视造型和技法。《造像量度经》传说是释迦牟尼为舍利弗详细解说自己身体尺度的记录。清工布查布《〈造像量度经〉引》曰："自汉以来，凡欲造佛像者，皆取西来像为模。"

除《造像量度经》外，唐许嵩《建康实录》所记"天竺遗法"，应主要用于南北朝以降中土佛寺壁画的创作。这种绘画技法，在印度《毗湿奴最上法往世书》（Shri Viṣṇudharmottara Purāṇa）第35—43说品，即《画经》（Citrasūtra）中有详细记载。

第十五讲 造像组合与壁画布局

地面佛寺与石窟寺的主体像设，是"四众"和世俗信徒供养及礼忏的重要对象。印度佛教艺术中的造像组合基本是一铺三身，中国从北魏晚期开始流行一铺五身；唐代更盛行一铺七身像甚至一铺九身像。

南齐谢赫阐述"画有六法"：一气韵生动，二骨法用笔，三应物象形，四随类赋彩，五经营位置，六传移模写。（《古画品录》）其中，"经营位置"是讲布局，考虑画面结构，适当布置题材，即对整幅画面进行设计。唐代地面佛寺和石窟寺中流行的大幅经变，应是我们理解"经营位置"，即壁画布局的较好实例。

第十六讲 题材与粉本画样

作为象教，佛教艺术的创作既重视"相法"（lakṣaṇa）或"量度法"（pratimālakṣaṇa），也认真看待"粉本"或"画样"（ākṛti）。现以千手眼大悲像（俗称千手千眼观音）为例，讲述佛教造像中题材与"粉本"或"画样"之关系。

第十七讲 雕塑造型与绘画技法

中国东晋南北朝与印度笈多帝国，两者在时间上大体相当。随着佛教在此土发展，古代中国与天竺之间在佛教艺术领域的交流颇为频繁。中土高僧西行求法与天竺和狮子国僧人及画家接踵来华，必然会把当时西域、南海的佛教雕塑与绘画技艺同时带入此土。故而，南北朝佛教雕塑与绘画受笈多艺术影响颇多，反映在雕塑造型（modeling）和绘画技法（technique）方面尤为显著。

第十八讲 罽宾道上的佛教遗迹

汤用彤认为："佛教为异域宗教，根据自在传译。故印度中国之交通道路，其通塞改易，均与我国佛教有关系。"关于汉唐时期中国与天竺的陆路交通，唐道宣在《释迦方志》中记述有东、中、北三道和"陀历道"。其中,"陀历道"即西汉以来的罽宾道,其路线与今喀喇昆仑公路(Karakoram Highway)基本一致。

东汉明帝遣使西行求法,秦景等人往还天竺皆取悬度道(罽宾道)。这反映出佛教传入中国之始即重此道。到了魏晋南北朝时期,罽宾道仍是中土通往中亚和南亚的重要陆路,当时传译、求法之僧及商旅和使节多选此道。20世纪六七十年代喀喇昆仑公路修筑时,沿途发现了许多石刻题记和大量佛教岩画。

参考文献

1.《法显传校注》,章巽校注,上海古籍出版社,1985。

2. 杨衒之:《洛阳伽蓝记校释》,周祖谟校释,中华书局,1963。

3. 僧祐:《出三藏记集》,苏晋仁、萧鍊子点校,中华书局,1995。

4. 道宣:《续高僧传》,郭绍林点校,中华书局,2014。

5.* 玄奘、辩机:《大唐西域记校注》,季羡林等校注,中华书局,1985。

6.* 义净:《南海寄归内法传校注》,王邦维校注,中华书局,1995。

7. 张彦远:《历代名画记》,明万历初年王世贞郧阳原刻《王氏画苑》本。

8. 汤用彤:《汉魏两晋南北朝佛教史》,商务印书馆,1938。

9. 吕澂:《印度佛学源流略讲》,上海人民出版社,1979。

10. 向达:《唐代长安与西域文明》,生活·读书·新知三联书店,1957。

11.* 宿白:《中国石窟寺研究》,文物出版社,1996。

12.* 宿白:《魏晋南北朝唐宋考古文稿辑丛》,文物出版社,2011。

13. 李崇峰:《佛教考古:从印度到中国》,上海古籍出版社,2014。

14. 李崇峰:《佛教考古:从印度到中国》,上海古籍出版社,2015。

15.* 龙门石窟研究院、北京大学考古文博学院、中国社会科学院世界宗教研究所编著:《龙门石窟考古报告:东山擂鼓台区(六)》,龙门书局,2018。

16.* James Fergusson and James Burgess, *The Cave Temples of India*

(W. H. Allen & Co., 1880).

17. A. Ghosh ed., *Ajanta Murals* (Archaeological Survey of India, 1967).

18. É. Lamotte, *Histoire du Bouddhisme Indien, Des Origines à l'ére Śaka* (Bibliothèque du Muséon, 1958) / É. Lamotte, *History of Indian Buddhism, from the Origins to the Śaka Era*, tran. S. Webb-Boin (Institut Orientaliste de l'Université Catholique de Louvain, 1988).

19.* John Marshall, *Taxila*:*An Illustrated Account of Archaeological Excavations Carried out at Taxila under the Orders of the Government of India Between the Years 1913 and 1934, 3 vols* (Cambridge University Press, 1951).

20. Debala Mitra, *Buddhist Monuments*（Sahitya Samsad，1971）.

21.* 水野清一、長廣敏雄:『雲岡石窟：西曆五世紀における中國北部佛教窟院の考古學的調查報告』16卷，京都大學人文科學研究所，1951—1956/『雲岡石窟續補；第十八洞實測圖：西曆五世紀における中國北部の佛教窟院』，實測/製圖水野清一、田中重雄，解說日比野丈夫，京都大學人文科學研究所，1975。

* 为必读书目，其余为选读书目。

课程大纲
美索不达米亚艺术与文明

贾妍

教师介绍

贾妍,北京大学艺术学院助理教授。北京大学历史学学士、艺术学学士,历史学硕士,哈佛大学艺术史博士。国家社科基金项目"亚述帝国崛起与文化扩张研究"负责人、北京大学人文社会科学研究院"未名学者"。

现开设"美索不达米亚艺术与文明""西方艺术学原著导读""亚述浮雕专题""美术史研究方法"等课程。北京大学黄廷方/信和青年杰出学者奖获得者、"北京大学优秀班主任"荣誉获得者。

课程简介

本课程在世界文明发展史的大背景基础上,通过对古代美索不达米亚(两河流域)艺术与建筑的起源、发展、风格特点及历史流变的讲解和考察,引导学生理解作为"人类文明摇篮"的古代美索不达米亚特有的视觉与物质文化。课程力图突破西方传统"东方学"框架下的文明视野,以中华文明为观想本体和潜在的比较对象,在美索不达米亚文明的盛衰中引导学生思考人类文明面临的普遍问题,在全球化的语境下提升文明对话的意识与能力。方法论层面,课程致力于在讲授中引入艺术史学科的一些基本研究路径,即从视觉材料入手,结合文献记载和考古材

---

① 开课院系:艺术学院。

料，通过对"图"与"物"的观看、解读和阐释，探索其背后独特的文明形态与文化传统。

课程大纲

第一讲 "寻根"之旅：作为"文明摇篮"的美索不达米亚
1.1 文明的土壤：美索不达米亚历史、环境与文化概况
1.2 古代美索不达米亚的近代发现
1.3 古代美索不达米亚的现代启示

第二讲 寻找吉尔伽美什：美索不达米亚的史前文明与乌鲁克时代
2.1 王权的源起与早期国家的诞生
2.2 王的形象与神的身影：乌鲁克时期的艺术与建筑
2.3 权力、器物与身份：印章的使用与"滚印"在美索不达米亚的文化意义

第三讲 向永恒致敬：早王朝时期的艺术与建筑
3.1 美索不达米亚的"战国"时代：早王朝时期历史文化概况
3.2 泥筑的丰碑：作为神之"高屋"的美索不达米亚代表性建筑——塔庙
3.3 为了永恒的纪念："鹫碑"与美索不达米亚纪功碑传统

第四讲 "黄泉"之下：美索不达米亚的死亡观念与墓葬艺术
4.1 乌尔贵族墓的发掘与墓葬珍宝的发现
4.2 《伊施塔入冥府》：关于一个神话的文化反思
4.3 寂路回响：乌尔"琴语"与苏美尔葬仪初探

第五讲 走向帝国：阿卡德时代地域文化的交融与民族国家的整合
5.1 神秘的阿卡德：从何处来？往何处去？
5.2 "帝国"的雏形与王权神化的尝试：那拉姆辛纪功碑所展示的时代
5.3 难以逾越的巅峰：美索不达米亚艺术中的"古典时代"与"阿卡德风格"

第六讲　塑造王权：古迪亚与他的时代

6.1　阿卡德"帝国"的衰落与新城邦体系的建立

6.2　"身体""形象"与"观念"：美索不达米亚的肖像传统及其延续

6.3　卢浮宫里最有存在感的拉伽什之王：那些古迪亚的雕像们

第七讲　再现虔敬：新苏美尔时期的艺术与建筑

7.1　乌尔第三王朝与新苏美尔文化的"复兴"

7.2　承前启后：新苏美尔时期的艺术风格

7.3　高屋问月：乌尔塔庙的建筑空间与仪式空间

第八讲　观想汉穆拉比：古巴比伦时期的艺术风貌

8.1　汉穆拉比法典碑：关于文、图、物关系的思考

8.2　姿态、功用与传达：古巴比伦时期的一些雕像的"原境"探讨

8.3　马里王宫：壁画、雕塑与建筑

第九讲　告别青铜时代：异族的进入与新文化的兴起

9.1　断裂与延续：异族统治下的美索不达米亚文化与艺术

9.2　纷争与交流："国际化"时代的到来与"地中海文化圈"的建立

9.3　萌生与崛起：拉开"亚述时代"的序幕

第十讲　帝国盛景：新亚述时期的艺术与文化

10.1　一个新时代的到来：千年之交的地中海世界，以及亚述的兴起、迁都与扩张

10.2　"英雄"形象的回归与"帝国"图景的展开：亚述浮雕的历史叙事与仪式表达

10.3　帝国崛起与文化扩张：艺术史角度的再现与反思

第十一讲　背面前行：帝国笼罩下的新巴比伦艺术与建筑

11.1　亚述与巴比伦的并立与纠缠

11.2　众神之门：从巴比伦城谈开去

11.3　荣耀与负担：文化传统的两面性

第十二讲　万邦之国：阿契美尼德王朝与波斯艺术

12.1　攻占巴比伦：与波斯人握手的马尔杜克

12.2　帝国空间：波斯波利斯的"万国门""谒见殿"与"百柱厅"

12.3　帝国意象：贝希斯敦的浮雕与铭文

第十三讲　落日余晖：亚历山大与希腊化时代及其影响

13.1　死于巴比伦：年轻的帝王与古老的帝国

13.2　底格里斯河上的赛琉西亚城：新的风格与新的时代

13.3　余韵未绝：安息帝国与萨珊王朝盛衰中的美索不达米亚文明

第十四讲　溯洄从之：关于"文明之生"与"两河之死"的反思

14.1　过去与现在：时空交错中的历史与废墟

14.2　他们的"东方"，我们的"西方"：近代以来中国人世界观中的模糊地带

14.3　另一种眼光："一带一路"与"全球化"视野中的美索不达米亚文明

参考文献

1. Zainab Bahrani, *Mesopotamia*：*Ancient Art and Architecture*（Thames & Hudson, 2017）.

2. 亨利·富兰克弗特：《古代东方的艺术与建筑》，郝海迪、袁指挥译，上海三联书店，2011。

3. 拱玉书、刘文鹏、刘欣如等：《世界文明起源研究——历史与现状》，昆仑出版社，2015。

4. 刘家和、廖学盛主编：《世界古代文明史研究导论》，高等教育出版社，2001。

5. Michael Roaf, *Cultural Atlas of Mesopotamia and the Ancient Near East*（Equinox, 1990）.

6. Eva Strommenger, *5000 Years of the Art of Mesopotamia*. trans. Christina Haglund（H. N. Abrams, 1964）.

7. Marc Van De Mieroop, *A History of the Ancient Near East*, ca.

3000—323 BC（Blackwell，2004）.

考核方式

1. 出勤率与参与度：30%。

2. 期中选题：20%。

3. 期末作业：对两河艺术中某种图像形式提出问题并给予研究性阐释，50%。

三、通识教与学

助教心得
千种风情与君说[①]

毛锦旖

"唐宋诗词名篇精读"课程分为唐宋诗歌和唐宋词两个板块,每个学期讲授一个板块,秋季学期讲授的是"唐宋词名篇精读"。与中文系的本科生文学史课不同,这门课并非按照时代和文学流变的顺序串讲词史,也非围绕一系列重要词人进行系统的风格特色梳理,而是从闺情恋情、离别相思、羁旅行役、歌舞歌妓、登览怀古等方面选择经典名篇和特色之作,以题材划分专题,以作品赏读为重点,以知人论世和场景还原的方法分析词作所体现的艺术创作特色、社会文化观念和文学审美情趣。张鸣老师既不回避同学们在中学时代即已熟知的柳永《雨霖铃》、李清照《声声慢》等名家名作,往往能够通过精细的研读发掘熟悉之处的新鲜"风景";又不囿于一般词选所框定的佳作范围,将敦煌曲子词、秦观《调笑转踏》等关注度相对较低而又特色鲜明的作品列入讲授或阅读范围,带领大家一起领略唐宋词的别样魅力。因此,于我而言,担任课程助教的一学期,实际上也是一段不断更新既有认知、更加切实感性地体味词之千种风情的美好经历。

课程体验之美好,自然离不开同学们的认真与激情。开课之初,因为同学们的选课热情高涨,课程人数由最初设定的160人扩展到了200人,上课教室也从二教410更换到了能够容纳更多人的二教102。即便如此,教室后面的空地和两侧的走道依然或坐或站,挤满了旁听的同学。在空调尚未开放的春夏之夜,饱和的人员使得大家在接受知识挑战的同时,也经受着身体和心理的另一重挑战。在这样的情况下,同学们

[①] 课程名称:唐宋诗词名篇精读;本文作者所在院系:中国语言文学系。

维持着良好的课堂秩序，认真倾听与思考，每一次会心的大笑或热烈的掌声，都如同一阵清风吹散了闷热之气，令人感到"表里俱澄澈"的平静。

　　批改课堂作业更是一场场与同学们的文学对话。由于课程容量和选课人数的限制，老师和同学、同学和同学之间的交流讨论比较有限，因此，张鸣老师布置了三次各有侧重的阅读作业，以作业和批改反馈的方式作为课程交流的重要补充。同学们谈论自己最喜欢的词作及喜爱的原因，对拥有类似特质的作品进行比较分析，探讨自己对某一首词、某一意象或某一情感的体悟与理解，触动于苏东坡的生活热情或蒋竹山的遗民哀泪，共情于"诗酒趁年华"的豪纵意气或"无可奈何花落去"的惆怅闲愁……作业并不要求按照文学艺术赏析的某一模式完成，而是鼓励同学们在深入研读的基础上充分发挥自己的才情，书写自己与唐宋词的故事。在批改和撰写反馈建议的过程中，我们也强调和重视作业中体现的个人体悟和阅读思考。对于欣赏词作而言，方法虽然重要，却并不是最关键的，实际上也并不存在特定的或唯一的方法，更没有绝对的正误、优劣之分（当然对于基本事实的把握必须要准确）。仔细地品味作品，理解其创作现场，调动自己的生活或思维触觉去感知文字与文学的韵味，并敏锐地将其抓住，用恰当的语言表达和呈现出来，即是值得赞许的。因此，每当看到具有细腻独到的文学感悟、流畅优美的文字表达，回归作品本身、回归自我生命的作业，我们都会感到由衷的欣悦。

　　比较遗憾的是，这门课虽然设立了公共邮箱，同学们也经常通过张鸣老师、海伦师姐和我的微信或个人邮箱进行更多的交流和探讨，但没有创建一个课程微信群，因而信息传达和交流讨论的及时性与范围还是受到了一定掣肘。期待在下一年的"唐宋诗名篇精读"板块中弥补这一遗憾！

助教心得
"国学"怎么看[1]

程悦

2016年春季学期起,我担任吴国武老师"国学经典讲论"课程的助教,在工作过程中,我学习到了很多。以下我将从对课程中"国学"的看法、课程任务以及工作心得这三个方面简要谈起。

一、"国学"怎么看

目下"国学热"已不再是一个新鲜的话题,各式各样的贴着"国学"标签的书籍、课程和文化产品已经随处可见,"国学"似乎已经成为人尽熟知的概念。可是,越是在这种潮流之下,越需要人们保持清醒,与当下的热潮保持距离,并且认真审视其本质。什么是"国学"?"国学"的概念是如何产生的?所谓的"国学"包括哪些内容,学习这些内容又要通过哪些门径?这些问题对于非专业的同学而言,是不容易了解清楚的。那么,为"国学"设立一门深入浅出的课程,让对此抱有兴趣的同学能够充分了解其面貌,无疑是非常必要的。可以说,"国学经典讲论"课程的开设,就是希望为非专业的同学了解"国学"打开一扇大门。

"国学经典讲论"课程中的"国学"立足于"中国古典学",将"国学"作为中国传统学术文化的统称,把关注重心落在传统汉文经典本身,实际上回答了"什么是国学"的问题,以书籍经典的产生、分类和特点等阐述国学范围内中国传统学术文化的呈现样态,避免了对于国学的过于狭义的解读。

---

[1] 课程名称:国学经典讲论;本文作者所在院系:中国语言文学系。

以"中国古典学"为定位，将国学作为一门学问来看待，实际上表明国学内部具有特有的系统性。另外一方面，"中国古典学"的定位对外正可与"西方古典学"相对应，中国的传统学术文化从形成到发展，其样式在后世长久留存，其文化精神亦长期为后世借鉴，这些与西方古典学是有相通之处的。而"中国古典学"内部又有自己的许多发展特点，正可以彰明其为"中国"传统的出发点。

现代学术体系中，中国传统学术所涵盖的内容被划分到文学、历史学、文献学、语言学等学科门类中，每一学科在自己的辖域内独立发展，虽然也有相互借鉴的内容，但仍旧以各自学科的立场为主要出发点。中国传统学术文化的内在结构和分类体系本来就与现代不同，从现代学术门类的角度反观中国传统学术文化，产生类似于"中国传统学术文化划界不清、分类不明"的观点，是毫不奇怪的。这并不能说明中国传统学术文化结构不合理，只能说明我们没有找到合适的观察分析角度。实际上，不论是学习研究中国古代语言文字，还是古代文学、古代政治、古代思想，都会发现有同一批无法回避的经典文献需要参照。可以说，相对于现代学科而言，中国传统学术分类具有整体性。然而，一个现代学科中所需要参照的古代经典，可能有不同性质，其参照价值各有不同，如经、史中的人物材料相比于子书中记录的人物材料，可能更接近真实。

一言蔽之，对于本土的学术文化传统，我们只有站在本土的立场上心平气和地观照，才可能看到中国传统学术文化的本来面貌。

二、课程设置与任务

"国学经典讲论"是吴国武老师在2016年春季学期新开的一门通识核心课程，这门课的准备工作至少在一年以前就已经开始。作为一门新开的通识核心课程，如何传达出课程的设计理念，如何更好地在有限的时间内展示其丰富的内容，如何让同学们更好地了解和掌握其中的每一个知识点，都是经过思考的。

这门课程的定位是"面向大学本科生为加强国学经典训练而开设的基础课程"，其目的是"加强国学经典训练"，意即希望在讲授的过程中给选课同学一定的专业训练，而不是局限于浅表性的介绍；其定位为

"基础课程"，又表明本课程所涉及的专业内容不会偏深，而是专业领域中偏重基础的部分。这个整体的定位充分考虑到课程的目的和接受的学生群体，体现出专业性和通识性并重的特点。

本门课程主要围绕汉文古书经典的形成与流传、经典分类系统及各类经典的特点展开，最后结合当今时代背景，谈到当下如何解释经典，如何进行文化创新。对经典的分类大体采用章太炎《国学讲演录》中"小学、经、史、诸子、文学"的分类方法，每一类书选取一到两个代表介绍其特点与读法。这些基本要点，对阅读中国古代文学、历史、哲学经典及语言文字类经典，都是有帮助的。

本门课程还配置两次讨论课。第一次讨论课主题为"子部的分类问题"，讨论文本以《四库全书总目》子部的部叙和类叙为主，从子部入手，使同学们一方面熟悉《四库全书总目》的体例，另一方面了解子部分类格局与沿革传统。第二次讨论课主题文本为司马迁《史记·太史公自序》，讨论主题为"从《史记》看经学、史学之关系"以及"《史记》体例与传统史学"，从史学经典入手，探讨经、史之间的关系，加深同学们对史书体例的了解。两次讨论课分别从不同的侧面入手，督促同学们对原典进行深度阅读，结合古人的评价和今人的研究，提出自己的看法。这一训练可以促进同学们对于原典的思考，也保证同学们有机会运用课堂上所讲授的古书读法。

课下的作业主要分为期中小论文和课后抄写两部分。其中，课后抄写任务量较大，但是可以使同学们加深对古代典籍形制和内容的印象，这也是促使同学们深入了解古书的一种方式。

三、助教体验

本学期担任吴国武老师"国学经典讲论"课程的助教，我感到非常幸运，同时也感到压力不小。吴老师很早就为课程列出了详细的课程大纲和参考文献，可以看出这门课程的内容涉及面比较广，内容也比较多。课程的教学辅助工作，要求我对相关的典籍及中国传统学术系统必须比较了解。因此在准备文献的过程中，我自己也在不断扩充相应的背景知识。同时，吴老师也经常就课程相关的问题和我讨论，从大的框架到小的细节，无不涉及。在讨论的过程中，我学习到了很多，一方面加深了对古代学术文化系统性的了解，另一方面也对课程设置的各个环节有了更深的认识。

吴老师做事非常细致，在课程准备的各个方面投入了非常多的时间和精力，连课件中的每一个例子，都是经过深思熟虑挑选的。可以说，课程每一个组成部分的设计的背后，都蕴含着一定的用意。老师认真负责的态度也促使我更认真地投入课程辅助工作中去。

前面也说过，比起一般课程，本门课程除了有期中小论文以外，还有抄写作业和讨论课。抄写作业共三次，虽然看起来枯燥，但是对同学们熟悉经典文本的形制和内容很有帮助。古人对经典的熟悉，很多都是建立在抄写的基础上的。同学们的抄写作品也蔚为可观。其中一次作业是抄写郭店楚简本的《缁衣》。绝大部分同学都选择了竖排繁体抄写，有几位同学则直接按楚简文字原貌抄写。虽然说不上抄写得与原文字形完全一致，但这种联系加深了同学们对于楚简形制的印象，并使同学们切实体会到文字具有发展变化这一事实。这是非常有益的。

讨论课主要是为了使同学们运用课堂所学知识，加深对经典的印象和了解，并对特定问题提出自己的看法。两次讨论课上，同学们大都非常认真，准备充分，并提出自己的想法。每次讨论课，绝大多数同学都准备了不少材料，并且结合今人的研究提出自己对一个问题的看法。不管观点成熟与否，这种态度都是非常值得肯定的。不过在讨论发言的时候，同学们还是比较拘谨，有些有趣的问题没能完全展开，这是有待改善的地方。在课下也常有同学与我交流，主要是关于怎么找书、怎么看书的细节问题。从提问中，我感受到从课上接受知识到熟练掌握运用还是需要经过一定练习的，课下的自主阅读实践非常重要，在阅读中具体地认识古书的体例、著法等，更容易体会古书读法背后的道理。读书需要指南和方法，不仅要知晓理论，还要在实践中尝试操作。

在担任课程助教的过程中，我对中国传统学术文化有了更多的认识。中国传统学术文化有其内在的系统性，有其独特的发展和继承特点，应当以本土的眼光来了解其内部的发展特质，而不应该只用外部性的眼光，根据现代的标准加以定性，否则，得到的结论与所观察的传统实质必然是有隔阂的。要了解传统学术文化，有必要从了解经典面貌、熟悉经典内容开始，要了解读书门径，有条理、有次序地去阅读。

  这一学期的"国学经典讲论"课程已经落下帷幕，助教工作也接近尾声，可是这一门课程带给我的影响将会是长久的。这一学期的助教工作不仅让我对"国学"有了更深的了解，也促使我不断思考怎样将中国传统学术文化的内涵与其精神传达给更多对"国学"怀有兴趣的同学。相信今后将会有更多的同学参与到这门课程中来。

助教心得
用艺术打开世界之门[①]

冯晗

19世纪英国艺术批评家约翰·罗斯金曾说,一个伟大的民族,在撰写他们的传记的时候,一共有三类书:第一类"事迹之书"(The Book of Their Deeds),第二类"语辞之书"(The Book of Their Words),第三类"艺术之书"(The Book of Their Arts)。如果你没有读过其中的一类书,另外两类书就很难理解,尤其是最后一类,如果你没读过,你理解其他两个类别,就会有很大的困难。而若我们用本身就已极为丰富的艺术打开世界的大门,想想也是极为浪漫与洒脱的。

从史前开始,图像就存在于我们身边。不论图像是源于宗教、巫术还是我们对世界的模仿,在某种程度上,图像反映的都是我们内心深处对世界的认识与理解。艺术与社会从来都是不可分割的。一幅艺术作品犹如一把开启时代之门的钥匙,打开这扇门,我们可以看到一个时代的文化建构与视觉特色。英国新艺术史学者巴克桑德尔在《15世纪意大利的绘画与经验》中提出了"时代之眼"的概念。他主张将艺术置于社会的文化结构中进行考察,反对将艺术与社会对立。同时,由于社会历史文化的不同,特定时期也呈现出相应的文化视觉习惯。鲁本斯画面中的运动感、弗拉戈内尔笔下的爱侣、弗里德里希笔下的哥特式废墟以及莫奈的光影世界,都凝结了一个时代的审美风尚。

作为通识核心课程,西方美术史课程的目的不只是传授给学生西方美术史的相关知识,更重要的是培养学生对美的感受力与感知力,真正

[①] 课程名称:西方美术史;本文作者所在院系:艺术学院。

地做到"博雅"教育。一学期的课程不能面面俱到地讲到西方美术史发展的每个阶段，其间一定会有所取舍。丁宁老师将课程的重点放在古希腊古罗马以及文艺复兴，不仅是因为这两个阶段对之后艺术史的发展产生了重要影响，更重要的是，丁老师希望同学们可以从这两个阶段的艺术生发出去，了解更多相关的人文知识。

助教是沟通老师和同学的桥梁。西方美术史是艺术类通选课程，选这门课的同学有三百余人。这么多的同学很难做到与老师进行一对一地有效沟通，同学们有问题的时候就可以先跟助教沟通。我在工作的过程当中经常会收到同学们的来信提问，有一些是比较具有典型意义的，或者是多数同学的困惑，这个时候我就会跟老师沟通，请老师在课堂上集中回答同学们的问题。比如，在期中论文的撰写过程中，很多同学就自己的选题立意向助教进行求教，这时我们就会根据自己的经验及专业知识向同学们提出一些建议，并且推荐一些参考书，以帮助同学们顺利完成论文。

助教的职责还包括让同学们在学习的过程中发现更多的"可能性"。通过同学们的期中论文，我深刻地体会到了同学们对于西方美术史课程的兴趣。在期中论文的选题方面，我发现同学们的思路非常开阔，选题各异，涉及多个专业领域。西方美术史的研究当然不应该囿于一隅，我们鼓励大家在撰写期中论文时与自身专业相结合，利用新材料与新方法，培养问题意识，拓宽艺术史研究的道路。比如，有一位法学院的同学就探讨了艺术史中公平女神的形象演变问题；有一位医学院的同学从人体结构的角度讨论了大卫雕像与黄金比例的关系。这些同学的论文立意大胆，很吸引大家的眼球，而且在进行论述时也能做到有理有据，有强烈的问题意识。但是，在论文的审阅过程中，我发现一些同学的研究视野并不是很开阔，比如关于"西方艺术史中的女性形象"这一论题，每年都会有很多同学进行分析，而且论述并不是很充分，只是流于表面，缺乏独立的思考与见解。我建议同学们在撰写论文时将选题的范围尽可能缩小，以艺术作品为核心，结合历史学、社会学、文学等方面的知识对所选问题进行阐释。

西方美术史主要是围绕艺术作品展开的，艺术作品是了解艺术史的基础与灵魂。由于丁老师经常有机会去国外的博物馆、美术馆进行参观考察，因此可以在课堂上为同学们提供大量清晰的图像资料，从各个角度展示艺术作品的魅力。但是，课件上的图片为我们所展示的毕竟是经过转化的视觉图像，已经失去了原有的展示环境，学生们无法获得直观的视觉感受与即时的现场感，与真正的艺术作品总是"隔"了一层。要揭开眼前的这层面纱，就需要同学们亲自前往博物馆或者美术馆与艺术作品进行面对面的交流。北京的故宫博物院、国家博物馆、798艺术区等，每年都会有大大小小的众多展览，我希望同学们充分利用身边的有效资源，走进展厅，亲身领略艺术作品的独特魅力。

西方美术史课程的结束不应该停留在最终的成绩上，相反，这更应该是同学们接受艺术的开始。艺术应该成为同学们生活中不可或缺的一部分。

助教心得
美索不达米亚文明的"无用之用"①

常洋铭

已故的法国亚述学泰斗让·博泰罗（Jean Bottéro）在他的名作《美索不达米亚：书写、理性与诸神》（*Mésopotamie: L'écriture, la raison et les dieux*）的开篇，首先为他所研究的学科亚述学的"无用"（inutile）辩护。在他看来，亚述学"无用之用"的根本在于它处于人类文明的根基位置——五千年前深埋于黄土之下的"泥与水"的文明，却依然能和当代世界呼应和对话。不过，可能在旁人看来，这依然是学者的自我宽慰罢了。正如授课老师和助教在课上对同学们所说的那样："这门课可能对你们没有什么用。但是通过选修这门课程，古代美索不达米亚文明能够进入你们的视野，成为你们认知所及的一部分。这已经是很好的结果。"而我们相信，这也是现阶段通识教育能够达到的理想效果。

担任"美索不达米亚艺术与文明"课程助教是难得的机缘。在课程开始近一年前，贾妍老师就和我讨论了这门课的大纲设置和参考资料的选择。在交流过程中，我被这门课的课程内容深深吸引，所以主动请缨，破例跨院系担任了这门课程的助教。虽然我是亚述学专业的学生，但美索不达米亚艺术史方面的知识并不充足。因此，在担任助教之前，我选修了贾妍老师面向研究生开设的"外国美术史专题（亚述浮雕专题）"课程。这门课让我对古代两河艺术史研究有了方法论层面的理解。另外，两年前复旦大学欧阳晓莉老师赠予我的 Zainab Bahrani 的 *Art of Mesopotamia* 一书，也帮助我快速地对课程内容有了切实的把握。

把延续三千年的艺术与文明的脉络浓缩到十几周的课程之中，初始

---

① 课程名称：美索不达米亚艺术与文明；本文作者所在院系：外国语学院。

材料拣选和课堂内容讲授的难度可想而知。每周一下午两个课时的课堂上，贾妍老师在介绍历史地理背景知识的基础上，分析一个时期或一个地区的艺术品个案及其风格与演变，同时还要引入艺术史研究的方法与视角。每节课数百页的幻灯片所覆盖的内容远远超过了课堂讲授内容，也让我在课后遭遇很大的考验。出土艺术品及其残片往往揭示了文本材料未完全揭示的信息，而同学们基于图像本身提出的问题，往往是亚述学研究者们的"灯下黑"。一些因习以为常而被我忽视的图像、符号和母题，在与同学们的交流过程中再度成为问题，重新回归到我的视野里。在每一次课后交流中，不同专业背景的同学想法的碰撞，也让我受益良多。

如果说通识教育的目的是在当代社会中，为受教育者提供来自不同文化背景的知识和价值观，让他们认识到一个尽可能完整的世界，也让他们的品格在接受教育、认识多元的过程中变得完全，那么，古代美索不达米亚是一个很好的切入点。亚里士多德说，"所有人自然地想要知道"，而在回答"这是什么"的时候，我们很难避免谈到"这从哪儿来"。最早的洪水故事，最早的创世神话，最早的城市、学校、图书馆、法典和法律判决……身处人类文明的上游，美索不达米亚能够回答我们太多的终极追问。另外，尽管研究古代美索不达米亚文明对于解决当前的一些世界问题并没有实际的功用，但它始终能够提醒我们：没有一种文明是"纯净"的。在两河流域，从公元前 3000 年的苏美尔人和阿卡德人，到公元前 2000 年至公元前 1000 年的巴比伦人和亚述人，文明从来不是一元的，而是在对抗中融合，并最终结出丰硕的果实。在今天，这一启示非常重要。

学生感言
慢下来用心体会[①]

陆迪

选"西方美术史"这门课最初是因为假期的时候和同学无意中看到了提香的一幅画,在我感叹其中明丽的色彩和丰满的人物构图时,我的同学却滔滔不绝地跟我讲起了威尼斯画派、贝里尼彩蛋画中的光影手法、丁托列托精巧的布局和画面要素的寓意,以及后来与提香风格非常相近的委拉斯凯兹。后来我才知道,他是因为选了丁宁老师的"西方美术史"课程才扩充了这方面的知识,这也让他对西方艺术产生了浓厚的兴趣。于是在他的推荐下,我便选了这门课。

"西方美术史"课程的主要讲授方式是通过对大量图片的解说来将相关知识融入其中。就像带着你去旅行,用图片构建出一个时光隧道,先是回到了文明起源的古希腊,在迈锡尼文明的遗址和巴特农神庙残存的建筑中感受文明发源地曾经的辉煌;随着时光的流逝,经历古罗马的艺术审美和中世纪的宗教文化,在文艺复兴时期感受人性在艺术中淋漓尽致的表达,有乔托、马萨乔心中对于个体之人的赞美,有达·芬奇、拉斐尔对于血肉之躯的描绘,当然也有威尼斯画派令人沉醉的明媚色彩。当时光长河经历了西方文明史上最为经典的时期,西方艺术并没有因此而停滞,老师带着我们从巴洛克到罗可可,去欣赏艺术中的激情和宏大的场面表达,然后是光影交织下的印象派、梵高、莫奈、马奈。当言语的表达化为笔触下流转的色彩,我们就像处身于那个时代,从光阴中变得丰富而饱满。一学期的课程结束,我们就像经历了一场时光之旅,在岁月变迁中,那些留名于史册的艺术家一一从身边走过,带着时

[①] 课程名称:西方美术史;本文作者所在院系:法学院。

代的气息和他们迥异的人生。

丁宁老师是个很感性的人，你可以在他轻柔的声线中感受到他对西方艺术的热爱。老师在讲课的时候，更像是一个讲故事的人，不紧不慢，将心中对于美的感受娓娓道来。一瓶花，一盘鱼，一只羊，一个微笑，一抹蓝色，它们的存在都是艺术家精妙的设计，背后所蕴含的都是难以言尽的寓意。

这门课大概是我上过的唯一一门能够让我真正慢下来用心去体会的课，它不需要你拼命地记忆生涩的知识点，也不需要你绞尽脑汁地去推演繁复的公式。它需要的，是你带着一颗平静的能够感受美的心，和老师一起褪去浮躁，去经历两个小时的时光之旅，让眼睛和心灵都能在艺术的氛围中完全放松。

也许到今天我还不能在看到一幅画时就准确说出它的风格、文明所属，但是因为"西方美术史"这门课程，我真正学着去理解那些生动的笔触和雕刻的棱角。这门课给予我的，不仅仅是理论的知识，更是对艺术的向往之情。当我再次看到那些闻名于世的作品时，除了发出惊叹，还多了更深一层的了解。

我很喜欢北大未名BBS上西方美术史精华版的一个分区的名字："虚拟美术馆"。我们中的大多数人可能都还没有机会去到那么多的美术馆，在真实的艺术作品面前感受它们的宏伟与绚丽，但是这堂课就像是构建了一座虚拟美术馆，将这些西方艺术作品置于我们眼前，让我们在无法真正远游时，还能用心去穿越历史与山河。

我记得丁宁老师在一节课上说，热爱艺术的人，应该学着做个有情怀的人。希望老师能继续把这门课开下去，也希望越来越多的同学能够通过这门课在自己的心里建造一座虚拟美术馆，在感受美的时光之旅中成为一个有情怀的人。

四、含英咀华

优秀作业
不尽的好梦——细读《好的故事》[①]

肖钰可

作为《野草》中一篇典型的写景抒情诗,不少研究者在论及《好的故事》时,都将它和《雪》《风筝》等性质相同的作品放在一起讨论。比如,冯雪峰在他的研究论文中就将《野草》二十三篇分成三类来谈,其中《秋夜》《雪》《风筝》《好的故事》《蜡叶》《淡淡的血痕中》《一觉》七篇作品被归为第一类。[②] 这样的分类方法从作品题材和阅读观感上来说大体是不错的,也为我们研读《野草》文本提供了一种清晰便捷的路径。但与此同时所带来的问题是,这种分类法将《野草》人为分割成了若干章节,可能会造成某种理解上的断裂。若囿于这种框架,则势必会对文本本身所具有的丰富性和复杂性造成遮蔽。《野草》中的诸多篇章是独立的,但作为鲁迅"全部的哲学"[③],其思想内涵和创作意旨理应具有内在的连贯性和逻辑性。借用日本学者竹内好的论述:它们彼此之间是极端独立的,但这独立又反过来以非存在的形式暗示着一个空间的存在。[④] 而这个潜藏在文本背后的空间,就是鲁迅的哲学世界。

和《野草》中的其他部分篇章不同,《好的故事》里包含了一个十分清晰的、将梦境与现实分离的二元结构,这是作者在文本中直接点明

[①] 课程名称:中国现代文学经典选讲;本文作者所在院系:中国语言文学系。
[②] 冯雪峰:《论"野草"》,新文艺出版社,1956,第2页。
[③] 章衣萍在《古庙杂谈》一文提到:"鲁迅先生自己却明白地告诉过我,他的哲学都包括在他的《野草》里面。"载《京报副刊》1925年第105期。经查找原刊确认,孙玉石先生《〈野草〉二十四讲》中注为"《古庙杂炊(五)》",似有不确。
[④] 竹内好:《近代的超克》,李冬木、赵京华、孙歌译,生活·读书·新知三联书店,2005,第99页。

了的:"我在蒙胧中,看见一个好的故事。"作者开篇写道:"鞭爆的繁响在四近,烟草的烟雾在身边:是昏沉的夜。"根据孙玉石先生的考证,这篇作品确切的创作时间应为"1925年1月28日的夜里"[1],这天正是农历正月初五。作者在辞旧迎新、万家灯火辉煌的喜庆节日里未感欢欣但觉昏沉,这种孤独与落寞的感受是很强烈的。结合这一时期鲁迅家庭和社会时局的种种变故,这种深沉的思绪也就变得容易理解了。不过对于"昏沉的夜"的理解,我更倾向于作较为实化的处理,即它意指鲁迅在工作一天之后夜里产生的疲累之感,点明了创作的情境。

有意思的是,作者没有直接写梦境中"好的故事",而是先给这故事早早地定了性:"很美丽,幽雅,有趣",并进而描绘梦中回忆的现实。"我"在做梦的时候还能记得现实中的回忆,这无疑拓宽了梦自身的层次和空间,做梦者并非无意识地天马行空,他的思绪仍是有现实的线索在牵引着的。按照厨川白村的理论,这种现象或可称为"前意识"。鲁迅在创作《野草》同期也在翻译厨川白村的文艺理论著作《苦闷的象征》,而就在写作《好的故事》前不久,他刚完成了这部作品的翻译。而厨川的很多思想对于鲁迅产生了很大影响,也折射在《野草》的创作中。李欧梵就指出,《野草》在某种意义上也是实现厨川艺术理论的试验,是非常西方化的。[2] 厨川认为,即使现在这人不记得,也并不意识到,但既然曾在自己的体验之内,那就随时可以自发地想到,或者由联想法之类,能够很容易地拿到意识界来——这就是前意识。[3] 鲁迅在"前意识"中描绘的"山阴道"和他的故乡绍兴有着高度的重合,短短几行之中列举了数十种景物,如同电影摇镜头一般——在作者的记忆里浮现,的确写出了山阴道上"山川自相映发,使人应接不暇"[4]之感。它们都是带有鲜明的乡野特征的自然之物,尽管是静态的呈现,但组合起来也颇具有生机与活力。但作者的目光很快转而向下:它们"都倒影在澄碧的小河中,随着每一打桨,各各夹带了闪烁的日光,并水里的萍藻游鱼,一同荡漾"。虽然是现实的回忆,但作者写回忆时并没有

---

[1] 孙玉石:《〈野草〉二十四讲》,中信出版社,2014,第117页。
[2] 李欧梵:《铁屋中的呐喊》,尹慧珉译,岳麓书社,1999,第104页。
[3] 厨川白村:《苦闷的象征》,鲁迅译,北新书局,1935,第22页。
[4] 刘义庆:《世说新语·言语》。

着力刻画实物，而是写水中倒影如何与"萍藻游鱼"相得益彰，影和物交织在一起，这也使得融合又退缩的场景顺理成章。这里或可见构思上的匠心。作者开篇写拿着《初学记》入睡，而《初学记》中就有关于山阴道的描绘："《舆地志》曰：'山阴南湖，萦带郊郭，白水翠岩，相互映发，若镜若图。'故王逸少云：'山阴上路行，如在镜中游。'"而这种"镜中游"的感受正在回忆的描写中得以体现，所有的景象都是水中所见的倒影，实虚相间，给人以亦真亦幻之感。由此，梦境与现实的界限也就变得模糊，这正是此篇梦诗的一个独特之处：表面上看，二者是泾渭分明的，但结构上的二分与内容上的重叠使得梦与现实之间形成了一种彼此交融而又互不包含的内在张力。梦里的"我"并非全然无意识，《颓败线的颤动》一篇也有类似的描写："我梦中还用尽平生之力，要将这十分沉重的手移开。"仿佛在某一个瞬间，作者的意识先于肉身从梦境中醒了过来。

但在《好的故事》里，作者仍在做梦，他并且说："永是生动，永是展开，我看不见这一篇的结束。"梦里的好故事是连续的，无所始，无所终。如果说对于"前意识"的描写基本采用了全景式的手法，那么在写"潜在意识"①的时候，作者则将特写的镜头对准了"河边枯柳树下的几株瘦削的一丈红"，其他的景物都成了这大红花的陪衬。梦境比现实的回忆更加具体，回忆是群像，则梦境在群像中又突出了主角。所谓一丈红就是蜀葵，是一种色彩艳丽、生命力顽强的植物。个人以为，这里的"一丈红"就是作者前文所说的"美丽，幽雅，有趣"的象征，它是广泛生长于乡间的一种平民化植物，投注了作者自身对于生命力的某种向往与赞美。厨川白村认为，所谓象征云者，是暗示，是刺激，也无非是将沉在"作家的内部生命的底里的或种东西，传给鉴赏者的媒介物"②。一丈红因其自身的物理特征，成为传达这种"暗示"与"刺激"的极佳选择，它的"红"，是很有代表性的。在鲁迅的作品中，色彩感

---

① 这里同样借鉴了厨川白村的说法："即在向来心理学家所说的意识和无意识（即潜在意识）之外，别有位于两者的中间的'前意识'。"但此篇乃是厨川分析弗洛伊德的精神分析学说，则这个术语或有可能是弗洛伊德学说中的概念。此处仅列出术语出处供参考，并未对其渊源作考证，这也并非本文所要关注的核心问题。

② 厨川白村：《苦闷的象征》，鲁迅译，北新书局，1935，第50页。

是很重要的表达象征主义的因素。根据钱理群先生的统计，在鲁迅《呐喊》《彷徨》《故事新编》与《野草》这四部作品中，用得最多的色彩是白色、红色与黑色。① 而在《好的故事》中，鲁迅摒弃了黑色，只选用了红、白二色组成画面，这自然和色彩本身的象征义不无关系，冷峻、坚毅的黑色并不适合参与这样一幅美丽、幽雅、有趣的画面的配色。"大红花""斑红花""红锦带"和"白云"一起彼此交织，在流动中牵扯出稍纵即逝而又美不胜收的画面。和上一段落的描写不同，这里的景物是全然流动的，几乎没有片刻的停留。回忆尽管常常不尽准确，但毕竟还是有现实的线索可作依凭，而梦中的一切都是难以捉摸、变化莫测的。在灵动的描写中，又有做梦者的迟滞和无力潜藏其间。

作品至此大致完成了对于"好的故事"的布景，就在作者准备"凝视他们"的时候，所有的景象却都化为了泡影，"水波陡然起立，将整篇的影子撕成片片了"。也就是说，这篇散文诗虽然题为"好的故事"，但这故事其实还未真正展开就已夭折了。作者只看到了美丽的景物，至于这故事本身是什么，有什么人，大致是怎样的情节，其实是未曾说出的。在梦境结束回归现实之际，作者又偏要去"追回他，完成他，留下他"，在失败之后，又刻意地强调"我总记得见过这一篇好的故事"，颇有不甘之感。这就使得作品不仅反映出某种现实的矛盾，更反映出作者内心的困境。

在鲁迅的哲学中，"虚无""黑暗"等虽然是极为重要的观念，但他绝非一个虚无主义者。作为一个对"黄金世界"抱有根本的怀疑、把"希望将来"都理解成"自慰"，甚或"自欺"②的人，鲁迅在梦境结束时却偏要追回梦境的用意究竟为何？如果他只是贪恋梦境的美好而回避现实，他又为何说"惟'黑暗与虚无'乃是'实有'"③？个人以为，鲁迅从未坠入"庄周梦蝶"的大梦之中，他也从未模糊现实与梦境的二分（这和梦与现实交融的写作手法并不矛盾），更不是一个彻底否定其中任何一端的唯我论者。鲁迅的斗争和诘问集中在梦与现实何者为虚、何

---

① 钱理群：《心灵的探寻》，上海文艺出版社，1988，第322页。
② 鲁迅：《两地书·六》，载《鲁迅全集（第十一卷）》，人民文学出版社，1981，第25页。
③ 鲁迅：《两地书·四》，载《鲁迅全集（第十一卷）》，人民文学出版社，1981，第20页。

者为实的困惑之中,他清醒地知道自己在做梦,但他并不认为那就是虚无,还偏要在梦醒时分努力地为那虚无寻求一个实证,而最终的失败又从一个侧面佐证了他的怀疑:

  我的作品,太黑暗了,因为我常觉得惟"黑暗与虚无"乃是"实有",却偏要向这些作绝望的抗战,所以很多着偏激的声音。其实这或者是年龄和经历的关系,也许未必一定的确的,因为我终于不能证实:惟黑暗与虚无乃是实有。①

  鲁迅在给许广平的信里直陈自己的"虚无哲学",他在提出观点的同时也表达了自己的困惑与怀疑,他终究还是不能证实黑暗与虚无的实在性,于是就陷入了永恒的自我建构与自我怀疑之中。但他在怀疑挣扎的同时总不放弃心底的一点希望,即使无法追回,他在内心还是"总记得见过这一篇好的故事"。这是鲁迅独特的斗争性,他从未有过透彻的希望,也未曾坠入彻底的绝望,而是始终在两极之间来回摆渡,每做一次移动,都要经历一番深沉的思考,而《野草》正是他沉潜的成果。片山智行先生认为"鲁迅决不是在'无限的黑暗'和'彷徨'的心态下写作《野草》的"②,可能也是出于对《野草》创作之缜密审慎的考量。

  但鲁迅矛盾的症结绝不仅仅在于"悲观与乐观的矛盾,或者理想与现实的矛盾"③,在这些表象的对立之上还笼罩着一重更为混沌、更具概括性的迷障。这迷障借助梦的形式表达,是一切对立的本源。在他的哲学中,梦并非全然是乌托邦式的彼岸存在,而更具有原点的性质,构成了他哲学思考的重要一端。鲁迅的困境并不只由于现实向理想摆渡中遭逢的种种困难,更在于某种更本源性的困惑:个人作为历史的共振体如何应对随时随地可能产生的不可逃避的虚空?这种虚空又源自哪里?

---

① 鲁迅:《两地书·四》,载《鲁迅全集(第十一卷)》,人民文学出版社,1981,第20页。
② 片山智行:《鲁迅〈野草〉全释》,李冬木译,吉林大学出版社,1993,第146页。
③ 冯雪峰:《论"野草"》,新文艺出版社,1956,第10页。许杰、李何林也曾提出类似的观点,详见:许杰:《〈野草〉诠释》,百花文艺出版社,1981,第167页;李何林:《鲁迅〈野草〉注解》,陕西人民出版社,1973,第87页。

他并未回答，但他勇敢地选择直面，并一直在作品中孜孜不倦地以各种形式逼近问题的终点。鲁迅一方面肯定"绝望之为虚妄，正与希望相同"，一方面又坚定地选择"肉薄这空虚中的暗夜"①。这困境于他而言不可逃，也不必逃。因此，梦不是鲁迅逃遁的彼岸，而是他探索的一种路径，他从梦的性质中获得了某种启发，并将它作为反抗的一种凭借手段。在《好的故事》中，这种启发的内容最终并未来得及说出，但那种回忆、眷恋与怀念的情绪已暗示了鲁迅应对虚空的一种姿态——他之所以要追回这个故事并非因为耽溺于梦境的美好，而是希望探索出这片刻虚空的原因所在。梦醒后的他仍沉浸在梦的情绪里，这非但不是梦境与现实的矛盾，反而呈现出二者的某种奇妙融合。这是鲁迅思考的一种别致之处，尽管他提出了诸如"虚空"与"实有"、"希望"与"绝望"等众多对立的概念，但他的困惑无法用这其中任何一组对立的矛盾来解答。厨川白村也早就指出：严厉地区别着什么主观、客观，理想、现实之间，就是还没有达于透彻到和神的创造一样程度的创造的缘故；大自然大生命的真髓，我以为用了那样的态度是捉不到的。鲁迅的文学成就有没有达到"神的创造"一般的程度固然见仁见智，我们也无须将厨川的观点作为唯一的判断标准。但至少，如果将《野草》强行置于某种泾渭分明的对立概念之中，势必会造成文本内涵的窄化与僵化。

  而从源头上说，这种困惑可以从现实政治中找到触发的"契机"，但又因文学想象和哲学沉思的作用而具有了很大的超越性。在鲁迅那里，文学与现实呈现出辩证而非对立的关系，因此，对《野草》进行任何过分坐实的确信不移的解读都会带来不同程度的遮蔽。与二弟失和，当年主持《新青年》的同仁四散零落，"五四运动"进入低潮期……这种种挫败都为《野草》的创作奠定了必不可少的现实基础，但鲁迅的追问并没有返回来仅仅指向它们。李欧梵先生甚至认为，《野草》是鲁迅内心的冲突和纠葛的象征式的写照，呈现的是一种超现实的梦境，与外界的社会和政治现实关系不大。②他将鲁迅的文学性彻底从现实政治的

---

① 鲁迅：《野草》，人民文学出版社，1956，第17页。
② 李欧梵：《铁屋中的呐喊》，尹慧珉译，岳麓书社，1999，第250页。

桎梏中"解放"了出来，亦是对鲁迅"作家"身份的一种肯定：他的文学准确地承载了他的思考，但这种思考的广度和深度并不能仅在触发其思想的现实政治的狭窄视域中丈量。

由此，可对《野草》中的梦诗进行一种更普化的解读。片山智行曾对《野草》中的梦诗进行过十分细致的总结，认为"《死后》是连续写梦的第九篇，是'梦九夜'的末尾。至此，写梦的作品便结束了"①。虽然鲁迅在其他的篇章中并未直接点明自己是在记梦，但鲁迅梦的世界并未因此而终结。它们所描绘的情景是超现实的，但绝非虚妄。从某种意义上说，《野草》全书都是梦呓，是鲁迅将自己沉潜在梦中以现身说法的形式追问梦的本源存在价值，并由此提出了实在论意义上的哲学疑问。《野草》中的其他作品无不如此，尽管有的是像《狗的驳诘》一样依凭讽喻的形式，有的是像《影的告别》《希望》一样高度象征化，带有强烈的黑暗与迷惘的情绪。但无论形式怎样，它们内在共同的逻辑支点确保了《野草》哲学空间的完整生成。这是鲁迅独特的观照视角，是他"向无意识的世界投去一瞥"②。借助这别一世界的开拓，鲁迅在《野草》中完成了他全部的哲学沉思的理论构建，他没有给出思考的答案，而是以高度文学化、艺术化的方式呈现了思考的过程。这思考一日未止，则《好的故事》里所做的那个"永是生动，永是展开"的梦就不会终结，如此，则《野草》"永生"。

---

① 片山智行：《鲁迅〈野草〉全释》，李冬木译，吉林大学出版社，1993，第97页。
② 夏济安：《黑暗的闸门：中国左翼文学运动研究》，万芷君、陈琦、裴凡慧等合译，香港中文大学出版社，2016，第134页。

优秀作业
古希腊青铜容器的巅峰
——The Derveni Krater[①]

黄秀香

【摘要】在古希腊的青铜世界中，我们很容易见到一些精美的青铜人像，其精湛之处往往令人叹为观止。然而，青铜容器的身影我们则甚少见到，并且在已发现的古希腊青铜容器中，装饰有精致复杂的浮雕的器物更是少之又少。但是这并不意味着古希腊青铜容器制作技术低下。1962 年在希腊德尔维尼（Derveni）的一座墓地中出土的 Derveni Krater 就向我们展示了古希腊青铜容器制作技术的巅峰，再一次说明了希腊时代的伟大。笔者希望能够在这篇文章中较为全面地展示这件器物的精美，并且通过中西对比，让读者能够更为清楚地了解古希腊的青铜容器。

【关键词】Derveni Krater　狄俄尼索斯　后母戊鼎　青铜器制作

一、前言

（一）Derveni Krater 的概况

Derveni Krater 是一种螺旋双耳喷口瓶（volute krater），是唯一保存完好的带有浮雕装饰的古希腊青铜容器。它重 40 千克，高 90.5 厘米，是古希腊最大的青铜容器。其主体由含锡量约为 15% 的青铜制成，这使得它没有使用任何黄金却能够拥有金黄色的炫目光泽。其他的部位则

---

① 课程名称：西方美术史；本文作者所在院系：考古文博学院。

·人文与艺术·

图 1 Derveni Krater 正面

分别采用了银、铜等金属覆盖或镶嵌，比如瓶身上的银色藤蔓和常春藤花环，以及把手处的银蛇和人面具上的眼珠。该瓶子于 1962 年在塞萨洛尼基（Thessaloniki）南部的德尔维尼（Derveni）的一座坟墓中被发现。在出土之时，Derveni Krater 是作为一个塞萨利亚贵族的骨灰瓮埋葬在坟墓中的，其内部含有 1968.31 克重的烧焦骨头，属于一名 35 到 50 岁的男子和一名年轻的女子。据考古学家研究，其最初的功能是作为用来稀释酒和水的容器（酒和水中可能还混有各种香料），在某种仪式或者节日庆典上舀给宴会的客人。在瓶子的内部用古希腊的塞萨利亚方言刻着"Astiouneios"，可能是瓶子主人的名字，至于其和墓主人的关系则尚不清楚。该瓶子历史可以追溯到公元前 4 世纪，目前考古学界猜测其产地可能位于雅典或者马其顿。这样的大型金属容器制品是古希腊艺术中极为罕见的遗存，是其同类器物中最为精致的器物，也是古希腊艺术中最为突出的遗存。①

（二）论证的出发点

在青铜器考古中，考古学家经常从五个方面研究青铜器：形制、纹饰、铭文、功能和制作工艺。但是在西方的青铜器中，由于青铜人像居

---

① 参见：http://ancientrome.ru/art/artworken。访问日期：2018 年 11 月。

多，而青铜容器数量少，且大多数形态各异，没有一种固定的器类长期使用，因此无法像中国青铜器那样进行器型器类的比较从而得出发展变化的规律。所以本文并不讨论 Derveni Krater 的形制问题。至于功能和铭文方面，在上述的概况中已有说明，故不再赘述。在这里我们将对其纹饰和制作工艺进行讨论，其中，纹饰是讨论的重点。

同时，笔者将通过对中国历史上最大的青铜容器后母戊鼎和古希腊最大的青铜容器 Derveni Krater 的对比，展现古希腊独特的青铜艺术。

二、纹饰

（一）Derveni Krater 的纹饰

为了描述的方便，这里将使用几个青铜器考古的术语：口沿、颈部、肩部、腹部和圈足（如图 2 所示）。并且将狄俄尼索斯像所在的瓶子一面称为正面，与之相对的一面称为背面。

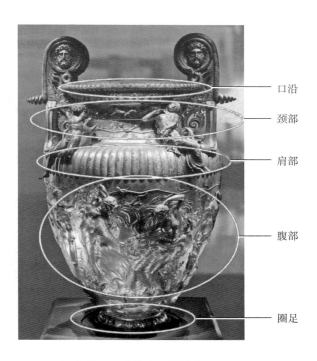

图 2 Derveni Krater 各部分

Derveni Krater 上的纹饰是与狄俄尼索斯相关的一系列故事。在希腊的神话故事中，狄俄尼索斯是古希腊色雷斯人信奉的葡萄酒之神，不仅握有葡萄酒醉人的力量，还能够布施欢乐与慈爱，同时代表着一种死而复生的力量，也因此在当时成为极有感召力的神。而关于狄俄尼索斯的狂欢节则是古希腊最为秘密的宗教仪式。据考证，参加狄俄尼索斯狂欢节的人基本上都是女性，体现了一种对于母系社会的追忆和留念。她们头上戴着花冠，通宵达旦地跳舞和欢呼，纵酒狂欢，完全沉浸在一种感性的肉体的陶醉中。并且在这个活动高潮之中，不仅会出现狂欢酗酒、裸体游行之类的狂欢行为，还会有生吞活剥鹿、牛等残忍的举动。Derveni Krater 上的装饰就是对狄俄尼索斯狂欢节的一种描述。

首先是腹部上极具张力的装饰。腹部正面高 32.6 厘米的浮雕是狄俄尼索斯和他的新娘阿里阿德涅，描绘的画面是他们的神圣婚礼（图3）：这对夫妇坐在一块岩石上，赤身裸体的狄俄尼索斯将他的腿压在妻子的大腿上，从而显示出阿里阿德涅被动的属性。而作为新娘的阿里阿德涅正高举着面纱，以一种典型的新娘姿态凝视着丈夫。在狄俄尼索斯的身后，站着一头美洲豹。在关于酒神狄俄尼索斯的传说中，这头美洲豹曾经拉着他四处游荡，学习有关自然的秘密以及酿酒的历史，

图3 腹部正面狄俄尼索斯和阿里阿德涅

因此在有关狄俄尼索斯的雕塑或绘画中经常可以见到其身影。

　　围绕在狄俄尼索斯和阿里阿德涅周围的，是六个纵情狂欢的女人——狄俄尼索斯的女祭司。其中有三个女祭司位置与狄俄尼索斯同处于瓶子的正面。从观察者的视角看，其中一位女祭司位于狄俄尼索斯的右边（图4），其右手向后摆动，左肩上扛着一个婴儿，瓶子上可以见到婴儿下半身的浮雕，似乎象征着酒神狂欢中被杀害的那些婴儿。这位女祭司头向上空仰望着，身体随着头部仰望的动作拉伸，貌似正处于舞蹈之中。另外两位女祭司位于阿里阿德涅的左边（图5），她们背对着背，共同拉着一只小鹿，暗示着酒神狄俄尼索斯庆典中动物的撕裂。这两个人头部依旧是向上仰望的姿态，脚尖微微点起，体态婀娜，体现了一种沉浸于狂欢之中的陶醉。另外三名女祭司作为一个团体出现在瓶子的背面（图6），与狄俄尼索斯位置相对。女祭司身上飘逸的衣物用细腻的手法表现出来并填满了空间。三人中位于中间的女祭司以裸体的形态出现，她的手抓着一条银蛇，正试图伸向她弯着腰跳舞的姐姐，而第三个坐着的人正双手环住这位裸体女祭司的腰，试图阻止她，这些都似乎在表明裸体的行为违反了礼仪、尊严和社会规范，体现了容器制作者对于裸体的理解。①

图4　狄俄尼索斯右边的女祭司（左一）

---

① Beryl Barr-Sharrar, "Dionysos and the Derveni Krater," *Archaeology* 35, No.6 (1982): 13–19.

·人文与艺术·

图5 阿里阿德涅左边的两名女祭司（右一、右二） 图6 背面的三名女祭司

  在这幅痛苦的画面中，三名女祭司的左边站着不同寻常的山林之神西勒诺斯（Silenos）。他用脚支撑着身后的一根猎棍，在垂悬的藤蔓上向女祭司们比划着，他神态专横而自我控制，似乎在将他所有的精力都集中在召唤女人并把她们引向最终毁灭的恶魔般的冲动上。在狄俄尼索斯的传说中，西勒诺斯是宙斯指派给狄俄尼索斯的辅导老师，这也就意味着他是宙斯采取行动的工具。西勒诺斯的左边——一个武装的猎人，最符合其装束的身份就是潘透斯（Pentheus）。[1]（图7）在欧里庇得斯的《酒神》中有许多关于潘透斯被打扮成猎人的描写——潘透斯受到狄俄尼索斯的引诱，像狄俄尼索斯的女祭司一样跳舞，并且疯狂而盲目地追求着狄俄尼索斯的女人，并最终被这些女人撕成碎片，而在这些女人中，就有潘透斯的母亲阿加弗（Agave）。值得注意的是，瓶子上所画的潘透斯一只脚并没有穿鞋子。他的左脚穿着一种色雷斯式的高帮带花边的靴子——就是酒神狄俄尼索斯常穿的那种靴子，而在他的右脚上则是空无一物。古代作家包括修昔底德在内，一般认为这种单脚不穿鞋的做法对士兵在艰难的地形中行进是有利的，但是在其他的文学资料中也有一些迹象表明，这很可能是一种辟邪的做法，并且这只赤裸

---

[1] Beryl Barr-Sharrar, "Dionysos and the Derveni Krater," *Archaeology* 35, No.6 (1982): 13–19.

的脚可能是和人对神的奉献或祈求有关。《埃涅伊德》中曾经提到,那些曾经赤脚祈祷的神,有可能是冥界之神。而在这幅画面中,如果这个武装的猎人是潘透斯的话,一切则显得很合理。关于狄俄尼索斯出生的神话中,有其死而复生的说法,也因此狄俄尼索斯曾被人们认为是冥界之神,而潘透斯受到狄俄尼索斯的引诱,最终将自己奉献给了神。也有人认为,这个武装的猎人是色雷斯的莱克格斯,或者是阿尔戈诺特。

图 7 潘透斯(左一)和西勒诺斯(左二)

此外,在颈部,以及圈足与腹部之间都有一个条带形装饰。在颈部的条带形装饰的下部是两只狮鹫在撕杀一只小鹿,而在圈足与腹部之间的条带形装饰呈现的是两只狮子攻击一头公牛。这二者是这个瓶子上主要的动物装饰带,也是标准并且非常重要的酒神图像中常有的装饰物,它们是酒神狂欢节中陷入狂欢的人们撕杀动物的一种表征,这些死去的动物都是对酒神的奉献。在狮鹫和狮子的攻击场景中,有一只鹿被精准地放在了猎人的脚下,在神话的层面上,这只动物和两名女祭司拉着的那只鹿一样,暗示着潘透斯最终死去的命运。而如果按照上述的说法,将光着一只脚的潘透斯看成是一个献身于神的人，是一个进入酒神奥秘世界的人，那么这些死去的动物包括鹿在内，就可以通过另一种方式成为同样想法的视觉表象了。在艺术和文学中，小鹿是狄俄尼索斯的传统牺牲品，而根据现有的少量信息，在真正的宗教实践中，这些牺牲品象征着提升者本身。那么，关于鹿的解释就有两种看法了：一种认为鹿是残忍的牺牲品，代表着痛苦和死亡；一种认为鹿是对神的奉献，代表着喜悦和重生。[①] 第一种解读是明显而传统的，第二种解读对于现在的观察者而言可能是晦涩难懂的，但是对于和这个瓶子同时代的观察者而言却是有意义的，它带着某种比喻或者说寓言的性质。在这个寓言的开头，潘透斯被描绘成狄俄尼索斯的受害者，一个被神诱惑和压制的受害者，通过加入神的狂欢，从而把自己奉献给神，最终获得来生幸福的许诺。根据这样的解释，这个瓶子展现了当时的宗教态度，同时也将我们带进这个瓶子主人的世界中。如果寓言性的解释可以被接受，那么可以想象，这个猎人作为对神的奉献者的形象很可能就代表着瓶子主人的身份，或许也正是这个墓主人的身份，其渴望通过对酒神的奉献，加入酒神的狂欢，来获得来生的幸福。这也许是这个瓶子最终成为随葬品的原因所在。

另外一个层次的酒神意象是瓶子肩部的四尊青铜雕像。这四尊青铜雕像展示的故事和瓶子腹部的故事是相互呼应的。在瓶子正面的肩部，即狄俄尼索斯和阿里阿德涅的上方，坐着两个较小的神，是一个年轻版本的狄俄尼索斯和熟睡中的阿里阿德涅（图8）。年轻的狄俄尼索斯正将手伸向熟睡中的阿里阿德涅，而阿里阿德涅的头已经垂到了她的胸前。年轻的狄俄尼索斯手中拿着一个物品，貌似是一个盛酒的康塔罗斯酒杯（kantharos），它象征着狄俄尼索斯与酒的联系。这幅画面让人不禁猜想，阿里阿德涅是否是因为与狄俄尼索斯饮酒而醉酒沉睡呢？根据酒神的传说，醉酒被认为是与酒神沟通的一种方式。那么或许可以认为，阿里阿德涅正在通过醉酒的方式与酒神进行着某种意识上的

---

① Martin Guggisberg, "Review: The Derveni Krater. Masterpiece of Classical Greek Metalwork. Ancient Art and Architecture in Context 1. The American School of Classical Studies at Athens by Beryl Barr-Sharrar," *Museum Helveticum* 66, No.3 (2009): 163–164.

沟通。就此，狄俄尼索斯的清醒警觉与阿里阿德涅的沉睡昏迷形成了鲜明的对比，以这样的方式再次重复了浮雕上诱惑者和被诱惑者的对比。和这两个雕像位置相对的另外两个雕像，和瓶子腹部的酒神追随者身份一致（图9）。这两个雕像中，其中一个人无精打采，他的身体特征比位于其下部、瓶子腹部狂欢的同伴要可怕得多。他在醉酒后不安地仰起了头，右手撑在后脑勺上，左手提着一只动物的腿。而在他不远处的另一个雕像——酒神的女祭司，神情恍惚，眼睛茫然地凝视着，头部往后仰望着，右手掀起轻薄柔软的衣服的一角，露出了她坚挺的乳房。她可能正准备吮吸她曾经用左手去握着的银蛇，就像其他的女祭司在吮吸森林里的小动物一样。这位女祭司的狂喜状态暗示了位于其下部、瓶子腹部的裸体舞者所达到的狂欢程度，并在某种程度上令人想起酒神节里的残暴情景。同样，按照前述的说法，这些动物是对神的献祭。

图8 四尊青铜雕塑中的狄俄尼索斯（左）和阿里阿德涅（右）

· 人文与艺术 ·

图9 背面的两个青铜雕塑

此外，在瓶子上端的两个蜗旋状双耳的凹槽处刻画了冥界之神的四张面具。在口沿处、颈部的下方和腹部的顶部都用常春藤装饰，填满了空间。这些装饰以及前述的动物和潘透斯等形象，似乎都在暗示酒神狄俄尼索斯强大的死而复生的力量，整个瓶子所渲染出的对来生的渴望非常强烈，而这也符合随葬品的作用——让墓主人能够在冥界和来世过得幸福。中西之间似乎在这一点上是不谋而合的，其与中国古人墓葬观念中的"事死如生"是契合的。

（二）后母戊鼎的装饰

我们再将目光转向中国，分析一下同样作为随葬品的中国古代青铜器——后母戊鼎（图10）。后母戊鼎的鼎耳、腹部和鼎足上都装饰着兽面纹、夔龙纹和小型饕餮纹。在腹部左右侧棱上装饰着扉棱，扉棱上有突出的歧枝。这些装饰非常繁缛和零碎，甚至有动物形纹饰的变形（这在中国青铜器纹饰上是一种常见的现象），除了在腹部的长方形装饰条带的上下两部分可以见到完整的夔龙纹之外，其他的夔龙纹、饕餮纹和兽面纹都只有局部，或者是头或者是身体。此外，在动物形纹饰之间填充着各种几何形纹饰——雷纹、云纹和弦纹。

这些夔龙纹、兽面纹以及饕餮纹，都不简单地只是某种动物的化身，而是综合牛、羊、虎等各种动物的综合创作，其目的在于显示出一

· 238 ·

图 10 后母戊鼎

种神秘肃穆的氛围，体现出王权的至高无上、不可侵犯。也有学者认为，无论是牛、羊还是虎，在古代都有用作祭祀的记载。在商代的甲骨文中有一百多条关于虎的记载，主要是关于田猎活动中捕虎和祭祀活动中用虎作为牺牲。至于牛和羊，常见于古代祭祀仪式中，在商文化遗存中也存在着殉牛坑和殉羊坑。这些祭祀现象代表着古人对于"天"的敬畏，通过对神的献祭达到和神沟通的境界，以此探明神意，祈祷国泰民安、风调雨顺。①

（三）对比

从上述描述中我们可以发现，Derveni Krater 纹饰的题材源于神话故事，并且纹饰生动形象，只要观察者对古希腊的神话故事有所了解，就能大致清楚其雕刻的内容。而如果将目光转向后母戊鼎，虽然后母戊鼎的纹饰也是以神话故事中的动物为主，但是哪怕我们了解中国古代的神话，如果对于中国古代青铜器纹饰没有涉猎，也是无法弄清楚其纹饰的内容的。这种认识差异不仅反映在这两件器物中，还广泛体现在中国与古希腊乃至西方的青铜器中。由此我们可以得出一个

---

① 李维明：《司母戊鼎纹饰与寓意蠡测》，《中原文物》2016 年第 06 期。

结论：中国青铜器纹饰高度意象化，而古希腊青铜器纹饰具有高度写实性。[①]

然而，虽然表现形式有所不同，它们的寓意却有着某种程度上的契合。二者都取材于各自民族的神话信仰，通过不同的手法表达着对神的敬畏，以及对未来幸福的渴求。处于欧亚大陆两端的民族，在彼时，彼此之间没有发生任何的交流，却都不约而同地表达着同样的一层含义。这或许是由于古代科学技术的落后导致人们对于自然现象无法解释，从而产生敬畏之心。也正由于古代生活的艰苦与大自然的不可预测性，人们转向对神的祈求，来达到一种精神寄托的目的。

三、制作技术

不同于西方青铜器制造常用的失蜡法[②]，Derveni Krater 主体采用的是打制技术，双耳、基座、口沿和肩部上的四尊青铜雕像则是后铸上去的。制造者使用一片铜片，打制出我们现在看到的浮雕，但是由于器壁较薄，且凹凸不平，容易在使用过程中因容器内液体压力不均导致破损，因此制造者使用了双层的器壁，在内部又加了一层器壁，两层器壁在底部和顶部铸接在一起。然而，相比于失蜡法铸造能够在质地较软的蜂蜡上刻画出铸件的细节，在实地坚硬的铜片上是如何打制出如此复杂的浮雕的？考古学家曾经对此有过研究，他们根据非洲打制银器的工艺进行实验研究，发现这种筒形器首先要打制出器形，然后使用如图 11 所示的特殊工具，在其中一端用力，另一端就会受力弹起，并且受力弹起的一端顶部可以根据雕刻内容的精细程度进行调换，越是精细的图案就会使用越尖细的顶部。而在打制过程中，一旦力道没有控制好，就会导致器皿破裂，最终前功尽弃，只能重新打制。由此可以想见，打制出像 Derveni Krater 这样复杂精致的器物，是需要怎样精细的技术！而在古代工具落后的情况下，古人又是怎样制作出这样的工具呢？其中蕴藏

---

① 杜湖湘、杨佳琪：《试析商周青铜器与古希腊青铜器装饰纹样的差异》，《大众文艺》2018年第15期。

② 指用蜂蜡做成铸件的模型，再用别的耐火材料填充泥芯和敷成外范。加热烘烤后，蜡模全部熔化流失，使整个铸件模型变成空壳。再往内浇灌溶液，便铸成器物。

的智慧不言而喻。此外,在打制的时候,铜离子会由于反复受力而重新排布,导致铜片在打制的过程中质地变脆而容易破裂,因此就需要在打制一段时间后进行淬火,保证铜片的延展性。其中工艺的复杂程度是难以想象的。

相比于 Derveni Krater 的打制技术,后母戊鼎采用的是铸造技术,在模上雕刻后,用范进行固定,然后浇注铜溶液,冷却后定型。相比于打制技术,铸造是一件非常耗费铜金属的工艺。首先,打制往往可以将金属打制得非常薄,但是铸造无法达到这一效果,因为一旦外范和内范之间的空隙过于狭小,就容易导致铜溶液流不过去而形成空腔,最后只能重铸。其次,打制出来的青铜器不用经过后期的打磨,但是铸造的时候毛刺、残渣等会在后期被打磨除去,虽然这些残渣等往往会被重铸,但这之间还是有损耗的。相比于中国拥有丰富的铜矿资源,欧洲近东地区在历史上铜和锡资源十分匮乏,这也许是造成中国青铜器多铸造而古希腊青铜器多打制并且大型精美器物较少的原因之一。除此之外,铸造技术往往需要大规模的作坊才能实现,而要组织和运行大规模的作坊往往需要大型的、强有力的社会组织才能实现,同时,为了满足大规模铸造的需要,就要开采大量的铜矿石,这也要求有大型社会组织的出现,因此更适合于古代中国这种集权国家。而打制则无须如此,哪怕是像 Derveni Krater 这样大型精美的器物,也只需要二至三人就能够完成(一人负责打制,其他人负责扶着器皿);至于一些小型器物,则一个人就能够完成。打制这种精细的技术并不是人多就能成功的,往往一到两个人更容易制作。这种小型作坊的运作和古希腊小型城邦国家的特征

 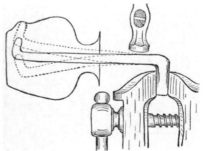

图 11 制作 Derveni Krater 使用的工具及其原理

更为契合。

四、结论

综上所述，笔者主要从装饰和制作这两方面描述了古希腊青铜容器中的这件巅峰之作。从中我们可以看出这件青铜器装饰的繁复及其背后所蕴含的某些寓意。从工艺上，我们容易看到古希腊巧夺天工的制作技术，体会到古希腊艺术之神奇。同时，通过与后母戊鼎的一些对比，我们可以看到中西方青铜器的一些契合点与各自的特色。需要注意的是，以上观点仅代表本人的一些思考，而关于 Derveni Krater，还有很多资料需要研究者进行进一步的考证，以期较为完整地展现古希腊青铜容器的全貌。

优秀作业
曹操、诸葛亮品评英才的标准及原因分析
——《三国演义》二十一回与四十三回读后感①

林 玲

《三国演义》第二十一回《曹操煮酒论英雄，关公赚城斩车胄》和第四十三回《诸葛亮舌战群儒，鲁子敬力排众议》，都对当世英才进行了品评。第二十一回中，曹操与刘备对坐饮酒，因见天外龙挂而问刘备当下谁算得上英雄。刘备所提的人物均被曹操一一否定：袁术兵粮足备但是不足以成大器；袁绍家族深厚、能人众多，但是色厉胆薄，好谋无断，如市侩小人一般贪图小利又极惜命；孙策盘踞江东，但实则借父而起；刘璋占据益州，但死守领地，没有远见魄力；张绣、张鲁、韩遂等人只是碌碌小人。对于何为英雄，曹操有自己的评价标准："夫英雄者，胸怀大志，腹有良谋，有包藏宇宙之机，吞吐天地之志者也。"英雄应当志向高远，智慧多谋，有过人的气魄和胆识。最后曹操略有套近乎地说，天下英雄只有刘备和自己两人，刘备听到这一言论惊吓到失箸。而在第四十三回中，诸葛亮和孙权手下谋士的对谈中，主要提及了对曹操、刘备的评价。诸葛亮认为曹操虚伪奸诈，犯上作乱，不念汉室的恩德，尽管现在拥兵百万、挟天子而令诸侯，他也是不折不扣的汉贼。而反观刘备，尽管不是纯正的汉室宗亲，但是仁义忠孝，先有三让徐州，后在当阳之战中甘愿为了跟随的百姓而贻误战机，是真正的英雄。

两段材料的共同点是，将当世英才的选择范围划定在拥有政治军事实力、或大或小割据一方的人物中。刘备所提及的袁术、袁绍、孙策、

---
① 课程名称：古代小说名著导读；本文作者所在院系：中国语言文学系。

张绣等人，都有属于自己的属地和军事力量，而"诸葛亮舌战群儒"中，孙权的谋士虞仲翔敢于肯定曹操，"今曹公兵屯百万，将列千员，龙骧虎视，平吞江夏"，也是因为曹操有着强大的军事实力和广阔的占领地。尽管这些人最终都被曹操或者诸葛亮否定，但是从这些人的共性可以看出，要想成为当世英才，政治军事实力是必备条件，没有这一条就没有跨入评选门槛的资格。而学识渊博、勇武善战、仁义忠孝等品质是锦上添花，在评价谁更胜一筹的过程中才发挥出作用来。没有独立的政治军事实力，善战如吕布，智谋如周瑜，都不可能进入评选中来，政治军事实力是最基本的要求。

曹操和诸葛亮品评当世英才最大的不同在于两人的标准不同。

从一个角度来说，曹操重视个人的胆识才能，他认可的英才更接近于"游侠"，有勇有谋，思虑深沉。而袁术、袁绍、孙策等人并没有曹操认为的成大事者该有的决断和谋略，就算当下实力强盛，也终将昙花一现。相对而言，诸葛亮则更重视道德伦理方面的品质，看一个人是否忠孝仁义。诸葛亮眼中的英才更接近于"儒君"，他应当性情温良，心怀仁义。因而体恤百姓、温良恭俭的刘备被赞扬，而虚伪狡诈、以势压人的曹操则被否定。

从另外一个角度来说，同样是为了品评"成大业"的英才，曹操看重的是此人有没有达到目的的能力，诸葛亮看重的是在追求目的的过程中此人有没有合法性。因此曹操越过了所有的道德伦理、家族势力等外在条件，直接抓住决断和谋略这两个"成大业"的必备要素，从而否定了刘备提出的所有人选。而诸葛亮则更看重"成大业"的过程中是否能获得人心道义上的支持，拥有道德伦理上的合法性。因而他多次强调刘备为了重振汉室，为了仁义可以不被利益诱惑（如三让徐州），甚至甘愿牺牲自己的利益接受战败（如当阳之战），而曹操背恩背德、犯上作乱，与刘备相比有着天壤之别。

为什么两人的标准会如此不同呢？首先，从小说内部结构来看，两人品评当世英才标准的不同，是符合人物特色、能助推情节发展的合理之举。

曹操和诸葛亮认可的英才标准是以其自己的价值态度为标杆的，与他们在小说中表现出来的言行举止一致。曹操有胆有谋，如早期在皇城中敢起意直接杀掉董卓，又能在被董卓发现之时机敏对答，逃出生天。相比刘备在关羽企图杀曹操时以目视之加以阻止，曹操的胆识和谋略是其他人所不具备的。诸葛亮作为士人，饱读诗书，他追求的是大一统，是儒家文化中礼法有序、稳定和谐的社会，因此一统天下的人必须能起到楷模作用，刘备才是当世独一无二的英才之选。

两人不同的品评不仅在表现、塑造人物上有帮助，使得片段中提到的角色特点更加突出，同时也埋下伏笔，助推整体情节的发展。第二十一回中刘备提及的人物，后来按照提及的顺序，先后被曹操打败，袁术、袁绍、刘璋、孙策最后身死名灭，而一笔带过的张绣、张鲁、韩遂则直接投降了曹操。舌战群儒作为诸葛亮出山后的惊艳出场，展现了诸葛亮的雄辩之术和超人的智慧。因而，小说中作为"智绝"的诸葛亮的发言评论，自然而然地带着某种权威性和预言性。第四十三回中诸葛亮褒刘贬曹的言论，一方面总结强调了刘备在前面情节中展示的优秀品质，另一方面也暗示着后面的情节中，刘备集团将逐渐壮大，赶上甚至超过曹操集团。

其次，从小说产生时的社会环境和文化氛围来分析，也能给我们提供一个理解的视角。

自宋以来，话本、小说、戏曲的发展兴盛，得益于民间存在的大规模的观赏群体，而这些百姓市民的趣味必然会影响到这些艺术的内容和形式。尽管宋元明时期商品经济已经得到了发展，但是相比于以个人利益为中心的价值观来说，社会整体崇尚忠孝道德的伦理观念仍然保持着压倒性的优势。曹操有着强烈的自我意识，狂傲独特，是一个"宁我负人，毋人负我"的个人中心主义者。所以他眼中的英才豪杰所具备的品质，不依靠任何外在条件，既没有门第谋士的影响，也没有百姓兄弟的衬托，看重的是"胸怀大志，腹有良谋"。商品经济社会看重个人能力和个人能够创造的价值，从曹操这一角色特性的出现以及文本中对他褒贬交杂的评价可以看出，个人意识已经从当时看重忠孝仁义的价值观中有所溢出。

曹操用政治的观点评价政治人物，而诸葛亮是用"政治加道德"的观点来分别政治人物的优劣。传统社会中儒家文化是社会文化的基础，伦理道义是最理想的社会规则，它强调个体的向外付出以及如何与外在社会实现和谐。儒家文化的独特性就在于，它将伦理道义放置在日常生活的同时，也将其植入政治准则当中。一个人的政治抱负与伦理关怀是结合在一起的。诸葛亮对曹操评价如此之低，认为他是汉贼，就是因为曹操试图越过伦理关怀，直接追求政治目的。虽然诸葛亮占卜演算、驳斥孙权的谋士为腐儒，看起来不像是正统的儒家知识分子，但是仔细阅读就会发现，他斥责的是当时日渐呆滞僵化的儒学观念，向往的是春秋战国时期的早期儒家思想，本质上仍然是一个儒生。在这里，儒家的"德政""仁政"观念和世俗社会中对道德伦理的强调实现了重合。对刘备的赞扬，既符合儒家政治文化观念，也符合世俗社会对君王的想象和期待。

  最后，从曹操不认同袁术、袁绍、孙策等人，到诸葛亮不认同曹操，实际上作者为我们展示出了他的价值取向和品评标准。能制霸一方、有胆量谋略、具备伦理关怀，这三者是从低到高的关系，重要程度逐次升高。《三国演义》成书复杂，并非一人一时所作，所以参与创作的群体在文本中展现的社会理想和政治寄托，或许可以看作是某一社会群体对当时现实社会的总体认识和改造理想。刘备能处在所品评英才的顶端，是因为他愿意一人肩负起天下人的责任，"上报国家、下安黎庶"，以一己之力感染所有有志之士，为国为民，鞠躬尽瘁。在刘备这样的理想人物身上，当时的知识分子们寄托了自己"为王者师"的抱负和"良马遇伯乐"的理想。而百姓们则在赞扬传颂的过程中，表达出了对被重视与被拯救的渴望。

参考书目

[1] 罗贯中：《三国志通俗演义》，上海古籍出版社，1980。

[2] 张锦池：《三国演义考论》，人民出版社，2016。

[3] 沈伯俊：《〈三国演义〉新探》，四川人民出版社，2002。

[4] 熊笃、段庸生：《〈三国演义〉与传统文化溯源研究》，重庆出版社，2002。

[5] 河南省社会科学院文学研究所选编：《〈三国演义〉论文集》，中州古籍出版社，1985。

[6] 刘勇强:《中国古代小说史叙论》,北京大学出版社,2007。
[7] 陈传席:《明反曹 暗反刘——〈三国演义〉内容倾向新论》,《明清小说研究》2000年第1期。
[8] 冯文楼:《伦理架构与批判立场——〈三国演义〉叙事话语的辨识与阐释》,《陕西师范大学学报(哲学社会科学版)》1999年第3期。

优秀作业
战溟茫,炼丹心——读《野草(节选)》有感[①]

郑启源

江城子·战溟茫

挑灯长啸战溟茫,气轩昂,志盈腔。墨流疾笔,汗洒诵儒堂。厚积十年今薄发,且任我,露锋芒![②]

——题记

写在文章开头,我必须感谢张颐武老师,他以自身的见闻为我们补充了不少课本上没有的知识,帮助我们了解背景,其风趣幽默的语言更是为课堂锦上添花。避开晦涩难懂的语言,调动大家的兴趣,点评经典文章展现出的思想深度,从人文学科的角度开阔了我们的眼界。我才发现,文学既能像火炬般照亮后人,也可作为火种延续下去。

高中时我曾花大量时间在数学竞赛上,但我仍会以写作来抒发自身的感想,也曾学写近体诗词。尽管所得作品的文学价值或不如吹起的一粒尘土,但我仍乐此不疲地以这尘土构建脑海中的小天地。因为在我看来,数学培养悟性,而文学培养的是灵性。写作值得刻意练习——既可输出自身思想,也可磨炼思维深度。身处燕园,对自己苛刻一些,将来必会感谢此刻的付出。

课本上节录了《野草》中《影的告别》和《墓碣文》两篇文章。《野草》不是一本容易读懂的书,其大量象征手法,我高中琢磨时便花费了不少工夫。经张老师解读后,我这次重读也得到了新的启发。张老

[①] 课程名称:大学国文;本文作者所在院系:数学科学学院。
[②] 笔者自己的作品。严格按词格式写成,符合词的平仄要求,按《词林正韵》来押韵。词牌为"江城子"(单调),三十五字,七句五平韵。韵脚为第二部(平声,三江七阳 通用)。

师在课上化身骄阳，以热情照亮了我们漆黑荒芜的小宇宙，指引前方之路。相信正是被老师的热情所点燃，学生才得以一次次涅槃进化，飞向更美好的将来。

从《影的告别》和《墓碣文》中，我们可以体会到在复杂的意象下，隐藏于其中的自虐式解剖和反思，影子、长蛇、毒牙、自啮等充分表现了鲁迅的痛苦和意图。"悲剧将人生的有价值的东西毁灭给人看，喜剧将那无价值的撕破给人看。"只有经历过无尽黑暗的人，才会感受到点点光芒是如何难得，此时的我或不过是为赋新词强说愁罢了。

若是经得起被烧成浆，或会如凤凰般从火焰中涅槃重生，但背后必将充斥难以承受之苦。人如剑，不平则鸣。一块凡铁，欲化龙泉剑，斩尽不平事，得先受炼体之苦。首先是在煎熬之中化成铁汁，再被敲打淬炼，在灼热地狱中磨炼，再在寒水中冲刷，去除杂质。成功之路也是这般，只有不断地磨炼，才可保持自身的锋利。执剑，不能为万人敌，但龙泉终将成为精神图腾，指引我一路前行。

永恒

寂静的夜空中，沉默靠在灰暗一隅。
抬头仰望，夜空繁星闪耀自身永恒。
低头一声叹息，这般永恒仿佛有所缺失。

闪亮的夜空中，与孤影闲聊，忽感意兴阑珊。
侧耳倾听，星空吐出清脆爆鸣。
精致的火焰一瓣瓣剥开，火花在刹那间占有一切。

烟雾的飘散中，谁能猜到刚逝去的激昂？
闭目沉思，花火在星空中绘上艳丽一笔，心灵陷入无尽的震撼。
这是稍纵即逝的永恒，也是我的追求——于天地间，留下洒脱的背影。

坚守原则并不容易，若是麻木不作为，则成牛羊，被天下宰。闯红尘，应存一尺一刀。以尺定规矩，心中可藏刀，故一往无前；若事不可为，拔刀杀规矩，藏尺守良心。世上哪有这么多"逼上梁山"？路一直都在，守住一点清明，以双手从混沌中开出一丝生机，才堪作真英雄。

黑夜总会过去，终将迎来黎明。"世上只有一种真正的英雄主义，那就是认清生活的真相后，依然热爱生活。"当然，这很不鲁迅，若是鲁迅来说应是："叛逆的猛士出于人间；他屹立着，洞见一切已改和现有的废墟和荒坟，记得一切深广和久远的苦痛，正视一切重叠淤积的凝血，深知一切已死，方生，将生和未生。"我愿以此为誓，执宝剑，战溟茫，炼丹心。诗以明志：

炼丹心

辞灵搏尽方无悔，梦返钟鸣战友临。
若执龙泉尘世炼，期君血战尚丹心。①

---

① 笔者自己的作品。按近体诗格式写成，符合近体诗的平仄要求，按平水韵来押韵。此为平起首句不入韵式的绝句，韵脚为平水韵下平声十二侵。

优秀作业
苏轼黄州词中的"雨"转"晴"[1]

刘丁宁

一、苏轼黄州词中对晴雨的书写

晚景落琼杯。照眼云山翠作堆。认得岷峨春雪浪,初来。万顷蒲萄涨渌醅。

暮雨暗阳台。乱洒高楼湿粉腮。一阵东风来卷地,吹回。落照江天一半开。[2]

这首《南乡子》是《定风波·莫听穿林打叶声》之外,最能体现苏轼词作对天气变化(主要是晴雨变化)的敏感捕捉与记录这一特点的一篇。开篇即是一个充满奇幻瑰丽色彩的镜头——傍晚的日光与云影落在玲珑剔透的玉杯中,层层叠叠的云堆积成山的形状,倒映在杯中,因夕照而发亮、耀眼,又被酒色浸绿,更像翠绿的连绵群山了。苏子认得眼前这江水,这绿色的水、这如雪的浪,源自故乡岷山、峨眉山春天融化的积雪。这来自家乡的水跨越了空间、流经了时间,才来到眼前的黄州,江水上涨,好似万顷葡萄初酿的酒——这是"晴"时的景象。而下阕开篇忽然一转,写一场猝不及防的暮雨使天色暗下来,乱洒楼台,打湿粉腮——这是"雨"时的景象。结尾却又一转:一阵东风吹开雨幕,江上暮云散去,露出半片天空,落日夕照——这又是"晴"时的景象。苏轼对自然天气变化的敏感捕捉与记录,主要体现在他对晴雨变化的书

---

[1] 课程名称:唐宋诗词名篇精读;本文作者所在院系:中国语言文学系。
[2] 邹同庆、王宗堂:《苏轼词编年校注》,中华书局,2007,第288页。

写上；而通览苏轼词编年，则会发现在苏轼词作中，这种对晴雨变化的书写集中在苏轼"乌台诗案"后谪居黄州期间，如：

　　昨夜东坡春雨足，乌鹊喜，报新晴。(《江城子》)

再如化用刘禹锡《竹枝词》的词句，写"雨中含晴"的：

　　日出西山雨，无晴又有晴。(《南歌子》)

又如：

　　雨暗初疑夜，风回忽报晴。淡云斜照著山明。(《南歌子》)
　　带酒冲山雨，和衣睡晚晴。(《南歌子》)
　　忧喜相寻，风雨过、一江春绿。(《满江红》)
　　日薄花房绽，风和麦浪轻。夜来微雨洗郊坰。正是一年春好、近清明。(《南歌子·晚春》)
　　疏雨过，风林舞破，烟盖云幢。(《满庭芳》)

还有这首著名的《鹧鸪天》：

　　林断山明竹隐墙，乱蝉衰草小池塘。翻空白鸟时时见，照水红蕖细细香。
　　村舍外，古城旁，杖藜徐步转斜阳。殷勤昨夜三更雨，又得浮生一日凉。

以及：

　　微雨过，小荷翻，榴花开欲然。(《阮郎归·初夏》)
　　晓来雨过，遗踪何在？一池萍碎。(《水龙吟·次韵章质夫杨花词》)

　　到了冬天，"雨"变成了"雪"，但对"阴晴雨雪"的书写依然反映了词人对自然天气变化的敏感捕捉。《浣溪沙》五首记录了一次由"雨"转"雪"，又最终转"晴"的天气变化，以及在这一过程中词人的心理感受（小序："十一月二日，雨后微雪……明日酒醒，雪大作……"），其一为：

覆块青青麦未苏，江南云叶暗随车，临皋烟景世间无。
雨脚半收檐断线，雪床初下瓦跳珠，归来冰颗乱黏须。

其中"江南云叶暗随车"写"雨"时景象，下片从"雨脚半收檐断线"开始，转到对"雪"的描写："雪床初下瓦跳珠""归来冰颗乱黏须"。其四上片写雪景："半夜银山上积苏，朝来九陌带随车，涛江烟渚一时无。"

其五上片写雪晴之景："万顷风涛不记苏，雪晴江上麦千车，但令人饱我愁无。"

这里有对由雨到雪的天气变化过程、景象以及人的奇妙感受的细致描绘，更重要的是，苏轼对这种天气变化过程的记录最终收束在了"晴"上。一句"但令人饱我愁无"，让人想起子美的"安得广厦千万间"，以及乐天的"稳暖皆如我"，而"愁无"的心理感受却可能与雪晴时词人的心情境况有关。

有趣的是，在援韩愈诗《听颖师弹琴》入词檃栝而成的《水调歌头》中，苏轼形容章质夫家善琵琶者的音乐，也使用了韩诗原文所没有的"风雨"（"指间风雨"）这一形象来形容听者对音乐的感受，也许也与苏轼在黄州期间风雨给他留下的独特印象有关。

根据《苏轼词编年校注》的说法，《水龙吟·赠赵晦之吹笛侍儿》同样作于苏轼谪居黄州期间。① 这首词也既与音乐有关，又涉及"风雨""雨晴"：

木落淮南，雨晴云梦，月明风袅。
为使君洗尽、蛮风瘴雨，作《霜天晓》。

这里前一句既提示了竹生长之地，也书写了宜吹笛之时。同后一句的"为使君洗尽、蛮风瘴雨"一样，"雨晴"也可以形容笛声给人的心

---

① 邹同庆、王宗堂：《苏轼词编年校注》，中华书局，2007，第298页。

理感受。如果这首词确作于黄州，则这种"雨晴"的感受也可能与词人在黄州期间对天气变化的敏锐体察有关。

苏轼于黄州期间所作的词写"雨"（或写"雪"）也有未写到"转晴"的，也不尽是体现"雨过天晴"（或"雪过天晴"）时平和喜悦心境的，如：

黄昏犹是雨纤纤。晓开帘，欲平檐。江阔天低，无处认青帘。……雪似故人人似雪，虽可爱，有人嫌。（《江城子》）

点点楼头细雨，重重江外平湖。当年戏马会东徐，今日凄凉南浦。（《西江月·重阳栖霞楼作》）

炙手无人傍屋头，萧萧晚雨脱梧楸。谁怜季子敝貂裘？顾我已无当世望，似君须向古人求，岁寒松柏肯惊秋？（《浣溪沙》）

但与写"雨过天晴"的天气与闲适愉悦的心境相比，写"风雨""雨雪"，并将它们与忧愁感伤的心情相联系的词作比重远小得多。

苏轼在他的词中有时是有意识地运用"风雨"等自然现象来表达它所象征的人生含义的，除了《定风波》，还有如："能几许，忧愁风雨，一半相妨。……幸对清风皓月，苔茵展、云幕高张。"（《满庭芳》）

以及上文提到的"忧喜相寻，风雨过、一江春绿"（《满江红》），"为使君洗尽、蛮风瘴雨"（《水龙吟·赠赵晦之吹笛侍儿》）。

这种"风雨"的象征义可能有借鉴张志和渔父词的地方。苏轼十分喜欢张志和的渔父词，认为"玄真子渔父词极清丽"，并将其改写成《浣溪沙》，下片云："自庇一身青箬笠，相随到处绿蓑衣，斜风细雨不须归。"又作了一组《渔父》词，其四云："渔父笑，轻鸥举，漠漠一江风雨。"又作《调笑令》："渔父，渔父，江上微风细雨。"这组渔父词与《定风波》都集中作于元丰五年（壬戌，1082年）三月，此时苏轼谪居黄州已三年。可以看出，这时的一些词作中，苏轼已是较为有意识地在使用"风雨"的人生隐喻义了。而借助"渔父"这一形象，苏子也将自己那无论风雨、"无所待"的逍遥自适的精神进行了写意、升华。

二、"多雨的黄州"成因分析

为什么苏子在黄州的词作中这么频繁地书写"雨雪""雨晴"呢？

为什么"雨"的意象、"雨"转"晴"的天气变化这么集中地出现在苏轼贬官黄州期间的词作中呢？在我看来，这一方面与黄州自然地理环境的独特性有关，一方面与苏轼自身的诗人天性以及在黄州特殊时期的人生境遇、生命体悟有关。

  从黄州自然地理环境的独特性来看，黄州地处亚热带东亚季风区，是典型的亚热带大陆性季风气候，"大别山南麓，长江中游下段北岸"，"水系发达，是著名的五水之域、百湖之地"。① 黄州受东南季风影响的时间较长，风经过广阔的长江江面变得湿润，同时黄州境内发达的地表水资源也起到加湿作用；饱含水汽的风来到大别山山麓，受地形抬升，降水多；冬天气温降到冰点下，就形成降雪。特殊的地形与气候、水系为黄州的"多雨"提供了自然条件。但苏轼是否要援景入词，作为自然现象的"风""雨""雪""晴"是否会被词人捕捉到，还是另外一个层面的事情。

  苏轼对自然界的阴晴不定、倏忽变化似乎有着一种特殊的敏感。② 这种对天气变化的特殊敏感，一方面与苏轼的诗人天性有关，另一方面，也应与苏轼在黄州时期的这段特殊的人生境遇有关。很早就体悟到人生的种种现象"雪泥鸿爪"般稍纵即逝、变幻无常的苏轼，在经历了母亲、妻子、父亲等亲人相继离世的人生变故以及熙宁变法、自请外放、乌台诗案、贬官黄州等政治风波后，对"人生如梦"（《念奴娇·赤壁怀古》）、"人生如逆旅"（《临江仙·送钱穆父》）的体验应该更深切了。这种生命情感体验的外在表现，就是对自然景物变化的敏感。有研究者指出，《和子由渑池怀旧》是苏轼诗歌中涉及佛禅思想的第一篇作品。③ 刘石先生在《苏轼与佛教三辨》中指出"雪泥鸿爪"的意境与《华严经·宝王如来性起品》中"譬如鸟飞虚空，经百千年，所游行处不可度量，未游行处亦不可量"，以及《五灯会元·德山慧远禅师》中的一首小颂"雪霁长空，迥野飞鸿。段云片片，向西向东"的境

---

① 黄冈市赤壁管理处编，史智鹏、张龙飞著：《黄州简史》，华中师范大学出版社，2010，第1、2页。
② 夏承焘等：《宋词鉴赏辞典（新一版）（上）》，上海辞书出版社，2013，第386页。
③ 王树海、李明华：《略论苏轼早期对佛教的接受》，《山西大学学报（哲学社会科学版）》2011年第2期。

界相近。①"人生如梦"的感受契合释、道,"人生如逆旅""人生如寄"的思想则渊源自道家。在经历了人生大起大落的苏轼眼中,黄州自然界倏忽不定的天气变化、阴晴雨雪的种种现象,与人生的种种苦难一样,不过是外在于人的。正是将外在于人的"风雨""雨雪"与人的本心分别开来,苏轼才最终用自己的生命诠释了《庄子·逍遥游》中"无所待"的人生境界。而儒家"不改其乐"的心境,让苏轼更多、更自然地书写"雨晴"——那"昨夜东坡春雨足,乌鹊喜,报新晴"的喜悦与宁静,让人想起孔、颜、渊明;那"喜"何尝不是苏轼灵魂的安详自适在眼前景物上的投射?那"晴"又何尝不是其内心的喜乐愉悦的写照?以《定风波·莫听穿林打叶声》作为最高代表,苏轼词中的"风雨""雨晴"等倏忽不定的天气变化已然从自然现象升华为人生境遇的象征。苏轼黄州词中对"风""雪""雨""晴"的记录与捕捉,与其自身的天性及人生体悟有着密不可分的关系。

  苏轼黄州词中对"风""雪""雨""晴"等天气现象描写增多的另一个重要原因是这一时期他与自然的亲近机会增多了。正如宋初文坛"山水方滋"(刘勰《文心雕龙·明诗》),谢灵运这样的诗人"出为永嘉太守"(《宋书·谢灵运传》),有大量机会耽于山水、流连风物,庾信、沈佺期等人诗歌境界的开阔分别与他们或北上或南迁的人生经历有关,对"风""雪""雨""晴"种种自然气象的频繁书写与置身其中的真切感受,是"递叶叶之花笺,文抽丽锦;举纤纤之玉指,拍按香檀"(欧阳炯《花间集序》)的"绮筵公子、绣幌佳人"(同上)所难有的。对气象万千的自然风景的发现与感受,必得伴随着诗人生活空间的拓展。当然,这也与苏轼乌台诗案后更倾向于"以诗为词"有关。词境的开拓源自以词代诗反映生活,而"诗境"的开阔又得益于生活空间的拓展。

  从另一个角度来说,苏轼黄州词中流露出的对"风""雪""雨""晴"等自然现象的敏锐感受与体察,也与他内心深处的孤独、寂寞紧密相连。看似"闲""适",可能平静,但这种对外在事物"变化"的注意与书写正暗示了苏轼随着时间的流逝一直细致而有心的观察。柄谷

---

① 刘石:《苏轼与佛教三辨》,《北京师范大学学报》1990年第3期。

行人在《日本现代文学的起源》一书中指出,"风景的发现"源自发现者内心的孤独。① 与柳宗元贬谪永州期间山水游记的写作一样,只有当诗人、词人既没有烦冗的公务需要料理,又没有多少人陪伴同游,更多的是独自一人长时间沉潜自然、浸润山水的时候,对自然景物阴晴雨雪的变化的细致体察才有足够的可能。

三、苏轼黄州词中晴雨书写的文学意义

苏轼黄州词中"雨"的意象具有特殊性,一是苏轼词中从"晴"到"雨",从"雨"到"雪",再从"风雨""雨雪"到"晴"的变化快,二是苏轼黄州词中似乎很少单独写"雨",他对"雨"的记录几乎总要以"晴"结束,往往是天气转晴后才写。这种对"雨"的写法在苏轼作品中前有渊源、后有继承。在黄州之前的作品,诗如在杭州时所写的《六月二十七日望湖楼醉书》:"黑云翻墨未遮山,白雨跳珠乱入船。卷地风来忽吹散,望湖楼下水如天。"词如《江城子》:"凤凰山下雨初晴,水风清,晚霞明。"在黄州之后的词如《南乡子》:"千骑试春游,小雨如酥落便收。能使江东归老客,迟留。"但都没有像苏轼在黄州时的词作对晴雨变化的书写这样集中。苏轼黄州词中的"雨"是对古典文学传统中"雨"意象的一种突破:《诗经·豳风·东山》中的"我来自东,零雨其濛",第一次突出了雨的忧郁特质,而在整个汉魏六朝漫长的文学史中,"雨"这一意象"竟然长期缺席"②,而唐代特别是晚唐五代的"雨"多沿袭着《诗经》"零雨其濛"的忧郁传统——"'雨'之意象是晚唐五代词人内心愁绪的显现"③。而苏轼正是以其自身人格的"晴朗"将黄州的"雨"转化成了"晴",从而丰富了文学史中"雨"这一意象的内容。同时,苏轼黄州词中对"阴""晴""雨""雪"的大量书写,援景入词,在"词"这种一度为花间酒筵浅吟低唱所用的文学体裁中重新建立起了人与自然的联系,从而为词的进一步发展开拓了一片新意境。

---

① 柄谷行人:《日本现代文学的起源》,赵京华译,生活·读书·新知三联书店,2003,第15页。
② 赵长征:《"风雨"的历程》,《文史知识》2008年第3期。
③ 黎烈南:《漫话晚唐五代词中的"雨"》,《文史知识》1994年第8期。

优秀作业

亦余心之所善兮,虽九死其犹未悔
——浅论《死火》引入主体"我"的作用[1]

王艺遥

【摘要】《野草》是中国现代文学史上颇具想象力的散文诗集,其《死火》也是以奇特的想象见长。然而《死火》并非鲁迅先生一时兴起的产物,在这篇散文诗发表的五年多前,即 1919 年,作者已有《火的冰》一诗见报,因其构想、意象、风格与《死火》高度相似,被视为《死火》的雏形。但在 20 世纪 20 年代作者重新创作这一形象、写作《死火》时,引入了一个主体——"我",鲁迅先生以"我"之行,丰满文本,借"我"之口,扬其心志,以"我"之死,道其宿命,由此使《死火》有了更加曲折而深刻的情节,也使作者反抗绝望的生命哲学更加凸显。本文试图从叙事角度切入,从主体入手,在"形"与"神"两方面探讨引入主体对《死火》文本叙事及其主旨表达的作用。

【关键词】《死火》《火的冰》 主体 文本 心志宿命

鲁迅先生的散文诗集《野草》在中国现代文学史上不可复制、无可替代。《野草》中有许多独一无二、发人深省的"对宇宙基本元素的个性化想象"[2],如"死火""雪""腊叶",等等,而我认为其中最为瑰丽、壮阔的意象大概要属"死火"——一个在青白世界里具有最耀眼的黑红色的凝固的火焰。《死火》创作于 1925 年 4 月 23 日,但它并不是鲁迅灵感突然爆发的产物,在五年多前的 1919 年 8 月,《国民公报》

---

[1] 课程名称:大学国文;本文作者所在院系:中国语言文学系。
[2] 钱理群:《对宇宙基本元素的个性化想象——读鲁迅〈死火〉〈雪〉〈腊叶〉》,《苏州科技学院学报(社会科学版)》2003 年第 1 期。

已连载了作者《自言自语》系列的数首小散文诗,《火的冰》是其中第二节——

  流动的火,是熔化的珊瑚么?
  中间有些绿白,像珊瑚的心,浑身通红,像珊瑚的肉,外层带些黑,是珊瑚焦了。
  好是好呵,可惜拿了要烫手。
  遇着说不出的冷,火便结了冰了。
  中间有些绿白,像珊瑚的心,浑身通红,像珊瑚的肉,外层带些黑,也还是珊瑚焦了。
  好是好呵,可惜拿了便要火烫一般的冰手。
  火,火的冰,人们没奈何他,他自己也苦么?
  唉,火的冰。
  唉,唉,火的冰的人![①]

  《火的冰》讲述了因为"遇着说不出的冷"而死了的火,在末尾作者慨叹了"火的冰"和"火的冰的人",简单的笔法预告了"死火"雏形的诞生。当20年代鲁迅先生再次书写这个意象时,引入了"我"这一主体,并且"我"与"死火"上演了一场精彩的"对手戏",同时"我"和"死火"还有了一个意料之外但似乎又是情理之中的结局。鲁迅先生一改五年多前只是慨叹的口吻,他让"我"成为"死火"的搭档,让"我"和"死火"一起交流、行动,借着这层关系,说出五年多前不曾明说的一切,揭开五年多前尚未道清的悖论,了结五年多前不甚明晰的结局,宣告五年多来乃至其一生坚守的信仰,那就是"反抗绝望"。

一、"形"的丰富:以"我"之行,丰满文本

  《死火》比起《火的冰》,在意象的原型上并无太多改动,但在故事的展开和文本叙事方面,显得更加丰满与深刻。《火的冰》因是小散文诗,只能"点到为止",没有过多描写与叙述,就像一幅素描,寥寥几笔,不肯多施一色。但《死火》引入了主体"我","我"的到来带

---

① 鲁迅:《鲁迅全集(第八卷)》,人民文学出版社,2005,第115页。

动整个文本活跃起来，饱满起来，作者通过"我"的行为，塑造了一个有头有尾的荒诞性故事，有动作，有声音，使散文诗像小说一样有血有肉，有声有色。

"我"在文章的开篇就出场了：

我梦见自己在冰山间奔驰。

这是高大的冰山，上接冰天，天上冻云弥漫，片片如鱼鳞模样。山麓有冰树林，枝叶都如松杉。一切冰冷，一切青白。[①]

文章一开始是一个全景镜头，整个世界是静止的，无论是高山、天空还是树林，都用一个"冰"字修饰，色调也是清一色的青白，一切都透着彻骨的冷寂甚至阴森。但是，在这样一片萧寂荒芜的冰山上，竟然有一个"点"在动，那就是被引入的"我"，"我"不仅是移动的，并且是"奔驰"着的，在这般恶劣的条件下，"我"此刻的奔驰是多么触目惊心、引人入胜。正是"我"的这个动作使《死火》从静止冰封的状态开始被一步步点燃。

从"我"这一个动点开始，"我"奔驰，"我"坠谷，而后"我"发现了死火，此时动点变成了"我"和"死火"两个。在这里，作者不拘笔法，"突兀"地加上了声音："哈哈！"在这样紧张的时刻突然出现了放肆大笑的人声，一下子使"默片"转变为立体的、有声的、贴近读者的场景，于是文章中的动点便不仅仅是"我"和"死火"两个，整个冰谷都随之躁动起来，所有被这声音震慑的读者的心也开始随着"我"和"死火"的交往颤动起来。继而"我"用温热唤醒了"死火"，并且和它交谈，整个文本随着我们之间几个回合的谈话迅速升温，最后"我"和它一起跃出冰谷，文章的气氛也随着我们的行为迎来了高潮——"死火"熊熊燃烧殆尽而"我"则命丧石车。到这里，一切本该结束，但"我"却得意地笑了：

"哈哈！你们是再也遇不着死火了！"我得意地笑着说，仿佛就愿意这样似的。[②]

[①] 鲁迅：《鲁迅全集（第二卷）》，人民文学出版社，2005，第200页。
[②] 鲁迅：《鲁迅全集（第二卷）》，人民文学出版社，2005，第201页。

鲁迅又一次用声音感染了文本,"我"临死之前的这一笑有得意,有解脱,更有"人固有一死"而"我"之死"重于泰山"的坦然。在这笑声散去后,一切戛然而止,原先被"我"带动的一切又都恢复了死一般的寂静,但这时的"静"已经和开头的"静"不同,开头只是环境的肃杀,而结尾的"静","静"得意味深长,"静"得"绕梁三日,余音不绝"。

《死火》通过引入主体"我",用"我"的行为把整个故事带动起来,用"我"的声音使整个故事的感染力大大增强。反观《火的冰》,缺失主体,只有作者的描写和感叹,因此它所透露的淡淡的情绪与读者始终隔了一层。而在《死火》中,"我"的引入使作品在保持《火的冰》里"冷藏情热的象征"①的同时,通过"我"的行为,文本内容更加曲折而深刻,有趣而发省,亲近而真实。这样的增添,使文本的情绪变得浓厚起来,也使《火的冰》这样一个小幅的、简单的素描转变为浓墨重彩、意境壮阔的油画。

二、"神"的丰富:心志与宿命
鲁迅先生写《火的冰》时,是这样定位的——

>他[陶老头子]却时常闭着眼,自己说些什么。仔细听去,虽然昏话多,偶然之间,却也有几句略有意思的段落的。②

他在《序》中把这组小散文诗定位成一个老头的"昏话",而他本人只是这"昏话"的记录者,这样就撇清了这些诗和自己的关系,分离了作者和主人公。

《火的冰》里能够清楚地流露作者情感的句子是:"遇着说不出的冷,火便结了冰了。"火被冻住了,而且竟冷到了"说不出"的地步,鲁迅先生心中的苦楚由此可见一斑,但他只是一笔带过,并没有过多地抒发,结尾也仅仅用"唉"这个词"蜻蜓点水"地慨叹了"火的冰的人",他仅仅是以"记录者"的身份感慨那"冷藏情热"的内心。但

---
① 许寿裳:《我所认识的鲁迅》,人民文学出版社,1978,第76页。
② 鲁迅:《鲁迅全集(第八卷)》,人民文学出版社,2005,第114页。

·人文与艺术·

在《死火》中，他引入了"我"这个主体，将"我"抛在谷底，处在和"死火"相同的境地。作者的意志附在"我"身上，从一个普通的叙述者，转变为一个亲身参与者，从一个被人慨叹的"火的冰的人"，转变为主动与"死火"交流的角色，借"我"之口，抒情言志，把《火的冰》里没有明说的一切通过与"死火"的交谈畅快地表达出来。

"我"同"死火"在走出冰谷前有这样一番对话：

"你的醒来，使我欢喜。我正在想着走出冰谷的方法；我愿意携带你去，使你永不冰结，永得燃烧。"

"唉唉！那么，我将烧完！"

"你的烧完，使我惋惜。我便将你留下，仍在这里罢。"

"唉唉！那么，我将冻灭了！"

"那么，怎么办呢？"

"但你自己，又怎么办呢？"他反而问。

"我说过了：我要出这冰谷……。"

"那我就不如烧完！"①

"我"走出冰谷的态度十分坚决，而"死火"也同"我"一样：宁肯烧完。在《火的冰》里，无论是"火的冰"还是"火的冰的人"，都没有一个明确的情感与选择，而在《死火》中，不再像先前一样只以"旁观者"的身份叹一声"唉"，而是通过"我"和"死火"对话的形式，坚定地道出："那我就不如烧完！"借"我"之口完成了作者心志的表达与情感的抒发——在他荒凉的内心深处有一股渴望行动的力量涌动，他不甘于空虚寂寞，不甘于无价值的毁灭，具有一种"悸动不安的要求行动"的积极的思想色彩。②更为可贵的是，"死火"进行选择时一丝犹豫也没有，若与前一篇《过客》相比，"过客"反反复复地在停下还是向前的选择间游走，而"死火"表现得非常坚决果断。"我"说："我说过了：我要出这冰谷……。"这里的省略号，表示"我"的话还没有说完，下一句"死火"立刻就说："那我就不如烧完！"可见"死火"心志之坚毅、决然。这一点在缺失主体的《火的冰》中也是没有展现的。

---

① 鲁迅：《鲁迅全集（第二卷）》，人民文学出版社，2005，第201页。
② 孙玉石：《现实的与哲学的——鲁迅〈野草〉重释》，北京大学出版社，2010，第159页。

《火的冰》也同样缺少对"火的冰"和"火的冰的人"结局的书写，尽管可从作者末尾的叹声中猜得一二，但仍旧是模糊的。但在《死火》中，作者通过给"死火"和引入的主体"我"安排结局，弥补了《火的冰》由于主体缺失导致的"归宿之谜"。

《死火》的结尾写道：

他［死火］忽而跃起，如红彗星，并我都出冰谷口外。有大石车突然驰来，我终于碾死在车轮底下，但我还来得及看见那车就坠入冰谷中。

"哈哈！你们是再也遇不着死火了！"我得意地笑着说，仿佛就愿意这样似的。[1]

《死火》增加了"死火"重燃后如红彗星一般跃出冰谷以及"我"与大石车同归于尽的结局，表达了即使"死火"在"我"的情热下得以重新燃烧，即使"我"在"死火"的帮助下走出山谷，我们也逃不掉灭亡的命运，红彗星耀眼的背后是灭亡，而"我"走出山谷后面临的也是灭亡。这是我们的结局，更是我们的宿命，是每个战斗的人的宿命。对于鲁迅先生来讲，这种宿命就是"即使反抗绝望，也终将走向灭亡"。

但是，即便如此，战斗的人们依然选择斗争，依然唤醒"死火"，依然找寻希望，哪怕最终与黑暗的势力同归于尽，也在所不惜。在鲁迅先生的心里，这是一场注定是悲剧但仍然要上阵的斗争。

1919年8月正值"五四"旺潮，因此《火的冰》更像是在狂热期浇下的一盆冷水，带有一种于繁华处体会到的苍凉感，以及在激进中看到落潮抑或是行将落潮的寂寥。而1925年4月创作的《死火》更像是"五四"余温散尽后的冷静思考，是对烟火过后冰冷的夜空的感悟。作者将"我"引入，用"我"的意外死亡，揭示了即使反抗绝望也终会灭亡的命运，一种深深的宿命感油然而生。但即便如此，"我"依然选择反抗，对于鲁迅先生来说，反抗绝望，就是对自我生命力量和存在的希望的确信。[2] 观其心志足以见其人格之伟大。

---

[1] 鲁迅：《鲁迅全集（第二卷）》，人民文学出版社，2005，第201页。
[2] 孙玉石：《现实的与哲学的——鲁迅〈野草〉重释》，北京大学出版社，2010，第162页。

结　语

　　假如说《火的冰》是"经",那么《死火》就是它的"传",《死火》详尽地为《火的冰》作了"注"。在"形"方面,文本的可读性因为"我"的介入大大增强,使散文诗像小说一样精彩;在"神"方面,通过"我"的语言、"我"的行为,作者的理想得以表达,情感得以抒发;通过"我"和"死火"的终极选择与命运,《死火》道出了作者心中"我以我血荐轩辕"的青云之志与宿命感。鲁迅先生通过引入"我",书写"我"的行为,使文本更加丰富、饱满,情节更加完整;借用"我"与"死火"的对话与难逃死劫的命运,扬明了他选择"烧完"、反抗绝望的坚毅信仰,道出了他已明白自己终将牺牲的宿命,然而即使如此,他也不会放弃反抗绝望的斗争,他选择用积极、热情的一面克服消极、灰暗的一面,使久久冷藏的情热得以复活、激烈喷薄,坚定地与世间黑暗的势力作斗争。

参考书目

[1]　鲁迅:《鲁迅全集（第二卷）》,人民文学出版社,2005。

[2]　鲁迅:《鲁迅全集（第八卷）》,人民文学出版社,2005。

[3]　鲁迅:《鲁迅全集（第十一卷）》,人民文学出版社,2005。

[4]　鲁迅:《鲁迅全集（第十五卷）》,人民文学出版社,2005。

[5]　孙玉石:《现实的与哲学的——鲁迅〈野草〉重释》,北京大学出版社,2010。

[6]　孙玉石:《〈野草〉研究》,北京大学出版社,2007。

[7]　汪晖:《反抗绝望——鲁迅及其文学世界》,河北教育出版社,2000。

[8]　王瑶:《王瑶文选》,北京大学出版社,2010。

[9]　李欧梵:《铁屋中的呐喊》,尹慧珉译,岳麓书社,1999。

[10]　许寿裳:《我所认识的鲁迅》,人民文学出版社,1978。

[11]　钱理群:《对宇宙基本元素的个性化想象——读鲁迅〈死火〉〈雪〉〈腊叶〉》,《苏州科技学院学报（社会科学版）》2003年第1期。

优秀作业
拉基什浮雕——新亚述帝国的"暴力美学"与帝国秩序[①]

甘浩辰

新亚述帝国（Neo-Assyrian Empire）是第一个受到学者们广泛承认的"真正的"古代帝国（Ancient Empire），自从亚述纳西帕尔二世（Ashurnasipal Ⅱ）迁都卡拉赫〔Kalhu，今尼姆鲁德（Nimrud）〕以来，历代君主带领亚述人南征北战，将帝国的版图一圈圈地扩大并且最终将近东地区主要的文明区——两河流域、黎凡特（今巴勒斯坦等地）、小亚细亚南部甚至埃及全部纳入帝国的范围，使整个近东的文化圈连成一体。与亚述人的军事征服相对应的，是亚述国王对于征战类视觉艺术题材的偏好。在卡拉赫、杜尔沙鲁金〔Dur-Sharrukin，今豪尔萨巴德（Khorsabad）〕和尼尼微（Nineveh）出土的大量宫殿浮雕和纪念碑作品中，猎狮、征战和受俘题材占了很大一部分，而这在尼尼微的宫殿浮雕中尤甚。现藏于伦敦英国国家博物馆的拉基什浮雕（Lachish Relief）展示了亚述王辛那赫里布（Sennacherib）率军攻占拉基什（Lachish，属于犹大国，今位于以色列）的场景，是征战题材中最为精彩的作品之一。

尼尼微是新亚述帝国国王辛那赫里布为帝国指定的新都，他在其中为自己营建了一座宫殿，他自己称之为"无敌宫"（Palace without A Rival），今天我们称之为西南宫（South-West Palace）。拉基什浮雕位于宫殿的第36室，位于宫殿的核心区域（图1）。第36室是宫殿中一个对称排列的建筑序列的一部分，位于一条中轴线的末端，前方是两层连

[①] 课程名称：美索不达米亚艺术与文明；本文作者所在院系：元培学院。

通的大厅(第29、34室)。第36室位于第三层,伴随有两个侧室,每层入口都有人面飞牛拉玛苏把守。① 有学者曾指出,这几个房间是具有仪式功能的接待套间。② 浮雕占满了第36室,整个房间,甚至可能整个套间,都是用来庆祝辛那赫里布对于拉基什的征服的。可见,拉基什浮雕在"无敌宫"中的地位是非同一般的,而且具有很强的仪式性。因而,拉基什浮雕无论在内容上还是形式上,都具有一种典型意义,值得被深入地探讨。

图1 拉基什浮雕在"无敌宫"中的位置③

---

① D. Ussishkin, "The 'Lachish Reliefs' and the City of Lachish," *Israel Exploration Journal* 30, No. 3/4 (1980): 174-195.
② G. Turner, "The State Apartment of Late Assyrian Palaces," *Iraq* 32, No.10 (1970): 200-202.
③ 本文中的图、照片均来自网站 http:// etc.ancient.eu/photos/siege-lachish-reliefs-british-museum/(访问时间:2018年8月1日),照片由网站文章作者 Osama S. M. Amin 在英国国家博物馆拍摄。

保存下来的浮雕主要由两部分组成：一部分描绘的是亚述士兵对于拉基什城的围攻和对难民的放逐，位于房间的正面，面对入口；另一部分描绘的是辛那赫里布坐在王座上观看战斗、清点战利品和俘虏的场景，以及驻扎的亚述军队，位于房间的右手边。其中，从入口进入能一眼看到的部分，正好就是围攻拉基什城的场景（The Storming of Lachish），可以给来者带来一种第一眼的震撼之感。左手边的部分没有保存下来，据推测描绘的应当是骑手和战车。整个浮雕由一系列方块状的画块组成，第2、3、4块之间有两条缝隙，内容已经无从寻找。围攻拉基什城的部分画块上半部分和底部都有残缺，但是主体部分得以保留。[①]

画面上亚述的军队搭建了攻城用的土坡，弓箭手站在土坡上向城内放箭，用长矛与守军对抗，守军则用长矛、弓箭还击，并且向亚述军队投掷火把等燃烧物。亚述方面还带来了亚述帝国标志性的有类似龟甲保护的塔式攻城锤，在城门附近和土坡上撞击城门和城墙。远处则还有更多的弓箭手和投石手在与守军对峙（图2）。攻城坡的描绘使得构图倾斜，重复排列的弓箭手营造了一种紧张感，空中混乱的投掷物则显示出战场的混乱（图3）。近来对于这幅浮雕和拉基什遗址的实地考察的对比研究表明，虽然这幅作品的透视关系比较复杂，但是它并不是一幅想象的作品，而是真正地描绘了战场和城市的实际情况，研究者甚至还在

图2　弓箭手和投石手在与守军对峙

---

① D. Ussishkin, "The 'Lachish Reliefs' and the City of Lachish," *Israel Exploration Journal* 30, No. 3/4 (1980): 174–195.

·人文与艺术·

图 3 拉基什浮雕局部

周遭的小丘陵上标出了观察者（以及辛那赫里布）的大致位置。① 一批流放者从城门中走出，背着他们的财产，列队走下道路。研究者进一步指出，浮雕下半的残缺部分上有一些隐约可见的头，这些头应当是流放者的，并且同中间沿道路走下的流放者是属于同一个队列的。这些流放者的队列应当是延续到了画面的右方，这些流放者应当是加入了右方流放者的队伍。这样看来，整幅画面并非是单一时间节点的叙事，而是包含两个时间节点，也即攻城和城破之后的流放两个事件被描绘到同一幅画面上。我们或许可以推测，攻城和流放，对于这幅画面而言是同样重要的主题。

这幅画面上除了描绘了紧张的战斗场面，还描绘了亚述军队对于战俘的可怕惩罚。② 在攻城队伍的下方，亚述军队正在对战俘进行穿刺；

---

① D. Ussishkin, "The 'Lachish Reliefs' and the City of Lachish," *Israel Exploration Journal* 30, No. 3/4 (1980): 174-195.

② D. Ussishkin, "Symbols of Conquest in Sennacherib's Reliefs of Lachish-Impaled Prisoners and Booty," in *Culture Through Objects: Ancient Near Eastern Studies in Honour of P.R.S. Moorey*, ed. T.F. Potts et al. (Griffith Institute, 2003), pp. 207-217.

图4 穿刺与剥皮

在难民的队伍旁边,亚述士兵正在对反抗者的头目进行剥皮,并且安排妇女和儿童(大概是被剥皮者的亲属)在旁边观看(图4)。如此野蛮血腥的场景和远处对于树木山峦的自然主义描绘形成了鲜明的对比,而任何观者在看到这些场景的时候,都无法不感到恐惧和痛苦。

然而,正如我们之前所提到的,拉基什浮雕是作为一种仪式性的艺术作品被安置在宫殿的核心地带的。庄严、壮丽的宫殿,威严的人面飞牛,高超的雕刻技巧以及可能原本存在的鲜艳色彩,同画面内容的紧张暴力和残酷血腥交融在一起,让我们对于亚述人尤其是亚述国王的审美感到困惑:亚述人似乎偏好一种"暴力美学",战争、征服以及残酷的杀人场景似乎能够激起亚述人审美的快感。究竟要如何理解这种我们今天看起来难以理解的组合呢?

要想理解这种组合,我们需要重新审视新亚述帝国的地位。"帝国"这个概念具有复杂的内涵,有不同的定义方式。一种流行的定义能够为我们思考这个问题带来一些帮助。美国的国际关系学者米歇尔·道尔(Michael Doyle)对于帝国的定义为:"'帝国'是两个政治实体之间的交互系统,其中一方(也即宗主)对另一方(也即仆从)的内部与外部政策,也即有效主权实施政治控制","'帝国主义'简单说来就是建立和维持帝国的过程"。[1]

---

[1] M. W. Doyle, *Empires* (Cornell University Press, 1986), p.12, 45.

正如道尔所强调的，帝国首先是一组关系，一个政治实体对另一个实体在政治上的控制。在新亚述帝国的语境中，占支配地位的"宗主"就是亚述，而"仆从"就是被亚述征服的地区、城邦和文明。在这里，这个"仆从"就是犹大国（南部以色列），而拉基什之战，就是一个帝国关系建立的过程，流放、俘虏和战利品，是帝国关系建立的结果。这一点在《圣经·旧约》中已经表现得很清楚了：

耶和华与他[犹大王希西家（Hezekiah）]同在，他无论往何处去，尽都亨通。他背叛，不肯侍奉亚述王……"（列王纪下 18:7）

"亚述王西拿基立[1]上来攻击犹大的一切坚固城，将城攻取……于是亚述王罚犹大王希西家银子三百他连得、金子三百他连得。"（列王纪下 18:13,14）

"你所倚靠的埃及，是那压伤的苇杖……"（列王纪下 18:21）

"他[亚述王]说：'我的臣仆岂不都是王吗？'"（以赛亚书 10:8）[2]

从这些描述中我们看到，亚述攻击犹大国的主要原因是犹大国王希西家拒绝服从辛那赫里布，或者说拒绝做他的"臣仆"，拒绝接受亚述的主从秩序；同时我们还看到这时的犹大国处于埃及与亚述的交界地带，是两个大国争夺的城邦；犹大国倾向埃及，而这招致了亚述的不满。

《圣经·旧约》中指出亚述"是我[耶和华]怒气的棍，手中拿我恼恨的杖"（以赛亚书 10:5），是耶和华用来惩罚渎神的以色列人的工具，然而亚述王一心只想毁灭各个国家，最终他的自大招致了耶和华对他的惩罚和他自身的毁灭。其言下之意，就是亚述对以色列的征服，其意就在于扩张，这是一种贪婪和自大的行为，扭曲了耶和华神最初的意图。尽管亚述人也诉诸自己的宗教，通过对亚述神的虔敬来正当化自己扩张和占有的行为，但是早期的学者更多地认为这是对亚述人更实际的、政治上的或者物质上的动机的一种掩饰。然而，近来很多学者认为对宗教的虔敬很大程度上确实构成了亚述人扩张的真实动机。

战争，从本质上说，是一种虔敬的行为。他们的主神，亚述神，指

---

[1] 即辛那赫里布。——编辑注
[2]《圣经·旧约》中文和合本，中国基督教两会。

挥他们去将秩序(或"宇宙")从神圣的领域带到地上。文本中,亚述神将这个世界称为"狩猎场"。亚述人被给予了神圣的命令去征服与控制它,从而使得地上的秩序和天上一样。他们的征服和之后帝国秩序的建立只是为了"将天上的秩序带到地下"。①

这样看来,亚述人的征服行为很大程度上并不只是为了满足政治控制和资源掠夺的需要,更是为了建立一种宗教意识形态下的秩序——当然,这一秩序是以亚述为中心的。"事实上,正如后续的其他帝国一样,他们[亚述人]的军事行动是建立和维持帝国的最后手段。"的确,军事是手段,帝国的秩序是其目的,这与后世军事思想家克劳塞维茨所说的"战争是政治的延续"是一致的。

基于这样的分析,我们便没有理由再认为亚述人只是对于战争场景和暴力血腥场面有一种特殊的偏爱了。亚述人似乎是想传达这样一个信息:任何不服从秩序的群体都要被亚述强大的力量摧毁,尽管亚述人在实践中可能只是将这种摧毁视为最后手段。按照这一逻辑,拉基什浮雕就不只是对战争场面的描绘,而且还是对帝国秩序建立的过程以及其结果的展示,具有意识形态乃至宗教上的神圣性。

再回到图像上,我们就会发现此言非虚。整齐的弓箭手和投石手向着拉基什城的守军发动攻击(图5);装备精良的亚述士兵一排排地站在攻城坡上,其气势似乎要将城墙压倒。而亚述王辛那赫里布则坐在由象牙制成的神柱撑起的精制椅子上②,和军队的指挥官对话,并且俯瞰着战利品和俘虏,其他的士兵则站在从下到上的阶梯状的土丘上望着最上面正在端坐指挥的他们的王。

的确,所谓"帝国"二字既要有"国"也要有"帝"。亚述王可以说是亚述帝国的核心,而新亚述时期则是两河流域王权达到鼎盛的一个阶段。亚述王身着装饰华丽的衣服,头戴王冠,左手持代表世俗权力的长杖,右手握着箭头向上的弓箭——箭头朝上在亚述浮雕中代表胜利方(图6)。然而,由于辛那赫里布在攻占巴比伦时摧毁了巴比伦主神

---

① Eric H. Cline and Mark W. Graham, *Ancient Empires: From Mesopotamia to the Rise of Islam* (Cambridge University Press, 2011), p. 45.

② Zainab Bahrani, *Mesopotamia: Ancient Art and Architecture* (Thames & Hudson, 2017), p.241.

·人文与艺术·

图5 弓箭手与投石手

图6 坐镇的亚述王

马尔杜克（Marduk）的神庙，与巴比伦结了怨，在巴比伦与米底联军攻占尼尼微时，所有辛那赫里布形象的头部都被破坏了。因此，我们在这里无从看到这位威严的亚述王是怎样的神情。在拉基什浮雕上，辛那赫里布头部的王冠被划了五条印记，脸部则被彻底地敲掉。这种"圣像破坏"是一种"杀死"图像的方法，是巴比伦人的复仇，也是对于这个图像想要传达的秩序的一种破坏：对于作为秩序最高点的亚述王的头部的一种破坏。确实，亚述帝国的帝国等级秩序，在巴比伦的攻势下最终土崩瓦解，尼尼微最终变成了一座沙漠中的废墟。从这个角度看，圣像破坏的行为反过来也暗示了这幅作品在展示帝国的等级秩序与意识形态方面的作用。

而之前所提到的剥皮、穿刺等血腥场景，现在看来则不仅可以理解为是一种恐吓和威慑，而且可以理解为是一种对于建立和维持帝国秩序的力量的展示。亚述人的残忍行为，不是因为他们生性残暴，或者是他们能够从剥皮和穿刺中获得愉悦，而是因为这是一种建立帝国秩序的必要之举，是神的指令。尽管从现代人的角度看，无论动机为何，这样的残暴行为都是不可原谅的，然而我们要做的并不是要对亚述人的行为进行现代意义上的道德评价，而是要去理解他们的行为以及其背后的经济的、政治的或者意识形态的动因，进而帮助我们理解图像语言是如何将"帝国"这个概念表达出来的，理解"帝国"这一持续了数千年的历史现象的背后逻辑。

同样属于建立秩序的步骤的，是对原本居民的流放。将原本的居民发配到遥远的地带，是亚述帝国在统治方法上的创。[1] 这一举措既使得原本的居民离开了熟悉的地区从而减少了反抗的可能性，又使得很多荒地得以开发。正如之前所提到的，拉基什浮雕选取的两个时间节点分别是攻城和城破后的流放，这也说明战争场景的紧张暴力并不是浮雕真正的旨趣所在，浮雕想集中表现的还是帝国作为一种权力关系与秩序被建立的过程和结果。

最终我们看到，拉基什浮雕尽管充满了战争、暴力和残忍，但是它

---

[1] Eric H. Cline and Mark W. Graham, *Ancient Empires: From Mesopotamia to the Rise of Islam* (Cambridge University Press, 2011), p. 50.

仍然作为帝国最重要的艺术品被呈现在具有重大意义的房间内,这一安排并不是由于亚述人对于"暴力美学"的独特偏好,它是亚述人对于帝国秩序的表达,具有政治上甚至宗教上的重要意义。帝国的建立是有代价的,这代价就是暴力、鲜血。新亚述帝国乃人类历史上第一个被公认的古代帝国,亚述人以最直白、最自然的方式将帝国这一概念展示出来时,也将这一面赤裸裸地展现给了我们。新亚述帝国覆亡以后,新巴比伦帝国、波斯帝国,乃至之后的亚历山大帝国、罗马帝国、阿拉伯帝国等顺利接过了交接棒。帝国的艺术在历史的发展中变得日趋复杂,亚述人所描绘的残忍暴力的场景似乎不再那么直接频繁地出现在帝国的图像语言中了。或许正是由于其原始性,我们能够透过其图像语言窥见"帝国"这个概念背后一些最自然、最原始的逻辑,那就是伴随着暴力的一组基于控制的权力关系和等级秩序。

编后记
静悄悄的革命

强世功

通识教育的话题在过去的十多年中获得了前所未有的关注。作为改革开放以来中国大学改革运动的有机组成部分，通识教育不仅是中国大学精神的自我探索和自我塑造的有机组成部分，更是中国经济崛起引发的文化自觉和文明复兴运动的有机组成部分。尽管人们对通识教育的理解不同，但关心大学通识教育的人不可避免地会关注两个话题：一是中国的大学究竟应当培养什么样的人以及如何培养出这样的人？二是中国大学教育究竟应当为中国崛起提供怎样的文化传承、思想滋养和精神引导？

然而，无论人们对通识教育秉持怎样的理念，要将这种理论落到实处，就必须尊重高等教育教学固有的规律，必须尊重每个学校特有的教学管理体制。北京大学的通识教育有一个漫长的发展过程，从全校通选课的设立到教学方针的逐步调整，从元培教学改革试点到自主选课制度和自由选择专业制度的建立，北京大学的通识教育是一个不断探索试错的过程，也是一个渐进的、累积的过程。因此，与北京大学过往改革的大刀阔斧与激辩不同，与其他高校声势浩大、不断升级的通识教育改革方案不同，北京大学的通识教育改革更像是一场静悄悄的革命。而这场静悄悄的革命恰恰在于遵循了一个基本的理念：在不打破现有强大专业教育传统的基础上慢慢叠加通识教育，从而将通识教育理念渗透到专业教育中，形成通识教育与专业教育相结合的思路。而这个改革思路秉持的恰恰是守正与创新相结合的理念。

正是基于这样的理念和思路，通识教育改革从大学教育的基石——

课程——入手，开始改革通选课，建立通识核心课，将通识教育的理念贯穿到这些标杆性的课程中。正是透过通识核心课这个纽带来培养通识教育的生态环境，从而使教师、学生和学校管理者在专业院系主导的院校中逐渐接受通识教育的理念。因此，北京大学的通识教育改革从来不是自上而下的行政推动，而是在不改变学校现有教育教学体系的前提下，由一批支持通识教育理念的优秀教师通过课程建设在大学中塑造出通识教育的生态环境。可以说，通识核心课是北京大学推动通识教育最重要的平台，而通识核心课的老师们无疑是北京大学通识教育真正的灵魂人物。正是由于这些通识核心课在教学中树立了标杆典范作用，保持了相当高水平的课程质量，在全校学生、教师群体、学校和管理层乃至其他高校和整个社会中产生了积极正面的影响力，各院系才自然而然地接受了这些有真正育人效果的课程，在培养方案的调整中主动压缩专业学分、增加通识教育学分，接受学生自由选课制度、自主选专业等制度安排，并积极组织跨专业的本科生培养项目。

相较十年前，从通识教育理念到具体制度安排，从元培学院的改革到通识教育跨专业项目的发展，北京大学的通识教育都发生了革命性的变化。如果说当年元培实验班是一个通识教育改革试验田，那么今天北京大学就是一个扩大版本的元培学院。而今天的元培学院则要继续承担起新一轮的通识教育改革的探索重任，开展住宿学院制、新生讨论课等改革。然而，这场静悄悄的革命不是来自声势浩大的宣传或行政力量的强行推动，而是首先来自通识核心课身体力行的示范作用，让所有参与其中的人都理解了通识教育的意义，感受到通识教育的魅力，配套的行政改革措施更多是顺势而为。

关于如何建设通识核心课，我在以前的一篇访谈中已经讲过了（参见《现代社会及其问题》第一部分），这里不再赘述。现在呈现在读者面前的这五册著作大体展现了北京大学通识核心课的面貌。我们将通识课程划分为五类，每一册就是一类课程。这样的划分标准是为了和国内目前的学科与知识体系进行有效对接，而没有采用国内大学普遍流行的——但实际上是从西方大学模仿而来的——名目繁多的分布式课程分类。在这些课程中，每一个老师都结合课程阐述了自己对通识教育的理解。我们可以看到，不同专业、不同课程的老师对通识教育的理解有所不同，但这恰恰展现了通识教育理念的包容性和开放性。通识教育不是僵死的教条，而是对每个教师开放的多元空间。比如，在很多理工科的教师看来，如何让理工科学生逻辑清晰地表达一个完整的思想，哪怕是写一封合格的求职信，起草一份项目报告书，也是通识教育的一部分；而中文系的老师往往希望每个大学生都能够写出诗意盎然的小散文。因此，不少大学将写作课程看作是通识教育的基本要求，但每位老师对于写作课内涵的理解或许是不同的。实际上，我们只有将这些不同的理解放在一起，才能展现出通识教育的真意，即通过不同方式和途径达到不同层次的目的，而通识教育本身就是这个不断向上攀登的阶梯。从小时候的家庭教育到中小学教育，从大学教育到社会政治领域中的教育，从追随老师和经典的教育到自我教育，通识教育的理念贯穿人的一生，而大学阶段的通识教育就是为了打开迈向终身教育的阶梯。

在这些通识教育理念的栏目中，我们分别收录了几篇经典的通识教育文献，包括北京大学原校长林建华教授、中山大学原校长黄达人教授、复旦大学校长许宁生教授、清华大学新雅书院院长甘阳教授和复旦大学通识教育中心主任孙向晨教授关于通识教育的文章。这四所大学在2015年共同发起成立大学通识教育联盟，依靠大学和教授们自发的力量来共同推动中国大学通识教育的发展。可以说，他们的通识教育理念或决定、或推动、或影响着北京大学的通识教育。林建华教授是北京大学目前通识教育方案的设计者和推动者，他率先提出了"通识教育与专业教育相结合"的理念，这个理念后来也出现在国家"十三五"规划中，而目前北京大学学生自由选课、自主选专业的制度，更是他全力推动的。黄达人教授关于通识教育的论述已经成为中国大学通识教育的必读文献，他在2015年"通识教育暑期班"上的讲话推动了大学通识教育联盟的成立。甘阳教授是中国大学通识教育最有影响力的倡导者和推动者。他组织的"通识教育暑期班"为众多学生和青年教师展示了通识核心课的典范，后来也成为北京大学推广通识教育理念的重要工作。他曾经在中山大学和重庆大学分别创办了博雅学院，为中国大学的通识教育提供了可以参考的样板，而他在清华大学主持的新雅书院与北京大学的元培学院相互促进，成为两校通识教育合作的典范。孙向晨教授是复旦大学通识教育的主持人，复旦大学与北京大学在通识核心课建设上分享了共同的理念，两校的通识核心课建设也相互借鉴、相互促进。

通识教育的理念只有通过课程才能落实到育人过程中。对于一门课程而言，教学大纲最能反映出授课的思路、理念。不同于传统的课堂讲授、学生做笔记、背诵考试，通识核心课始终将文献阅读和写作思考贯穿其中。因此，通识核心课要求教师在教学大纲中列出具体的阅读书目，最好是每个章节围绕授课内容提供必读文献和选读文献。在学生课前阅读文献的基础上，课堂讲授就变成了一场对话，即师生面对共同的问题，面对已经思考并回答这些问题的理论文献，共同思考我们如何理解这个问题，如何理解文献所提供的答案，我们自己又能给出怎样的理解和解答。恰恰是围绕这些问题和文献，我们将过去的思考与今天的思考、老师自己的思考和学生的思考构成了跨越时空的对话。在这个过程中，我们理解了问题的开放性和文献解读的开放性。

在课堂上，我经常听到学生说，听了老师的讲解，好像老师阅读的和学生自己阅读的不是同一个文献。其实，这种差异恰恰是老师和学生的差异，也恰恰是学生需要向老师学习的地方。如果教科书已经写得明明白白，老师照本宣读，即使讲得妙趣横生，满堂生彩，对学生的思考又有何益呢？因此，通识核心课从来不追求类似桑德尔的公开课所精心设计的那种剧场式的修辞效果或表演效果，相反，我们希望课堂更像是一个思想解剖的实验室，让学生理解一个具体的问题是如何在理论中建构出来的，这种理论建构又形成了怎样的传统，时代变化又如何推动后人对这种理论传统的革新，从而针对新的问题提出新的理论，并认真探究，在当下的语境中，我们究竟应当如何思考这些问题，从前人的思考中能汲取怎样的营养。这个过程实际上就是通过课堂将学生引入一个巨大的文明历史传统中进行思考。老师和学生对问题和文献的不同理解，首先在于思考问题的深度和广度有所不同，毕竟老师对相关问题的理论脉络比学生更清楚；也可能是由于不同的生活经验对问题的关注角度有所不同，毕竟对问题的理解会随着人生阅历而加深；也可能是解读文献的方法不同，毕竟老师受过严格的学术思想训练。学生从老师那里学习理解这些内容的过程，其实就是通识教育的过程，是通过老师和课程这个中介与经典文献直接对话的过程。尽管如此，我们并不能以老师的标准来说学生的思考和理解就是幼稚浅薄的，更不能说学生的思考就是错的。相反，可能学生恰恰看到了老师所忽略的问题，进而有可能开放出一个新的问题域，这有可能是学生未来超越老师的地方，也是老师需要向学生虚心学习的地方。教学相长恰恰体现在这个讨论、交流甚至辩难的过程中。因此，对于通识核心课而言，老师与学生的讨论交流、学生之间的讨论和交流非常重要，但这种讨论和交流面对共同的问题和文献才更具有针对性。因此，我们在通识核心课的设计中，阅读文献要求、小组讨论和师生交流是其中最重要的环节，而助教在这个环节中扮演了重要角色。助教在帮助老师查找相关文献、主持小组讨论、组织师生讨论的过程中成了师生沟通的桥梁。

通识核心课要求课程的成绩不能完全由最后的考试来决定，要求必须有平时成绩，包括小组讨论的成绩和课程作业或者小论文的成绩。这些作业或论文的写作也是通识教育的重要环节，通识教育中虽然有不少人主张开设写作课，但不小心就变成了公文写作的格式化要求。写作是阅读和思考的延伸，从这个意义上来说，写作必须是针对具体内容的写作。同样，逻辑思维也是针对具体问题的逻辑思考，学习形式逻辑并不是培养逻辑思维的必要条件。因此，对逻辑思维和写作能力的训练必须贯穿在具体的课程所关注的具体内容中，写作训练离不开对具体问题的思考，离不开对具体文献的阅读和讨论。而对于具体课程的写作，我们也是采取一种开放的态度。有些课程作业已经变成一种学术论文的写作，有些课程作业可能就是一种报告，另一些课程作业也可能是一篇随笔或者评论。不同的形式服务于不同的目标，但都展现了课程所带来的思考。我们把这些可能显得稚嫩的课程作业选登在这里，恰恰是怀着平常心来看待通识核心课。通识核心课真正的魅力正是在于这些日常教学活动中的阅读、讨论和写作本身。我们编辑这一套书就是为了记录通识教育核心课的点滴，以期进一步推动并完善北京大学的通识教育。

北京大学通识核心课虽然是由北京大学通识教育专家咨询委员会共同组织的，但整个通识教育的理念和方案都是由校长们构思、教务部具体推行的。从林建华校长到郝平校长，从高松常务副校长到龚旗煌常务副校长，北京大学通识教育工作始终坚持守正创新的原则，稳步扎实地推进，并进一步将通识核心课建设的经验运用到思政课建设中。而教务部作为通识教育的主责单位，从方新贵部长、董志勇部长到傅绥燕部长，每一位部长都着眼于北京大学的长远发展，以功成不必在我的精神，持续推动通识教育工作的顺利开展。在这个过程中，复旦大学高等教育研究所的陆一博士一直为我们提供第三方课程评估，并对课程的改进提出了非常中肯的建议。而"通识联播"公众号的所有编辑都是北京大学的学生，他们的积极参与有力地推动了通识核心课的建设，将课程承载的通识教育理念向课程之外更广阔的范围传播，为创造良好的通识教育生态环境发挥了巨大作用。

在此，我们要感谢所有北京大学通识教育工作的参与者、支持者、关注者和批评者，尤其要感谢郝平校长和傅绥燕部长，他们为这套书作序，指明了北京大学通识教育未来发展的方向。北京大学通识教育工作始终在路上，让我们共同努力，继续推动通识教育的发展，推动中国大学精神的复兴，推动中国文化的自觉与中国文明传统的重建。

2021 年 2 月 21 日